西方发达国家社会保障水平适度性演变及其对中国的启示研究

秦 愿 刘小瑜 著

中国财经出版传媒集团
中国财政经济出版社

图书在版编目（CIP）数据

西方发达国家社会保障水平适度性演变及其对中国的启示研究 / 秦愿，刘小瑜著. -- 北京：中国财政经济出版社，2023.7

ISBN 978 - 7 - 5223 - 2255 - 1

Ⅰ.①西… Ⅱ.①秦… ②刘… Ⅲ.①社会保障制度－研究－西方国家②社会保障制度－研究－中国 Ⅳ.①D57

中国国家版本馆 CIP 数据核字（2023）第 096460 号

责任编辑：彭　波　　　　责任印制：史大鹏

封面设计：卜建辰　　　　责任校对：徐艳丽

中国财政经济出版社 出版

URL：http：//www.cfeph.cn

E - mail：cfeph@cfeph.cn

社址：北京市海淀区阜成路甲 28 号　邮政编码：100142

营销中心电话：010 - 88191522

天猫网店：中国财政经济出版社旗舰店

网址：https：//zgczjjcbs.tmall.com

北京财经印刷厂印刷　各地新华书店经销

成品尺寸：170mm × 240mm　16 开　15.25 印张　235 000 字

2023 年 9 月第 1 版　2023 年 9 月北京第 1 次印刷

定价：68.00 元

ISBN 978 - 7 - 5223 - 2255 - 1

（图书出现印装问题，本社负责调换，电话：010 - 88190548）

本社质量投诉电话：010 - 88190744

打击盗版举报热线：010 - 88191661　QQ：2242791300

前　言

近年来，西方社会民粹主义事件频发多发，法国政府因上调燃油税引发了波及全国的“黄马甲”事件；欧盟经济增速长期低迷，对部分成员国的过度转移支付，是导致英国“脱欧”的重要原因。从表面上看，类似“黑天鹅”事件的发生实属偶然，但深究其根源，经济社会乱象背后的实质都与西方社会的社会保障制度和社会保障水平紧密相关。就西方发达国家总体而言，政府承担的社会保障负担过重导致“福利病”蔓延西方发达国家，加之选民政治的影响，致使西方发达国家社会保障水平一直处于刚性增长趋势，进而激发了西方多国的民粹主义思潮。就国内而言，党的十九大提出要全面建成“覆盖全民、城乡统筹、权责清晰、保障适度、可持续的多层次社会保障体系”，分析西方发达国家社会保障制度和适度水平演变对我国全面建设具有中国特色的高质量社会保障体系具有重要参考意义。

目前，学术界对西方发达国家社会保障水平从适度到过度的演变历程已经达成共识，但鲜有文献对这一发展历程进行具体分析。本书主要从三个方面对西方发达国家社会保障适度水平演变进行深入研究。第一，本书结合英国、法国、德国、瑞典四个典型西方发达国家第二次世界大战后至今的社会保障制度演变历史，对四国社会保障水平与经济增长、企业生产效率、劳动供给以及社会稳定等代表经济社会发展的变量进行描述性统计分析，如果社会保障水平的提高能够相应伴随着经济增长、企业生产效率、劳动供给的提高和罢工事件的减少，则社会保障水平表现为适度，反之则不适度。第二，本书以四国描述性统计分析结果为基础，并结合学术界对西方发达国家社会保障水平适度性变化的共识和20世纪90年代西方发达国家社会保障制度"再商品化改革"为依据，对西方发达国家社会保障制度发展历程进行阶段性划分，利用面板向量自回归模型（PVAR）对西方发达国家社会保障水平与经济增长、企业生产效率、劳动供给以及社会稳定的关系进行分阶段实证分析，如果社会保障水平的变化对以上四变量产生的效应为正，则社会保障水平表现为适度，反之则不适度。第三，本书建立了社会保障水平与经济增长的跨国回归模型和界定社会保障水平适度性的理论分析框架，从经济增长的角度具体探讨了西方发达国家社会保障适度水平演变，并计算了西方发达国家社会保障适度水平理论值与实际值的差值，从供给和需求两个方面分析了西方发达国家社会保障水平从适度到过度的原因。此外，本书还基于对西方发达国家社会保障水平的适度性分析，对中国社会保障制度和水平演变进行了评估，并基于新冠肺炎疫情的冲击，对中国未来社会保障水平演变做出预测。

通过研究，本书主要得出以下结论：第一，从对西方四个典型发达国家的描述性统计分析来看，四国社会保障水平的上升都在20世纪五六十年代至80年代内促进了经济增长、提高了企业生产效率、增加了劳动供给以及维护了社会稳定，社会保障水平表现为适度，80年代之后总体趋势开始相反，逐渐表现为不适度。第二，从对西方发达国家面板向量自回归（PVAR）的分阶段实证分析来看，西方发达国家社会保障总体水平在20世纪五六十年代至80年代对经济社会发展表现为正效应，80年代左右之后表现为负效应，同时90年代的社会保障"再商品化改革"并未扭转西方发达国家社会保障水平对经济社会发展的负效应。第三，西方发达国家社会保障水平与经济增长的跨国回归模型表明，首先，社会保障水平与经济增长存在稳健的倒“U”形关系，社会保障水平在20世纪80年代中期达到峰值；其次，西方发达国家社会保障支出理论曲线长期处于实际支出曲线下方，社会保障水平表现为不适度。从西方发达国家总体情况、四个典型发达国家以及不同福利制度类型来看，社会保障水平理论值与实际值自80年代之后都存在较大差值，表现为不适度；从西方发达国家社会保障的供给和需求端来看，社会保障水平的供给端受人口结构变化、罢工以及劳动参与率等因素影响，表现为不适度；需求端则表现为社会保障水平过度覆盖了家庭基本需求，同时推升了财政赤字，表现为不适度。第四，尽管中国的社会保障支出长期处于较低水平，但2018年左右已经处于适度水平区间；基于对中国未来社会保障水平的预测表明，中国社会保障水平将于2035年开始表现为支出过度，且过度程度会持续加深。

本书创新点主要体现在：第一，首次从社会保障历史发展阶段的角度，对20个西方发达国家1960～1980年社会保障水平的经济社会效应进行分阶段实证研究，弥补了已有相关文献中面板数据、分阶段实证分析以及效应分析的不足。第二，通过20个西方发达国家1960～1980年的数据进一步证实了社会保障水平与经济增长的非线性关系，讨论了社会保障水平与经济增长的内生性问题，并计算了西方发达国家社会保障支出水平实际值与理论值的差值，切实证明了西方发达国家社会保障适度水平演变，弥补了已有相关文献中面板数据、内生性和实证分析的不足。第三，提出分析社会保障水平适度性的理论分析框架，从政府社会保障供给能力和家庭社会保障需求层次两个方面探讨了西方发达国家社会保障水平从适度到过度的原因，为评价社会保障水平适度性引入了新视角。第四，基于西方发达国家社会保障水平从适度到过度的演变历程和新冠肺炎疫情的冲击，本书对中国未来社会保障水平发展趋势做出预测，发现中国社会保障水平并非一直处于低水平，而是可能于2035年出现不适度，并且程度会持续加深。

本书关于西方发达国家社会保障水平适度性演变及对中国启示的研究结论，具有较重要的借鉴意义，应用价值主要体现在：第一，为西方发达国家改革社会保障制度，削减社会保障支出提供依据；第二，从适度性角度为建设具有中国特色的高质量社会保障体系提供新思路；第三，为社会保障水平的评估和国别比较提供了更为科学的新视角；第四，为我国建设高质量社会保障体系助力新发展格局提供适度性预测参考。

作　者

2023年1月

目录

第1章

绪 论

1.1 研究背景

社会保障制度是一个国家最为重要的社会经济制度之一，是政府职能的重要组成部分。适度的社会保障是政府调节社会经济生活、维护社会公平正义、提高经济发展效率、保障人民基本生存权利的重要手段，对国家经济增长、社会稳定都起着至关重要的作用，但是社会保障水平必须保持在适度区间内，与经济社会发展相适应，保障水平过高或过低都会阻碍社会经济的良性发展。在经济社会处于全球化发展的今天，一个国家社会保障水平高低的影响甚至已经超出国界，在全球范围内影响劳动力供给、资本流动、技术创造，从而影响全球经济社会发展格局。英国最早全面实行全国性的社会保障制度，随着第二次世界大战的结束，西方发达国家纷纷效仿英国建立起了本国的社会保障制度，极大地缓和了资本主义制度中的阶级矛盾，促进了社会稳定。即使西方发达国家在20世纪70年代爆发了严重的经济危机，但由于全面的社会保障制度保障了人民的基本生活，西方各国仍然实现了平稳过渡。由此，社会保障对社会稳定的促进作用已经得到了实践经验的验证。相反，拉美国家在20世纪初就开始建立了以养老保险和医疗保险为核心的社会保障制度，但是由于社会保障水平超出了经济发展的承受能力，导致政府财政赤字严重，过度的社会保障与经济发展水平失衡是导致拉美国家陷入“中等收入陷阱”的重要原因之一。随着我国对外开放程度持续扩大，市场化程度进一步加深，国际影响力不断增强，具有中国特色的高质量社会保障制度处于不断完善之中，研究社会保障总体水平的适度性对保证我国经济持续高质量增长和社会稳定具有重要的实践意义，对完善经济学边际效应理论也起到重要的补充作用。

1.1.1 欧洲福利国家社会保障水平从适度到过度

欧洲社会保障制度源自基督教的济贫思想，于20世纪40年代英国通过“贝弗里奇计划”，将社会保障正式确立为国家制度安排。50年代和60年代社会保障制度在欧洲主要国家全面建立并得到深入发展，60年代末到70年代初期欧洲主要国家社会保障项目持续扩大，国家负担的社会保障支出不断膨胀，尽管经济增长依然强劲，但社会保障支出超度与经济社会发展失衡已经开始对各国经济社会发展产生负面影响。70年代中后期，欧洲福利国家同时出现了社会福利持续高涨与经济发展持续低迷、失业率居高不下的现象，最终导致社会保障资金供给不足，频繁引发社会抗议、工人罢工等国家福利难以为继的现象，致使欧洲福利国家陷入了社会保障危机的泥潭。此后，欧洲福利国家开始对本国社会保障制度进行改革，调整社会福利支出结构，抑制福利费用过快增长，维持充分就业，但始终处于福利改革与政府更迭、财政赤字、经济增长缓慢、高失业率和社会抗议活动不断的恶性循环之中，对经济社会持续健康发展造成严重障碍。

欧洲福利国家普遍推行的高福利政策给各国财政带来了巨大负担，高福利带来的财政开支刚性增长是2009年以来欧洲部分国家主权债务危机的重要原因之一。2018年法国政府希望加增燃油税、燃料税、烟草税、社会福利税而引发了“黄马甲”事件。① 2019年德国八大机场工人罢工，② 要求增加机场工人报酬等群体性事件，其表面原因似乎是政府临时政策调整与民众意愿冲突和简单的劳资冲突，但深究其根源，其实质是第二次世界大战结束以来，法国和德国政府社会保障负担日益加重，高福利制度难以为继与民众对社会保障期望过高之间的矛盾，即民众对社会福利的过高期望与政府福利负担能力不足之间的矛盾。随着人口老龄化现象日益加深，人口出生率日益降低，欧洲国家劳动

① 央视网：http://tv.cctv.com/2019/02/10/VIDErCr6zu0YAMW7DnzonMIw190210.shtml.

② 央视网：http://tv.cntv.cn/video/C10336/6da3eb5435124bbc8a0145ed5136d789.

力的抚养比越来越大，欧洲的福利制度受到严峻挑战。

1.1.2 拉美国家福利水平过早赶超之困

阿根廷、智利等部分拉美国家于20世纪50～80年代经历了经济社会的较快速发展，国家综合发展取得一定成就，进入了中等收入国家行列。但是，80年代之后，拉美国家经济社会发展迅速放缓，甚至走向停滞，陷入“中等收入陷阱”。① 学者对其原因进行了多方面探讨，如国内政治不稳定、过度城市化与经济发展进程不协调以及国家发展战略失误②等，但是我们必须认识到，民粹主义导致的过早“福利赶超”是拉美国家陷入“中等收入陷阱”的重要原因之一。拉美国家福利赶超主要体现在加强劳工保护和增加社会支出两个方面。其一，加强劳工保护和非正规部门大量就业：拉美国家实行高度的就业保护，签订长期甚至终身的劳动合同，工资刚性增长。这些政策减少了劳动力流动性和创造力，同时对企业征收过高的税收，挤压了企业的利润空间，抬高了企业用人成本。在社会保障政策的实施过程中，拉美国家前期广泛的教育支出和医疗支出的受益群体更多的是富人而非穷人，贫富差距并未因政府社会保障支出的增多而减小；政府社会保障支出的增加与市场发展失衡，市场创造就业的能力不足，导致社会保障支出促进经济增长的效果并不明显。

经济上，拉美国家为了应对在经济发展过程中不断扩大的收入差距，不顾自身经济发展阶段的局限、收入水平以及财政能力的制约，效仿欧洲发达国家福利制度，期望在经济快速增长的同时，实行“福利赶超”，结果导致政府财政赤字激增，政府债台高筑，引发市场通货膨胀的恶性循环。政治上，政府希望通过主导收入分配，实施财政补贴政策，学习西方发达国家的福利制度和就业保障制度来缓解贫富差距，维护社会稳定、获得选民支持。这种与经济发展水平不适度的福利赶超给拉美国家的经济社会发展造成了严重的负面影响，是导致其陷入“中等收入陷阱”的重要原因，其福利赶超导致的经济社会问题

---

① 焦晓云．“中等收入陷阱”的国际观照与中国的应对策略［J］．当代经济管理，2016，38（4）：1－5．

② 主要指拉美地区长期实行进口替代工业化的发展战略。

值得我国在现阶段发展过程中深入反思，引以为戒。

1.1.3 中国社会保障水平的适度选择

中国的社会保障制度受儒家思想的影响。封建社会时期，大多封建王朝都重视灾荒年景对百姓的救济工作，但救济力度十分有限；民国政府在对医疗、失业、伤残军人都有相应的保障政策，但社会保障制度没有能够在全国全面推广实施。1949 年新中国成立后，很快建立了以单位（集体）保障为核心的社会保障制度，但此时的社会保障制度是“国家—单位保障制”，为我国计划经济体制服务，这种保障方式以国家、单位（集体）提供无偿保障，保障对象以城市居民为主，保障范围有限，财政负担的社会保障支出也相对较低。1978 ~ 1998 年，社会保障经历了我国实行家庭联产承包责任制和走市场经济道路的两大经济体制改革，部分国有企业医疗费用逐渐出现单位和个人共担，退休金开始社会化，国家或单位（集体）的保障责任逐渐与个人分担，保障项目不断增加，保障范围不断扩大。1998 ~ 2009 年，社会保障项目开始社会化管理，确立了城市居民最低生活保障并向农村发展，社会保障筹资方式变得多元化，社会保障进一步去单位化，向社会化发展。2009 年以来，建立全民医保、启动农村养老保险试点、实施社会化养老保险都标志着我国社会保障事业持续走保障社会化、权责共担的道路，并日趋成熟。① 党的十九大明确提出，我国社会保障改革的核心是“全面建成覆盖全民、城乡统筹、权责清晰、保障适度、可持续的多层次社会保障体系”，为我国社会保障事业的发展指明了方向。四中全会明确提出，完善覆盖全民的社会保障体系，坚持“应保尽保”原则，健全统筹城乡、可持续的基本养老保险制度、基本医疗保险制度，稳步提高保障水平。② 可见我国的社会保障制度在新时代正逐渐趋于完善，社会保障覆盖面不断扩大，社会保障城乡差异趋于协调，区域之间差距不断缩小，社会保障水平和质量都在不断提高。

---

① 郑功成．中国社会保障 40 年变迁（1978 ~ 2018 年）——制度转型、路径选择、中国经验[J]．教学与研究，2018（11）：5 – 15.

② 人民网：http：//finance. people. com. cn/n1/2019/1101/c1004 – 31432166. html.

我国正处于从中高等收入国家迈向高等收入国家的过渡阶段，在全面建设具有中国特色高质量社会保障体系的背景下，我国应如何避免西方发达国家进入高收入阶段后而陷入的经济增长低迷，以及如何规避拉美国家因过度福利而陷入中等收入陷阱教训。这不仅对我国社会保障制度建设至关重要，还关系到我国高水平社会主义市场经济体制建设和我国经济社会能否持续健康发展，也是建设社会主义现代化国家和实现中华民族伟大复兴必须予以深思的问题。随着我国老龄化程度的持续加深，财政社会保障支出压力也将持续加大，当前社保缴费过高形成了巨大的企业负担，如何合理确定政府、企业和个人的社会保障责任，进而确定与我国经济社会发展相适应的社会保障水平显得尤为紧迫。

1.2 研究意义

社会保障问题涉及公平与效率，政府与市场之间的复杂关系，一直以来都是经济学理论研究的重要话题。社会保障的“度”是社会保障研究中的核心内容之一，确定与经济社会发展相适应的社会保障水平有助于找出社会保障与经济社会发展对应的适度区间，完善福利经济学的边际理论。西方发达国家社会保障制度建设较早并且较为成熟，经历了建立、发展、完善和改革等不同阶段。由于经济社会环境处于不断变化之中，社会保障水平与经济社会发展的适应情况各不相同，研究西方发达国家社会保障水平适度性演变有助于为我国社会保障制度建设和完善提供有益的参考。

1.2.1 理论意义

西方发达国家社会保障水平由适度到过度的转变，是国内外社会保障学界的共识，但是鲜有文献对这一适度水平演变过程进行具体研究，本书从60余年社会保障发展历史的角度来探讨西方发达国家的社会保障水平的适度性演变主要具有以下理论意义：

第一，本书从社会保障历史发展阶段角度，分阶段对西方发达国家社会保障水平影响经济社会发展进行长窗口经验研究，丰富了社会保障经济社会效应及演变文献。全书从社会保障历史发展阶段的角度分析了西方发达国家不同阶段社会保障水平与经济增长、企业生产效率、劳动供给以及社会稳定等经济社会发展变量的适应性关系，同时分阶段考察1960～2018年欧洲20国不同社会保障水平对经济社会的影响，不仅揭示了社会保障支出对经济增长、企业生产效率、劳动供给以及社会稳定的阶段性效应，而且从经验证据层面揭示了西方发达国家社会保障的动态变化特征。

第二，本书融合供给和需求新视角提出衡量社会保障适度水平的理论分析框架，为具体衡量社会保障适度性提供了静态分析框架，从新视角对既往单一视角下社会保障适度性研究提供了完善思路。就供给端而言，社会保障支出适度水平的确定要考虑政府的财政负担能力，社会保障支出不能长时间推升政府财政赤字和政府债务。就需求端而言，社会保障适度水平的确定要考虑政府社会保障支出对居民基本需求的覆盖程度，社会保障支出不应带来劳动参与率的降低和劳动供给的减少。本书尝试从社会保障供给与需求两个方面探讨西方发达国家社会保障水平适度性变化的原因，为社会保障适度性研究文献提供了新视角和新框架。

第三，本书的研究有助于加深对中国社会保障水平演进及适度性的认识。在已有文献中，虽然有少部分成果探讨了我国社会保障水平的适度性问题，但过多聚焦于理论测算，在一定程度上忽视了对我国社会保障水平演进特征及与经合组织（OECD）国家社会保障水平比较分析，其对完善我国当前社会保障事业可能缺乏一定指导力。本书在分析中国社会保障水平的基础上，比较剖析中国与OECD国家社会保障支出水平，理论上明确了我国社会保障的上下限，并进一步测算、评价我国社会保障水平适度性，有助于强化对中国本土社会保障适度性的理解。

1.2.2 现实意义

西方主要发达国家的社会保障制度较为成熟，对西方社会的经济社会发展曾起到积极的推动作用。随着社会保障总体水平从适度到过度也引发了很多经济社会问题。本书从历史演变和实证研究的角度来分析西方发达国家社会保障总体水平从适度到过度的过程，同时厘清社会保障水平与社会稳定、经济增长、企业生产效率、劳动供给的动态关系，不仅有助于西方发达国家的社会保障制度改革提供依据，更有助于我国在社会保障制度建设中汲取西方发达国家社会保障过度支出的教训。

第一，有助于为西方发达国家改革社会保障制度，削减社会保障支出提供依据。西方发达国家自20世纪80年代以来都陆续进行社会保障制度改革，削减政府社会保障支出，调整社会保障支出结构，扩大个人在社会保障中的支出责任，但由于选民政治的影响，每次彻底的社会保障改革都遭遇选民的激烈的罢工抗议。以法国为例，进入21世纪以来，法国先后进行五次彻底的社会保障制度改革，无一例外都激起了法国人民的激烈抗议，累计罢工人数近千万，累计罢工时长更是以“年”为单位，不仅没有实现社会保障制度的有效改革，反而因罢工抗议造成了严重的经济社会损失。本书基于长期历史发展视角的研究在一定程度上为西方发达国家改革社会保障制度提供了有效的改革依据，有助于减少改革阻力。

第二，为构建“覆盖全民、城乡统筹、权责清晰、保障适度、可持续的多层次”社会保障体系提供新思路。从社会保障制度建设来看，党的十九大提出我国要建设“覆盖全民、城乡统筹、权责清晰、保障适度、可持续的多层次”社会保障体系，其中如何构建适度性社会保障体系是我国推进相关事业发展的现实难题之一。解构西方发达国家社会保障水平的演进规律，分析其社会保障现实影响及适度性，有助于为建设具有中国特色的高质量社会保障体系提供顶层设计上的实践参考，并从适度性角度对我国建设保障适度的中国特色社会保障制度提供新思路。

第三，对助力新发展格局、加快推进城乡一体化发展、实现人民共享改革发展成果具有较丰富的政策意义。我国已经步入全面建设社会主义现代化国家的新阶段，确定适度的社会保障水平是坚持以人民为中心发展思想的具体体现，亦是建设高质量社会保障体系助力新发展格局的重要举措。本书在分析西方发达国家社会保障水平适度性演变的基础上，尝试从适度性角度对我国社会保障水平进行剖析、评价，其理论上确定的适度性社会保障水平有助于保证我国基本消费，保障低收入群体的基本消费能力，进而扩大内需，为国内大循环注入确定性，助力实现城乡之间基本服务均等化，进而为我国今后经济社会的高质量发展打下基础。

1.3 相关概念界定

1.3.1 福利国家

学术界主要从国家功能与责任、社会政策、福利国家发展历史等三个角度来对福利国家进行界定。《牛津英语词典》对福利国家的定义是一种国家体制，建立的目的是保证国家为所有社会成员都能在最有利的状态下生活创造条件。哈里格维茨（Harig - witz）认为福利国家是国家的功能，也是国家应对其公民福祉负有的职责，并且这种职责应该通过法律明确、清晰地制定。① 武川正吾和李莲花（2011）从国家发展的福利目标、国家为实现大众福利而制定的行政规章制度和福利支出水平三个层面来综合界定“福利国家”。② 米什拉（Ramesh Mishra）从社会充分就业的角度来定义福利国家，并认为实现充分就业是福利国家的一个标志。③ 尼古拉斯巴尔（Nicholas Barr）结合社会政策和经济发展来分析福利国家，认为福利国家是以政府为供给主体，并从现金拨付、健康医疗、教育服务、住房保障等四个维度，以效率与公平为基础的适度福利供给。④ 高夫（Gough）从马克思主义理论的视角来诠释福利国家，认为福利国家是动用国家资源来维护劳动力的再生产，并且为非就业劳动力提供制度保障的制度安排，以让劳动者正常生产商品或服务并取得薪酬，从而社会才能得以正常运转。⑤

---

① Einbinder H. The International Encyclopedia of the Social Sciences [J]. Libr Journal, 1969 (7): 69 - 77.

② 武川正吾等. 福利国家的社会学 [M]. 北京：商务印书馆，2011：62.

③ 米什拉. 资本主义社会的福利国家 [M]. 北京：法律出版社，2003：98 - 101.

④ Barr N. Economic Theory and the Welfare State: A Survey and Interpretation [J]. Journal of Economic Literature, 1992, 30 (2): 741 - 803.

⑤ 高夫. 福利国家的政治经济学 [M]. 巨流图书公司，1995.

以上福利国家的定义都从不同角度反映了福利国家的本质特征，笔者综合以上学者对福利国家的理解，并从本书的研究需要出发，将“福利国家”定义为：以国家为供给主体，以促进经济增长、维护社会稳定、提高个人和企业积极性、确保公平与效率来维护政府统治为目标，并制定明确的法律和政府法规，通过现金拨付、健康医疗、失业保障、教育服务、住房保障等多种渠道来满足其所有社会成员都能在最有利的条件下生活的国家。根据以上定义，为了进一步明晰本书研究对象，本书所研究的高福利国家还兼具以下特征：首先，世界银行确立的高收入国家①；其次，社会保障制度建立较早、较为成熟；最后，社会保障水平高于世界大多数国家，经历过社会保障水平多次削减的国家。

1.3.2 社会保障

社会保障（Social Security）一词首次出现于1935年美国颁布的《社会保障法》中，但由于各国的政治经济文化环境不同，建立社会保障制度的目的不一致，研究社会保障的学者所处的历史时期也有一定差异，因此国内外理论界对社会保障的认识和定义也存在一定差别。

国际劳工组织对社会保障的定义做出过清晰的界定，但随着经济社会的发展，国际劳工组织对社会保障的界定也在随之发生变化。1942年将其定义为：“国家和社会通过一系列公共社会政策和措施来应对经济和社会风险，为成员提供社会保护和提供医疗救助、家庭补贴，以避免风险而导致的收入中断，或因疾病、生育、工伤、失业和死亡导致实际收入减少，为组织成员所面临的某种风险提供保障，如提供保险金、帮助预防和提供疾病救治、失业资助并帮助再工作。”1985年将社会保障扩展界定为：当社会在出现规定的事件或在规定情况下向其社会公民提供的保护。其主要有四个方面的目标：第一，采取相应措施尽可能避免收入丧失或收入锐减的情况发生；第二，当出现意外时，通过国家和社会措施尽可能提供并对引起的后果提供财政保护；第三，通过一系列

① 根据世界银行最新标准人均国民年收入在12736美元以上。

社会政策措施尽可能为遭受意外者的身心健康和职业发展提供便利；第四，对儿童抚养尽可能提供福利待遇。1989 年国际劳工组织在《社会保障导论》中，又将社会保障定义为：国家和社会采取一系列的公共政策和措施向其社会成员提供的以抵御或预防因疾病、生育、工伤，失业、伤残、年老和死亡而导致的收入丧失、收入锐减以及自然、社会灾难的保护，医疗保险的提供以及为有子女的家庭提供补贴。①

中国社会保障领域的学者也对社会保障的定义做出了自身界定。陈良瑾（1990）认为，社会保障是“国家和社会，通过国民收入的分配与再分配，依法对社会成员的基本生活权利予以合法保障的社会安全和救助制度。”② 葛寿昌（1999）认为，社会保障是社会（国家）通过正式制定法律法规，实施国家政策或强制措施，对国民收入进行分配和再分配所形成社会性消费资金，来对产生基本生活困难的社会成员给予物质上的救助，以保证社会安定有序的一种有组织的措施、制度和事业的总体制度安排。③ 郑秉文（2000）认为，社会保障是与我国社会主义市场经济的体制基础相适应，国家和社会依据所制定的法律法规，对社会成员的基本生活予以保障的社会安全制度。④ 郑功成（2005）认为，社会保障是国家或社会通过立法或依法建立的，具有经济福利属性和社会属性的国民生活保障体系。中国的社会保障是各种社会保险、社会救助、社会福利、医疗保障、福利服务以及各种政府提供或企业提供的补助、社会互助等各项社会措施的总体制度安排。⑤ 穆怀中（1997）归纳了国内学者的定义，吸取国内外经验，认为社会保障是依据保护与激励相统一的原则，由国家通过立法和行政措施建立，以保证社会成员基本经济生活安全项目为目的，而实行的一系列公共措施的总和。⑥ 林闽钢（2017）基于国家治理能力现代化视角的研究，认为现代社会保障作为国家的一项根本性的制度安排，具有回应性、有效性和全局性的作用，并认为社会保障与国家的政治、经济和社会

① 国际劳工局社会保障司．社会保障导论［M］．

② 陈良谨．社会保障教程［M］．知识出版社，1990：5.

③ 葛寿昌．社会保障经济学［M］．复旦大学出版社，1999：2.

④ 郑秉文．社会保障分析导论［M］．法律出版社，2000：3.

⑤ 郑功成．社会保障概论［M］．复旦大学出版社，2005：12－14.

⑥ 穆怀中．中国社会保障水平研究［J］．人口研究，1997，21（1）：48－57.

发展都紧密相关，关乎社会公民的国家认同感、社会公平和正义，具有全局性的战略地位和重要作用。①

根据本书的研究需要，笔者综合以上对社会保障的界定，将社会保障定义为：社会保障是国家基于基本生活保护与激励相统一的原则，由国家通过立法和制定行政措施建立，根据不同经济和社会发展阶段，从政府实际保障能力、企业承受和个人承受能力出发，在保证经济社会正常运转条件下，全社会能用于抵抗因社会成员不可抗风险而带来的收入减少或者丧失，保障社会成员基本生活、安全等项目支出的稳定制度安排所需资金以及资金等价物的总和。

1.3.3 社会保障水平

社会保障水平总体而言是指社会成员能够享受社会保障待遇的高低程度，是衡量一国社会保障制度的关键指标之一。社会保障水平从量上而言有“高”和“低”的区别，衡量方法是国家支付以及国家强制社会缴纳用于社会保障目的支出总额与全社会工资的比值，与国家财政支出的比值以及与国内生产总值的比值。关于社会保障水平的界定从微观、中观到宏观主要分为以下三个层次。

第一层次或者微观层面的社会保障水平是用全社会社会保障支出总额占工资支出总额的比重来表示。该层次的社会保障水平代表企业、事业单位等社会保障水平的重要参数指标，也可以用于测定某一地区甚至全国的某一产业领域。第一层次或微观层面的社会保障水平可以称为“部门行业领域社会保障水平”。从以工资为基础来测算的社会保障系数的角度看，也可以把该指标称为“劳动工资社会保障分配系数”，这种方法测算的社会保障水平为“劳动工资社会保障水平”。该测算方法表达的是劳动生产要素分配层次上的收入再分配项目及其程度。②

第二层次的社会保障水平是社会保障支出占财政支出的比重系数，用社会

① 林闽钢．社会保障如何能成为国家治理之“重器”？——基于国家治理能力现代化视角的研究［J］．社会保障评论，2017（1）：36－44．

② 穆怀中．社会保障国际比较［M］．中国劳动社会保障出版社，2007：111．

保障支出占财政支出的比重表示。该指标可以用于测定中央政府和地方政府财政支出中的社会保障水平。该层次测算和表达的社会保障水平反映的是“财政社会保障水平”。从以公共财政支出为基数测定的社会保障系数角度看，还可以把社会保障支出与财政支出的比值称为“政府财政转移支付社会保障系数”，用这一指标系数测定和表达的社会保障水平反映的是“财政转移支付社会保障水平”。①

第三层次的社会保障水平指社会保障的国内生产总值（GDP）比重系数，用社会保障支出占国内生产总值（GDP）的比重来表示，表达社会整体社会保障水平。该水平全面反映一个国家或地区的经济资源用于人民社会保障的程度，称为“总体社会保障水平”。这种以国内生产总值或国民收入为基数的社会保障系数可以称为“国内生产总值的社会保障系数”或“国民收入分配社会保障系数”。层次测定的社会保障水平反映的是“国民收入分配社会保障水平”。②

李珍（2008）在《社会保障概论》中关于社会保障水平的观点与穆怀中较为一致，从微观、中观和宏观三个层次来分析社会保障水平。从微观层次看，社会保障水平是指收益人的收益水平，它是在劳动生产要素分配层次上的收入再分配项目及其程度的表达方式；从中观上看，社会保障水平是指社会保障支出占财政支出的比重，它是社会保障在政府公共财政支出中地位的表达方式；从宏观层次来看，社会保障水平是指全社会社会保障支出占 GDP 的比重，它反映了一国或地区的经济资源用于居民社会保障支出的程度，用于衡量和表达社会整体保障水平。③

马斌和宋成燕（2008）认为，社会保障水平指的是在一定时期内，一个国家或地区社会成员所享受社会保障待遇的高低程度，即社会保障在国民收入分配中的份额，社会保障水平取决于经济发展水平，受制于经济体制改革、人口结构变动、社会文化传统和其他因素。④

① 穆怀中．社会保障国际比较［M］．中国劳动社会保障出版社，2007：112.

② 穆怀中．社会保障国际比较［M］．中国劳动社会保障出版社，2007：124.

③ 李珍．社会保障概论［M］．中国劳动社会保障出版社，2008.

④ 马斌，宋成燕．广东省社会保障适度水平及其预测［C］//中国社会保障制度建设 30 年：回顾与前瞻学术研讨会论文集，2008.

社会保障超度会抬高企业的生产成本，挤压企业利润，降低企业生产积极性，对企业再投资产生消极影响，滋生劳动者依赖、懒惰情绪，触发民粹主义思潮，降低劳动效率和经济效率。此外，由于经济全球化，社会保障水平超度还会抬高企业出口成本，过高的社会保障负担会迫使资本外流，影响对外直接投资的流入，进而导致国家整体竞争能力下降。社会保障水平不足则会导致社会发展欠缺公平，拉大贫富差距，造成市场供给和需求之间的不均衡，引发社会不稳定。

关于社会保障适度水平的明确界定，国内外研究主要是结合经济社会发展与效率和公平来进行定义。穆怀中（1997）对社会保障制度水平的定义是：社会保障水平从质上讲，有“适度”和“不适度”之分。适度的社会保障水平既能保障公民基本经济生活又能促进国民经济健康发展。① 测定标准是社会保障支出与国家生产力发展水平以及社会各方面的承受能力是否相适应，适度的社会保障水平既要保障公民的基本生活、维持社会公平、提高公民素质，又要确保国民经济的健康发展、提高效率，推动社会进步。即与经济社会发展相适度的社会保障水平就定义为适度的社会保障适度水平。社会保障支出增长速度应该以国民收入和国民经济增长速度为基础，不能脱离国民经济发展的实际情况来认识社会保障水平，应保持社会保障的基本功能与国民经济发展相适度，最大限度发挥社会保障在经济社会中应有的功能：既能维护社会和谐稳定，又能促进经济可持续发展；既有利于社会财富公平分配，又有利于提高社会发展效率；既保障公民基本生活，又激励公民积极参与生产劳动；提高公民精神文化素质，促进社会不断发展进步。②此外，还应该意识到一个国家或者地区的国内生产总值、居民收入和储蓄、财政收入以及人民对保障的诉求都处于不断变化之中，这些因素都会影响社会保障的供给和需求。因此，从长期来看，社会保障的适度水平应该是社会保障支出与经济社会发展变化的一个动态均衡的水平。就短期而言，社会保障适度水平应该是社会保障支出与当前经济社会发展的均衡。

①② 穆怀中．社会保障适度水平研究［J］．经济研究，1997（2）：56－63．

1.3.4 西方发达国家

由于目前学术界并没有对发达国家做出明确定义，但发达国家的普遍特征是具备较高的人类发展指数、人均国民生产总值、发达水准和生活品质。由于本书主要的研究对象是福利水平较高的国家，综合学术界对保守制、自由制和社会民主制等三种福利制度的国家归类划分，本书选取主要的欧盟国家以及OECD国家中的美国、加拿大和澳大利亚作为发达国家的总称，本书的发达国家指：澳大利亚、奥地利、比利时、加拿大、瑞士、德国、丹麦、西班牙、芬兰、法国、英国、希腊、爱尔兰、意大利、卢森堡、荷兰、挪威、葡萄牙、瑞典、美国等20个国家，这一划分与《国际金融年鉴》对发达国家的划分一致。

1.3.5 社会保障水平适度性

要对适度性做出解释就首先应该理解可持续性，立足于可持续性来探讨适度性，注重适度性是为了实现更长久的可持续性。从经济发展的角度来讨论可持续性由来已久，亚当·斯密认为土地的稀缺性和人口增长之间的矛盾会限制经济的永久持续增长，但可以通过劳动分工、资本积累和技术进步来抵消。大卫·李嘉图对经济的可持续发展持怀疑态度，认为人口增长和资源稀缺之间的矛盾会导致人口和经济增长停滞。① 马尔萨斯则认为人口增长与资源稀缺的关系不可调和，因此人类不能实现永续的可持续发展。1972 年，罗马俱乐部提出“增长极限理论”，认为全球都会受需求的无限增长和资源环境承载力有限之间的相互制约，增长存在极限，最终社会将实现持久的全球均衡。中国政府于1994 年在《中国21 世纪议程》中，对经济、社会以及资源的合理利用和环境保护都做出了长远的可持续规划。可见，可持续性是一个集生态、环境、经济、社会、政治于一体的问题。

但就社会保障而言，主要涉及人口代际、政府财政状况、经济增长、企业

① 方福前．可持续发展理论在西方经济学中的演进［J］．当代经济研究，2000（10）：14－23．

盈利能力、个人支付能力和社会稳定等方面的可持续性。因此本书适度性的定义是指能兼顾政府财政可持续、企业再投资可持续、劳动供给可持续、个人消费可持续、经济增长可持续、社会稳定可持续、社会保障水平代际均衡的可持续性。

1.4 研究思路方法与内容

1.4.1 研究思路

基于学术界对西方发达国家社会保障水平从适度到过度的共识，以及我国全面建设具有中国特色的高质量社会保障体系的现实背景，本书将西方经济学中新古典主义、福利经济学、供给学派以及马克思主义社会保障思想作为理论基础，在梳理和归纳相关文献的基础上，立足于典型西方发达国家社会保障制度和水平的历史演进，西方发达国家社会保障水平演变的阶段性经济社会效应，西方发达国家社会保障水平适度性分析以及西方发达国家社会保障适度水平演变历程对中国特色高质量社会保障制度建设的启示等四个方面展开论述。

第一，从社会保障制度和保障水平历史演变的角度看，本书结合英国、法国、德国、瑞典四个典型西方发达国家①第二次世界大战后至今的社会保障制度演变历史，对四国同一时期社会保障水平与经济增长、企业生产效率、劳动供给以及社会稳定等代表经济社会发展状况的四个变量进行描述性统计分析，如果社会保障水平的提高能够伴随着经济增长、企业生产效率的提高、劳动供给的提高和社会罢工的减少，则社会保障水平表现为适度，反之则不适度。

第二，本书以四个典型发达国家描述性统计分析结果为基础，并结合学术界对西方发达国家社会保障水平从适度到过度变化的共识以及20世纪90年代西方发达国家社会保障制度再商品化改革，对西方发达国家社会保障制度发展

① 选择这四个国家进行分析的主要理由是这四国社会保障制度建立较早，制度较为成熟又兼具各自特色，为其他西方发达国家社会保障制度的建立提供了参考，同时经历了政府社会保障政策的多次改革，因此分析这四个国家对整个西方发达国家的社会保障水平演变具有一定代表性，本书第4章对这四个国家进行社会保障制度的详细分析同样出于以上原因。

历程进行阶段性划分，利用面板向量自回归模型（PVAR）对西方发达国家的社会保障水平与经济增长、企业生产效率、劳动供给以及社会稳定的关系进行分阶段实证分析，如果社会保障水平的提高对四变量产生的效应为正，则社会保障水平表现为适度，反之则不适度。

第三，首先，本书建立了社会保障水平与经济增长的跨国回归模型和衡量社会保障水平适度性的理论分析框架，从经济增长的角度具体探讨了西方发达国家社会保障水平的适度性演变，并计算西方发达国家社会保障适度性理论值与实际值的差值。其次，本书从供给和需求两个方面分析西方发达国家社会保障水平从适度到过度的原因。供给端主要从人口结构变化、罢工以及劳动参与率等视角进行分析；需求端主要以马斯洛需求层次理论为基础，对社会保障水平覆盖家庭的基本需求进行探讨，如果覆盖程度过高，同时政府又长期处于财政赤字，则社会保障水平表现为过度。

第四，本书还基于对西方发达国家的分析，对中国社会保障制度和水平演变进行分析；从历史发展和同一经济发展阶段两个视角，对中国和 OECD 国家平均社会保障水平进行比较分析，基于穆怀中模型测算我国社会保障适度水平的上下限，对中国社会保障的适度水平进行评估；并基于新冠肺炎疫情的冲击，对中国社会保障水平的适度性演变做出预测。

1.4.2 研究方法

本书主要采用文献分析、历史与统计分析、实证分析以及比较分析等研究方法对西方发达国家社会保障水平的适度性演变及其对中国的启示进行研究。

第一，文献分析法。本书采用文献分析法，通过系统性研读已有关于社会保障对经济社会发展效应以及社会保障水平适度性的学术著作、期刊论文等重要文献。从社会保障对经济社会发展效应来看，本书重点总结和归纳文献中关于社会保障对经济增长、企业生产效率、劳动供给、社会稳定效应以及国际竞争力的研究；从社会保障水平适度性来看，主要归纳梳理了已有文献关于社会保障水平的贡献和不足之处。

第二，历史与统计分析法。本书采用历史回顾法对西方发达国家社会保障的发展历程、政策演变逻辑，以及背后的经济学思想进行分析与总结；基于《联合国国民账户统计年鉴》《国际劳工组织年鉴》以及OECD数据库，对西方发达国家社会保障水平的变化与经济增长、企业生产积极性、劳动供给和社会稳定进行描述性统计分析，对当前西方发达国家社会保障水平发展支出现状及原因进行研究，同时本书还对中国社会保障制度的政策演变做出梳理，并基于《中国统计年鉴》对中国社会保障水平变化进行描述性统计分析。

第三，实证分析法。本书采用实证研究方法，运用面板向量自回归（PVAR）模型对社会保障水平在不同经济发展阶段的经济社会效应进行实证分析。建立衡量社会保障适度水平的理论框架，并运用计量经济学方法，依据与各国制定社会保障政策密切相关的变量，如老年人口占比、失业率、经济增速等变量建立模型，测算社会保障水平的理论值。本书还建立模型对中国的社会保障适度水平做出预测。

第四，比较分析法。本书采用国别比较分析的方法，将中国社会保障政策的演变逻辑与西方发达国家社会保障政策的演变逻辑进行对比，找出其中的共性和差异，将中国的社会保障水平与OECD国家总体平均社会保障水平从同一时间和同一经济发展水平进行比较，得出我国社会保障处于较低水平的结论。

1.4.3 研究内容

本书共八章：结构框架如图1-1所示。

第1章为绪论，主要基于西方发达国家社会保障水平从适度到过度历史演进的共识，拉美国家福利过度赶超，在一定程度上致使其陷入“中等收入陷阱”的历史教训①，来论述社会保障水平适度性的现实背景，并从我国建设高质量特色社会保障体系的目标出发，提出研究社会保障总体支出水平适度性的意义。此外，第1章还对本书涉及的相关概念、研究方法与框架以及主要创新与不足之处做出说明。

第2章为文献综述，主要对国内外社会保障适度水平研究，社会保障对经

① 拉美国家陷入“中等收入陷阱”有多种原因，如货币政策不当、国家发展战略等问题，但本书认为不顾自身经济社会发展水平，强调福利赶超也是其陷入“中等收入陷阱”的重要原因。

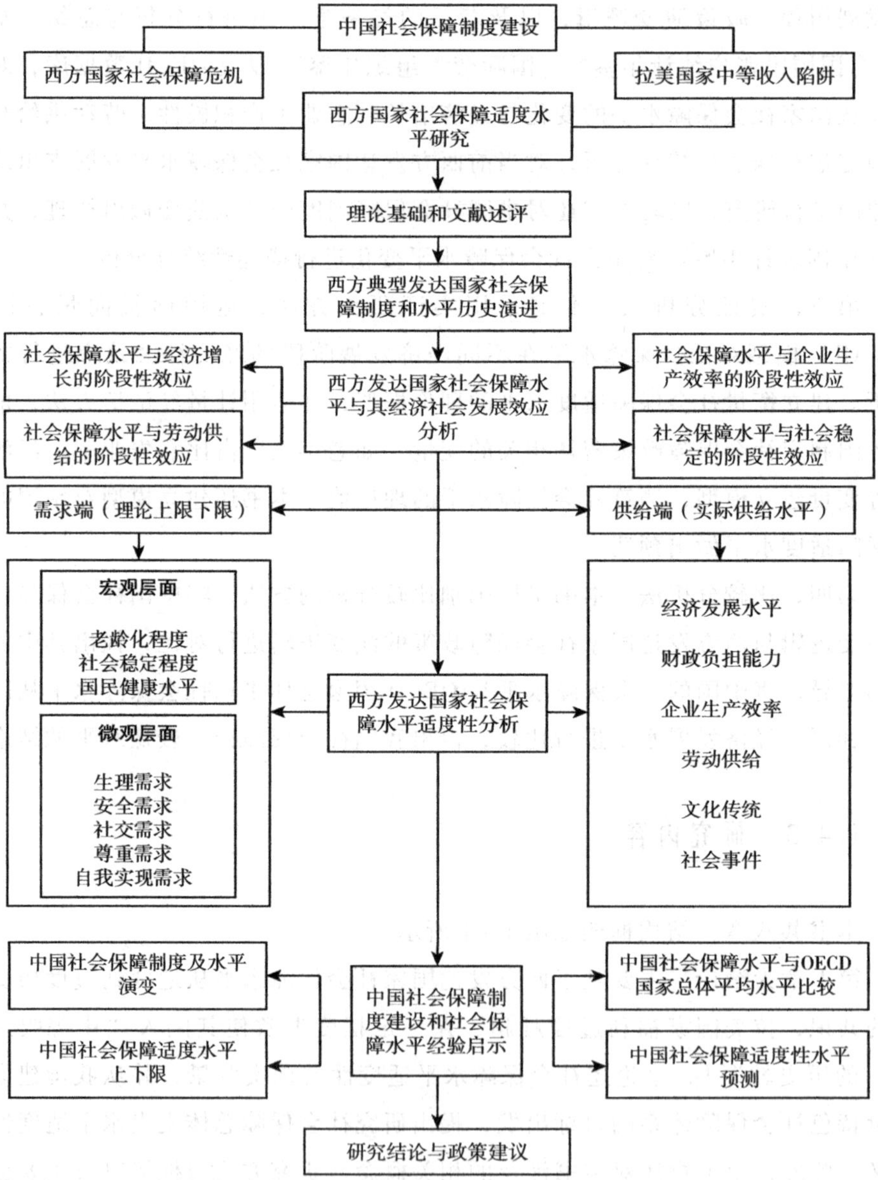

图1-1　本书的研究框架结构

济增长、企业生产效率、劳动供给、社会稳定以及国际竞争力的效应研究进行梳理，总结已有文献对社会保障水平适度性以及社会保障对经济社会发展效应的贡献和不足之处。

第3章主要立足于社会保障总体支出水平适度性的理论基础，从西方经济学流派、吉登斯的第三条道路思想、马克思社会保障思想以及政府干预理论出发，系统总结和梳理主要经济学思想提倡的适度社会保障理论。第3章首先基于已有西方经济学研究成果，分别总结了古典自由主义、旧福利经济学、新福利经济学、供给学派等西方经济学流派所阐述的适度社会保障思想；其次，分别总结第三条道路、政府干预理论以及马克思社会保障理论思想中体现的适度社会保障思想。由于西方国家不同政府信奉的经济学理论与其实施的社会保障政策紧密相关，因此理论基础部分也是本书叙述西方各国社会保障制度和社会保障水平历史演变的主要线索之一。

本书第4章主要介绍英、法、德、瑞典四个典型福利国家社会保障总体支出水平的历史演进和制度演变，并结合客观历史数据和社会保障制度变化对社会保障水平变化与经济增长、劳动供给、企业生产效率以及社会稳定的历史演变趋势进行分析，从制度变化和客观数据层面分析社会保障水平与相关经济社会发展指标之间的动态联系。社会保障制度历史演进和社会保障总体支出水平描述部分主要以西方社会福利制度较为成熟的英国、法国、德国和瑞典为例，阐述四国的社会保障制度的历史演进，并对各国重要阶段社会保障政策调整的原因和结果进行必要分析，运用历史数据客观描述四国社会保障总体支出水平变化与其他经济社会发展变量之间的客观趋势。

第5章运用面板向量自回归模型（PVAR）模型就西方国家的社会保障总体支出水平的变化对经济增长、企业生产效率和劳动供给以及社会稳定的效应进行分阶段实证分析，阶段划分主要基于学术界已有的研究成果和20世纪90年代西方发达国家社会保障的“再商品化改革”，实证研究得出不同历史时期社会保障水平对经济社会发展存在正负两种效应的结论，即社会保障水平在20世纪80年代之前对经济社会发展表现为正效应，对经济社会发展起促进作用；80年代之后更多地表现为负效应，在一定程度上阻碍经济社会的发展。第5章的实证研究还发现西方发达国家90年代的“再商品化改革”在一定程度上缓解了社会保障水平的刚性，但未彻底改变社会保障水平过高给经济社会发展带来的负效应。

第6章从经济发展的角度来分析社会保障支出总体水平的适度性。本章首先阐述分析社会保障适度水平的必要性并建立了评估社会保障水平适度性的理论分析框架，提出从供给和需求两个方面来评估社会保障水平适度性的理论分析；其次，根据社会保障水平的倒“U”形曲线特征事实，结合经济增长、税收水平、劳动参与率、失业率、人口老龄化等变量构建社会保障水平的跨国实证模型，拟合出1960～2018年社会保障水平的理论曲线，并将其与同一时期社会保障支出的实际值进行对比，来探讨社会保障水平的适度性；再次，本章从西方发达国家的总体社会保障水平、英法德瑞四个典型发达国家社会保障水平以及不同福利制度社会保障水平三个方面测算出社会保障实际支出与理论支出的差值，进一步验证了社会保障支出超度的历史现实；最后，本章从供给和需求两个方面来讨论社会保障水平超度的原因。

第7章主要探讨中国社会保障制度的演变和中国社会保障水平的变化过程。本章首先分析了中国的社会保障制度的演变，同时将其与西方发达国家社会保障制度变化的逻辑进行对比分析，得出我国社会保障制度变化与西方发达国家社会保障制度变化的共性和差异；其次，梳理了我国社会保障总体支出水平的变化，并与OECD国家平均社会保障水平进行比较，得出我国社会保障水平较低的事实；再次，利用穆怀中社会保障水平上下限测度模型，对我国社会保障水平的适度性进行测度，得出我国社会保障水平于2018年左右已经步入社会保障水平适度区间，同时结合前面对西方发达国家社会保障适度水平演变的分析和新冠肺炎疫情对中国经济社会发展的负面冲击，对中国未来社会保障水平的适度性做出预测；最后，从社会保障制度、社会保障水平以及社会保障适度性的角度对我国社会保障水平进行评价。

第8章主要对本书各章得出的研究结论进行全面总结，根据本书研究结论提出相应政策建议，并对本书的研究不足之处和进一步研究方向做出说明。

1.5 本书的主要创新与局限

1.5.1 主要创新

第一，本书首次对西方发达国家社保水平经济社会效应进行分阶段实证研究。虽然诸多文献对西方发达国家社会保障水平与经济社会发展关系展开研究，但受到数据制约，多数仅搜集1980年或1990年后的样本进行考察，而长窗口、多层次、分阶段考察西方发达国家社保水平对经济社会发展影响的研究较为匮乏，难以全面揭示西方发达国家社会保障水平适度性的历史演变规律。本书通过耗时一年的数据搜集，严格进行数据比对，整理出西方20个发达国家1960～2018年较丰富的数据，并立足于经济增长、劳动供给、企业生产效率以及社会稳定等层面，系统考察其对经济社会发展的影响。基于对扩展至西方20个发达国家，研究时段扩展至1960～2018年的样本数据系统性考察，能够带来增量贡献。

第二，本书从供需角度拓展了为数不多的社会保障水平适度性分析文献。以往对社会保障水平适度性的探讨大多基于单一供给或需求层面分析，并未充分融合供需双端进行全面论证。本书创新性地提出从政府社会保障供给能力和家庭社会保障需求两个方面来评估社会保障水平的适度性，建立了探讨社会保障水平适度性的理论分析框架，分别从供给与需求层面考察西方发达国家社会保障水平的理论值与实际值缺口，以此探索西方发达国家社会保障水平的适度性规律及成因，有助于从多层次角度弥补现有社会保障水平适度性研究的不足，在一定程度上为当前社会保障适度性分析成果提供可适用的分析框架。

第三，本书扩展了西方发达国家社会保障覆盖消费需求层次的研究成果。本书相较以往文献，更细化地探讨了西方发达国家社会保障覆盖消费需求的层次，通过扩展性线性支出模型测算了西方发达国家日常生活“八大消费项目”① 的边际消费倾向，并以马斯洛需求层次理论为基础确定了西方发达国家社会保障覆盖消费需求的层次。利用20个西方发达国家1960～2018年的家庭支出数据，从消费需求的角度探讨了不同经济发展阶段社会保障覆盖家庭消费需求的层次，论证了西方发达国家社会保障水平因过度覆盖家庭消费层次而导致政府财政赤字的事实。

第四，本书增强了当下中国本土社会保障支出水平演进及评估的理解。如何构建适度的社会保障支出水平机制，是我国健全和推动社会保障制度科学化

① 根据联合国国民账户统计年鉴，欧洲福利国家日常八大消费项目包括：食物、饮料和烟草、衣着和鞋类消费、居住和能源消费、家庭维护消费（包括家用电器、家具和装修等）、医疗保健消费、交通和通讯消费、娱乐教育消费以及其他消费。

的着力点之一。相较既往文献，本书亦从中国本土社会保障角度，探讨和分析了当前国内社会保障制度及水平演变，比较其与 OECD 国家总体水平差异，进一步根据新冠肺炎疫情的冲击，对中国未来社会保障水平从适度到过度的情况作出预测。研究结论增强了对中国情景下社会保障制度及支出水平演进的理解，这也是本书的主要创新点之一，为充分理解国内现阶段社会保障发展方向提供了新的解释和证据。

1.5.2 本书的局限

本书由于纳入研究的西方发达国家较多，同时研究的历史跨度较长，尽管笔者已经力求论证严谨，但由于数据可得性、各国经济社会发展差异等因素的制约仍至少存在以下局限之处：

第一，数据可得性制约可能会降低测算结果的说服力。首先，《联合国国民账户统计年鉴》的数据每年都会进行调整，同一年的数据可能存在差别，为保证数据的一致性与可比性，本书手动录入的数据均以十年为年度间隔，因此数据的精确性可能存在一定误差；此外，《联合国国民账户统计年鉴》统计的是全社会家庭的总体消费支出情况，没有按照家庭收入状况进行家庭消费分类，数据统计不能反映高收入阶层和低收入阶层的消费需求差异，长时期的跨国家庭消费数据又无法通过其他渠道获得，本书从需求端来考虑家庭社会保障需求对不同收入阶层家庭消费差异的考虑不足。

第二，首先，由于各国的资源禀赋、社会保障制度的政策设计以及社会保障支出结构都有所不同，本书主要从宏观经济因素来考虑社会保障水平与经济社会变量的适度性，而忽略了各国具体情况的差异是论证过程中的重要局限；其次，本书立足于西方发达国家的宏观分析，只能得出西方发达国家社会保障适度水平演变的大致阶段，不能得出每个国家社会保障适度水平的精确演变过程。

第三，由于西方发达国家人均收入已经处于较高水平，政府的施政目标不一定是以追求快速的经济增长为目标，而是追求经济增长与社会各方面的协同发展，因此本书从经济增长的角度来论证西方发达国家社会保障水平的适度性存在一定的局限。

第2章

文献综述与述评

国内外文献目前对社会保障适度水平与社会保障对经济社会发展的效应研究较为充分，为社会保障领域的研究奠定了坚实的基础，但也存在一定不足之处。根据西方经济学理论和马克思社会保障思想，构建社会保障制度是政府的重要职能之一，无论是从公平与效率，还是政府与市场关系来看，社会保障制度的建立、发展和完善以及社会保障水平的调整都是国家为实现宏观或者微观目标而做出的政策选择。本书主要从西方发达国家社会保障水平适度性；社会保障的可持续性和社会保障对经济增长、企业生产效率、劳动供给以及国家竞争力的影响等方面梳理国内外已有研究中的重要文献，并对其进行述评，以期总结前人已有研究对社会保障水平适度性和社会保障对经济社会发展的效应研究做出的贡献以及需要今后做出进一步研究之处。

2.1 社会保障水平适度性研究

2.1.1 国外研究

国外对社会保障总体水平适度性的研究始于对最优养老保险水平的探索。早期研究主要集中于新古典增长理论，通过建立社会保障最优支出模型，同时结合人口增长率、折现率等经济因素来计算社会保障适度水平。戴蒙德（Diamond，1977）综合萨缪尔森（Samuelson，1958）① 提出的"生命周期理论"和"代际交叠模型"（Samuelson，1975）② 建立了社会保障支出的代际交叠模型。③ 该模型的基本假设是经济体由企业和其雇员组成，并从生命周期效用最大化角度分析个人的储蓄、消费和退休行为；以企业追求利润最大化为原则来分析企业雇佣员工，投入与产出行为，综合计算得出适度的社会保障水平。Martin（1982）建立了社会保障支出最优模型，他认为个人会调整储蓄额来实现生命周期的效用最大化，政府则在确定个人最优储蓄额的前提下，通过调整社会保障税率使整个社会成员的效用总和最大化。④ Heng 基于 Hemming⑤（1977）的研究成果，并且概括了 Yaari（1964）、Weiss（1972）和 Feldstein（1974）的研究成果，将个人的生命设为 T 年，全职工作设为 R 年，获得的工资收入设为 W 元，每期缴纳社会保障税设为 X 元。退休后从政府获得养老金为 $y^{※}$(R，X) 由退休年龄和所交社会保障税决定。同时个人选择福利最大化的退休年龄和消费路径，通过分析社会保障对个人消费和退休决定的影响来得出社会保障的适度水平。⑥

部分学者也从内生增长理论的角度来探讨社会保障水平与经济增长的适度性问题。如 Ehrlich 和 Zhong（1998）⑦、Kemnitz 和 Wgger（2000）⑧、Glomm 和 Kaganovich（2003）⑨，这类研究认为父母具有利他主义和利己主义的倾向，重点聚焦于社会保障通过影响人力资本积累，进而对经济增长产生影响，但此类

①④ Samuelson P A. An Exact Consumption - Loan Model of Interest with or Without the Social Contrivance of Money [J]. Journal of Political Economy, 1958, 66 (6): 467 - 482.

② Samuelson P A. Optimum Social Security in a Life - Cycle Growth Model [J]. International Economic Review, 1975, 16 (3): 539 - 544.

③ Diamond P A, Mirrlees J A. A Model of Social Insurance with Variable Retirement [J]. Journal of Public Economics, 1977, 10 (3): 295 - 336.

⑤ Hemming R C L. The Effect of State and Private Pensions on Retirement Behaviour and Personal Capital Accumulation [J]. Review of Economic Studies, 1977, 44 (1): 169 - 172.

⑥ Hu S C. On the Dynamic Behaviour of the Consumer and the Optimal Provision of Social Security [J]. The Review of Economic Studies, 1978, 45 (3): 437 - 445.

⑦ Ehrlich I, Zhong J G. Social Security and the Real Economy: An Inquiry into Some Neglected Issues [J]. American Economic Review, 2001, 88 (88): 151 - 157.

⑧ Glomm G, Kaganovich M. Distributional Effects of Public Education in an Economy with Public Pensions [J]. International Economic Review, 2003, 44 (3): 917 - 937.

⑨ Kemnitz A, Wigger B U. Growth and Social Security: The Role of Human Capital [J]. European Journal of Political Economy, 2000, 16 (4): 673 - 683.

研究较少，目前可得文献中没有给出社会保障适度水平的一致结论。

Andrada（2015）基于欧洲 21 个国家 2004～2011 年的数据，利用系统广义矩估计的实证研究方法对社会保障支出与生活满意度之间的正向关系进行了实证研究，结果发现，社会保障支出有助于提高人民生活的满意度，结果也导致政府债务水平超过最优区间，表明政府负担的社会保障水平有一定限度，需要在人民生活满意度和政府债务之间做出最优边际选择。① Chaffin（2019）基于国家维度分析社会保障支出差异，隐含不同发展阶段下制定适度社会保障体制的政策含义。②

2.1.2 国内研究

穆怀中（1997）依据人口结构理论和柯布—道格拉斯生产函数提炼出社会保障总体水平适度性的具体测度模型，并对英国、瑞典、德国等欧洲国家 1960～1995 年的社会保障水平进行了实际测算，认为英国在 20 世纪 70 年代中期社会保障总体水平开始超出适度水平上限，瑞典在 70 年代初期就已经超过了社会保障水平的适度上限。其测算模型为：$S=\frac{S_a}{W}\cdot\frac{W}{G}=Q\cdot H$。其中，S 代表社会保障总体水平；$S_a$代表社会保障支出数额；W 代表工资收入总额；G 代表国内生产总值（GDP）；Q 表示社会保障支出总体数额占工资收入总额的比重，称为社会保障系数；H 代表工资收入总额占国内生产总值的比重，称为劳动生产要素投入分配系数。③同时考虑老年人口比重“O_a”，养老保险支出和医疗保险支出占工资收入总额的比重以不超过老年人口占总人口的比重为限度；根据国际社会和中国已经采取的保障政策，将失业保障支出系数 Z 的取值区间确定为 1%～1.5%，工伤、生育保障支出比重系数 J 确定为 0.016%～1.5%，

① Dumbraveanu A. The More, the Better: Life Satisfaction in the Bitter Welfare State [J]. Procedia Economics & Finance, 2015, 32 (3): 1568－1578.

② Chaffin L Y. How Do Social Security Expenditures Vary by State? The Surprising Impact of Unemployment [J]. Journal of Public Policy, 2019, 12 (4): 95－111.

③ 穆怀中．中国社会保障水平研究［J］．人口研究，1997，21（1）：48－57.

社会福利优抚支出比重系数 M 确定在 1% ~1.5%。① 最终通过公式 Q = O + Z + J + M，并对各相关系数取上下限，即可测算出社会保障总体水平的适度区间。

杨翠迎和何文炯（2004）提出社会保障水平发展系数理论（CSS），对部分主要欧洲国家 1971 ~1995 年的社会保障水平发展系数进行测度，认为其社会保障总体水平与经济之间表现出低水平适应、不适应和高水平适应的变动趋势。$CSS = \frac{RSSL}{RGDP} = \frac{\Delta SSL}{\Delta GDP} \cdot \frac{GDP}{SSL}$。其中，RSSL 代表社会保障水平（SSL）增长率，用人均社会保障支出增长率反映，也可以用社会保障支出增长率代替。RGDP 为国民经济发展水平增长率，用人均国内生产总值（GDP）增长率反映，也可用 GDP 增长率替代。CSS 为社会发展指数，表示社会保障水平增长对经济增长的反映程度：当 $CSS < 0$ 时，社会保障水平增长与经济增长呈反向变动，此时社会保障水平与经济发展处于不适应状态；当 $CSS = 0$ 时，表明社会保障水平在原有基础上没有变化，此时两者仍处于不适应状态；当 $0 < CSS < 1$ 时，表明社会保障水平与经济增长呈正向变动，但增长速度慢于国民经济速度，两者处于基本适应的状态；当 $CSS = 1$ 时，表明社会保障水平与经济同步增长，两者处于最佳适应状态；当 $CSS > 1$ 时，表明社会保障水平增长超过经济增长，这种状况长期持续会给经济带来严重的负面影响。②

穆怀中（2003）通过对部分发达国家分配结构、老年人口比重、人均 GDP 增长等因素的分析，在理论上论证了社会保障水平不具有绝对刚性，进而提出了社会保障水平发展曲线假说。他分析了欧洲部分国家和其他部分发达国家社会保障水平 1960 ~1995 年的发展轨迹，并对这一假说进行了实证分析后发现社会保障水平发展轨迹先是上升较快，达到一定高度或超过适度水平上限之后，开始放慢增长速度，持续一段时间后，将逐渐回落并接近其适度水平。其实证分析还表明，社会保障水平上升最快的时期是在人均 4000 ~10000 美元阶段；人均 GDP 超过 10000 美元以后社会保障水平增速放缓，增长速度

① 穆怀中．社会保障适度水平研究［J］．经济研究，1997（2）：56 -63.

② 杨翠迎，何文炯．社会保障水平与经济发展的适应性关系研究［J］．公共管理学报，2004，1（1）：59 -66.

进入倒置曲线第一个弯曲点；人均 GDP 超过 20000 美元后，社会保障水平在波动中开始回落（以北欧福利国家为例）。①

柳清瑞和沈毅等（2014）利用经合组织（OECD）国家 1980～2012 年的面板数据，构建了跨国回归模型，实证分析了社会保障水平与经济发展阶段的相互关系，研究结果发现，社会保障水平与经济发展阶段存在同步协调性，证明了欧洲福利国家：芬兰、瑞典、德国、丹麦等国社会保障水平与人均 GDP 呈现倒“U”形关系，社会保障水平与失业率、人口老龄化、公民政治参与度以及政府税收收入占 GDP 比重负相关，基于回归模型还测定了 2000～2050 年中国社会保障水平模拟值和适度水平。②

2.2 社会保障支出对经济增长的效应研究

国内外已有社会保障与经济社会发展的研究中，除对社会保障水平与经济增长之间的研究中在探索社会保障适度水平之外，对社会稳定、企业生产效率、劳动供给及国家竞争力之间的关系，多从社会保障支出的增减对上述变量的正负效应为主，探索社会保障适度水平对上述变量的影响较少，同时并未得出一致结论。

2.2.1 国外研究

从社会保障与经济增长的关系来看，Feldstein（1974）认为养老金会挤出私人储蓄，因此可能会抑制国家投资和经济增长，也可能会导致提前退休。③ Aaron（1982）基于广泛调查，通过实证分析证明了社会保障支出不会取代私人储蓄。④

① 穆怀中．社会保障水平发展曲线研究［J］．人口研究，2003，27（2）：22－28．

② 柳清瑞，沈毅，陈曦，等．社会保障水平变动规律的跨国实证分析［J］．人口与发展，2014，20（6）：51－62．

③ Feldstein，Martin. Social Security，Induced Retirement，and Aggregate Capital Accumulation［J］. Journal of Political Economy，1974，82（5）：905－926．

④ Aaron H J. Economic Effects of Social Security［M］. Washington，D. C.：The Brooking Institutions. 1982，16（4）：1044－1058．

Atkinson（1995）运用互补方法（Complementary Approach），将社会保障支出作为平均经济增长率的解释变量之一，来研究OECD国家社会保障与经济增长之间的关系，但没能得出明确结论。①Barro（1989）② 和Perotti（1996）③ 将互补方法的调查扩展到更多国家，基于跨国数据回归得出社会保障支出与经济增长存在显著的正向关系。Zhang（2004）利用1960～2000年多个市场经济国家的数据研究了社会保障与经济增长以及经济增长决定因素（储蓄、人力资本投资以及生育率的影响），研究发现社会保障与生育率呈显著负相关，与储蓄的相关性不大，与经济增长和教育水平呈显著正相关，因此社会保障可能通过减少生育、增加教育投资、提升人力资本来促进经济增长。④ Bellettini和Ceroni（2000）利用61个国家1970～1985年的跨国数据和21个发达国家1960～1990年的数据实证分析了社会保障支出与经济增长的关系，研究发现，社会保障支出与经济增长之间呈显著正相关，在社会保障水平低的贫穷国家统计关系更为显著，社会保障支出通过促进人力资本增长从而促进经济增长。⑤ Lee等（2006）利用12个亚洲国家1972～2000年的数据，运用协整、单位根检验以及最小二乘法估计了GDP与社会保障支出的长期关系和因果关系，研究发现GDP与资本存量、社会保障支出存在长期协整关系，GDP与社会保障之间存在双向因果关系。⑥ Zhao和Kou（2015）利用灰色关联分析法考察社会保障支出对企业家精神及内生经济增长影响，发现伴随着社会保障水平提升，企业家创新精神被有效激活，为经济增长提供了内生动力。⑦ Hu等（2020）研究

① Atkinson A B. The Welfare State and Economic Performance [J]. National Tax Journal, 1995, 48 (2): 171－198.

② Barro R J. Economic Growth in a Cross Section of Countries [J]. The Quarterly Journal of Economics, 1991, 106 (2): 407－443.

③ Perotti R. Growth, Income Distribution, and Democracy: What the Data Say [J]. Journal of Economic Growth, 1996, 1 (2): 149－187.

④ Zhang J, Zhang J. How Does Social Security Affect Economic Growth? Evidence from Cross－country Data [J]. Journal of Population Economics, 2004, 17 (3): 473－500.

⑤ Bellettini G, Ceroni C B. Social Security Expenditure and Economic Growth: An Empirical Assessment [J]. Research in Economics, 2000, 54 (3): 249－275.

⑥ Lee, Chien－Chiang, Chang, Chun－Ping. Social Security Expenditures and Economic Growth [J]. Journal of Economic Studies, 2006, 33 (5): 386－404.

⑦ Zhao Y Y, Kou Y F. Grey Relational Analysis of Social Security and Economic Growth [J]. Taxation and Economy, 2015, 12 (3): 274－286.

发现，现阶段国内社会保障支出显著促进了上证指数的提升，提出社会保障具有经济增长效应的观点。①

2.2.2　国内研究

关于社会保障对经济增长的效应，国内学者无论从理论阐述还是实证分析都进行了丰富的研究。理论阐述方面。学者从我国实际国情、国际实践、国际社会保障发展和改革以及不同社会保障模式等角度出发，提出完善社会保障制度能够促进经济增长。国外文献多从社会保障水平变化对生育率、人力资本形成等因素的影响来探讨社会保障水平变化与经济增长的关系。基于我国的实际国情，朱庆芳（1988）论述了社会保障与经济、社会发展的关系，认为社会保障事业的发展要与经济发展相适应，经济发展中要处理好“公平”和“效率”的关系，应对收入差距进行调节，同时社会保障也制约着经济发展。② 刘华等（1999）认为社会保障能够为经济增长提供良好的社会环境，有助于提高劳动者的劳动积极性，培育创业精神，并且有利于促进资本的形成。因此，我国必须进一步完善社会保障制度、扩大社会保障覆盖面、注重社会保障主体负担分配、合理规划社会保障水平，从而有效地促进我国经济快速高质增长。③ 刘俊霞（2001）认为社会保障制度为劳动力再生产提供重要保证，连接生产和消费，有利于完善资本市场缺陷，促进经济结构调整，熨平经济周期，缓解人口老龄化的压力，维护社会公平正义，从而促进经济发展。④ 刘畅（2011）从制度需求和制度供给两个方面分析了社会保障促进社会和谐和经济发展的内在机制，认为社会保障能够扩大内需，增加消费需求，从而推动经济增长。⑤ 华颖（2017）对第三届全国社会保障学术大会参会专家的发言进行了

---

① Hu Y，Wu Y，Zhou W. A Three－stage DEA－based Efficiency Evaluation of Social Security Expenditure in China［J］. PLOS ONE，2020，22（8）：63－79.

② 朱庆芳. 社会保障与经济、社会发展的关系［J］. 社会科学辑刊，1988（3）：28－33.

③ 刘华，肖厚雄，叶晓阳. 社会保障与经济增长［J］. 华中科技大学学报（社会科学版），1999（1）：94－96.

④ 刘俊霞. 试论社会保障与经济发展［J］. 中南财经政法大学学报，2001（3）：47－50.

⑤ 刘畅. 社会保障促进社会和谐与经济增长的作用研究［J］. 经济体制改革，2011（3）：25－29.

综述，认为社会保障与经济发展之间既可相互促进又能相互制约，应努力追求两者之间的良性互动和共同发展，应当构建积极的社会保障体系并使之成为国家治理体系中的支柱性制度安排，为支撑中等收入群体不断壮大、居民消费长盛不衰提供强有力的制度保障。① 郑功成（2018）从社会保障制度为国有企业改革劳动用工制度和市场化改革提供了必要条件和在中国遭受经济危机期间直接发挥作用等方面，分析了中国的社会保障制度对我国经济发展有促进作用。②

从国际经验借鉴方面来看，潘莉（2005）基于对社会保障与经济增长研究的理论基础进行分析，并对西欧和亚洲部分国家社会保障与经济增长的关系进行论述后，提出适度水平的社会保障对经济增长具有促进作用。③ 杨聪敏（2008）认为金融危机背景下，社会保障能够增加人们的即时消费能力，提高消费需求，从而推动经济增长。④ 张向达和李宏（2010）基于国内外社会保障的理论研究与实践发展，认为社会保障可以为经济发展提供有力保障。⑤ 许婕（2013）通过对不同保障模式下社会保障对经济发展的影响进行国际比较得出，国家福利性社会保障制度下经济发展受到威胁的风险要高于自保公助型国家，社会保障还对私人消费、储蓄以及投资产生影响，从而影响经济发展，因而在筹集社会保障资金要考虑相关因素。⑥ 成新轩和柳佳龙（2014）从就业、储蓄与消费和经济增长三大方面分析了 1990～2013 年北欧国家社保制度改革的经济效应，认为改革有效降低了失业率；提高了瑞典与丹麦劳动者的劳动时间；社保制度改革使国民储蓄率与居民最终消费支出都有所增加；北欧国家实际 GDP 增长率与社保支出水平增长率负相关，促进并稳定了北欧国家的经济

① 华颖．新时期社会保障与经济发展关系的再认识——第三届全国社会保障学术大会论要［J］．社会保障评论，2017（2）：5－17．

② 郑功成．中国社会保障改革与经济发展：回顾与展望［J］．中国人民大学学报，2018（1）：37－49．

③ 潘莉．社会保障与经济增长相关性的理论分析［J］．学术论坛，2005（2）：88－92．

④ 杨聪敏．论社会保障与经济增长——社会保障体系建设中的分配、消费与经济增长的关系探讨［J］．浙江社会科学，2009（8）：60－66．

⑤ 张向达，李宏．社会保障与经济发展关系的思考——基于社会保障扩大内需作用的角度［J］．江西财经大学学报，2010（1）：52－58．

⑥ 许婕．不同保障模式下社会保障水平经济效应的国际比较［J］．地方财政研究，2013（3）：33－37．

增长。①

实证计量研究方面国内学者采用多种方法对社会保障与经济增长的关系进行研究，如采用协整分析、系统广义距估计、VECM 等计量方法。董拥军和邱长溶（2007）通过对我国 1995 ~ 2003 年的省际面板数据进行实证分析，实证结果表明我国社会保障支出对经济增长存在负效应，并认为主要原因来自我国省际之间社会社会保障负担能力经济发展严重不协调。② 董拥军和邱长溶（2007）通过对我国 1995 ~ 2003 年相关数据对社会保障支出与经济增长的关系再次进行协整分析，又得出社会保障支出有助于经济增长，通过 Granger 因果检验，发现两者间存在双向因果关系。③ 马会（2007）通过建立"推动效应"模型和"拉动效应"模型，对中国社会保障支出的水平与国民经济增长的适应程度进行具体测算，认为中国社会保障支出的增长速度与国民经济的增长速度已经呈现出严重失衡的现象。因此建议中国应该放慢社会保障支出的增长速度。④ 崔大海（2008）采用 1978 ~ 2006 年的相关数据，对我国财政社保支出与经济增长的动态关系进行 Granger 因果检验和协整分析，得出的研究结果表明，两者存在单向因果关系，即经济增长能够促进财政社会保障支出，财政性社会保障支出不能促进经济增长。⑤ 赵蔚蔚（2011）以 2000 ~ 2010 年的数据为基础，同样采用协整分析和因果分析检验的方法对财政社会保障支出与 GDP 这两个变量进行实证分析，研究表明，财政社会保障支出与经济增长之间存在协整且互为双向的格兰杰因果关系。沈燕（2012）选取中国 1989 ~ 2008 年的数据为研究样本，将人力资源作为中间变量，运用协整理论来检验社会保障与人力资本积累、经济增长之间的关系。研究结果表明，在现收现付制下，社会保障水平的提高能有效促进人力资本积累，但提高社会保障缴费率对人力资本积累存在正面和负面双重影响，因此建议要制订适

① 成新轩，柳佳龙. 北欧国家社会保障制度改革的经济效应研究 [J]. 社会保障研究，2014 (6)：69 - 79.

② 董拥军，邱长溶. 我国社会保障支出与经济增长关系的实证 [J]. 统计与决策，2007 (8)：79 - 93.

③ 董拥军，邱长溶. 中国社会保障支出与经济增长的协整及因果分析 [J]. 生态经济，2007 (2)：23 - 35.

④ 马会. 中国社会保障水平适度性的计量分析 [J]. 沈阳大学学报，2007 (3)：26 - 28.

⑤ 崔大海. 我国财政社会保障支出与经济增长的相关关系研究 [J]. 江淮论坛，2008 (6)：69 - 78.

度的社会保障费率。① 丁少群和许志涛（2013）利用我国 1978～2010 年的年度时间序列数据，将社会保障水平纳入库兹涅茨计量模型，采用 VAR 系统的 Granger 因果检验、VECM、脉冲响应函数等方法对社会保障、收入分配和经济增长的互动关系进行实证分析。研究结果表明，我国社会保障水平、收入分配和经济增长之间存在长期均衡关系，经济增长对社会保障的影响具有时滞性；从长期来看，经济增长有利于社会保障水平的提高，但社会保障并没有能有效推动经济增长。②

其他研究社会保障与经济增长的模型主要还有灰色关联度、拟自然实验和 VECM 等。赵怡（2007）通过计量经济学的方法利用 1989～2005 年的数据，建立了社会保障与经济增长、消费、储蓄和投资的计量模型，认为社会保障对我国的经济增长具有推动作用。③ 基于社会保障的适度性研究，穆怀中从国家福利和自保公助两种社会保障模式出发，运用回归分析方法，分析了社会保障水平与国内生产总值（GDP）、国内储蓄、投资、私人消费之间的相互关系，揭示了社会保障水平的经济效应，证明了社会保障支出在经济运行中的地位和作用。④ 刘苓玲和徐雷（2011）将居民消费纳入实证的分析范围，采用 1997～2009 年的数据，基于扩展的杜森贝利消费函数，从区域差异的视角对我国东、中、西部地区的社会保障、经济增长与居民消费之间的长短期效应进行实证研究。结果显示，我国社会保障支出、经济增长与居民消费存在长期的协整关系，居民消费水平与社会保障支出呈显著正相关，西部地区社会保障支出对居民消费的拉动作用最大，中部次之，东部最小。⑤ 张鹏飞和仇雨临（2019）认为人口老龄化、社会保障支出均可以通过抑制技术水平增长速度和储蓄增长速度来影响中国经济增长率，人口老龄化与社会保障支出对中国经济增长率的负向影响存在显著的互补关系。⑥ 张

---

① 沈燕．社会保障对人力资本及其经济增长的影响——基于中国 1989～2008 年的数据［J］．社会保障研究，2012（4）：69－76.

② 丁少群，许志涛．社会保障水平、收入分配与经济增长的互动关系研究——基于 VAR 模型的实证分析［J］．中国经济问题，2013（6）：3－12.

③ 赵怡．我国社会保障与经济增长关系研究［J］．管理世界，2007（12）：152－153.

④ 穆怀中．社会保障水平经济效应分析［J］．中国人口科学，2001（3）：48－53.

⑤ 刘苓玲，徐雷．社会保障支出、经济增长与居民消费的区域差异研究［J］．人口与经济，2012（3）：70－76.

⑥ 张鹏飞，仇雨临．人口老龄化、社会保障支出与中国经济增长率［J］．上海经济研究，2019（11）：108－119.

天芳和王林等（2006）认为人口老龄化会推升社会保障支出，中国老年人口超过 10% 会推升社会保障占财政支出比重达到 50%，老年人口达到 15%，会推升社会保障支出占财政支出的比重超过 85%。①

杨亮和丁金宏（2014）构建了社会保障与经济发展耦合系统的指标体系，对社会保障与经济发展进行耦合协调度的时空分析，发现 2001～2011 年我国社会保障与经济发展呈现出良性互动的关系，两者的关系从磨合阶段逐渐趋向协调适应。经济发展与社会保障水平的区域差异明显，经济发展水平高的省份，其社会保障水平也相对较高；但经济发展水平低的西部地区社会保障水平与经济发展水平呈现一定的不匹配性。从协调等级看，多数省份属于协调发展的中间类型，并且东部地区协调度明显优于中西部地区。② 赵一阳和寇业富（2015）运用灰色关联模型对社会保障水平与国民经济增长之间的关系进行分析，认为社会保障支出的数量和结构还不够合理，由此削弱了其促进经济增长的积极作用。李佳和赵建国（2016）基于我国 1998～2013 年我国省级面板数据，利用系统广义矩估计法对财政社会保障支出与经济增长效应区域差异和财政社会保障支出区域差异的影响因素进行实证分析。研究结果表明，财政社会保障支出经济增长效应区域差异显著。财政社会保障支出对我国东部和中部地区具有显著正向影响，而对西部地区则不显著。不同地区财政社会保障支出与经济增长率、经济发展水平和老龄化水平关系不大。③ 范琦和冯经纶（2017）采用我国 1989～2015 年相关数据，运用 VECM 模型对我国全口径社会保障支出与经济增长的关系进行了实证分析，发现现阶段我国社会保障支出能够显著促进经济增长，这一趋势还会继续保持。④ 贾俊雪、李紫霄和秦聪（2018）对社会保障制度的经济影响进行拟自然实验分析，利用 114 个发展中国家 1981～2005 年的面板数据和倾向得分匹配—双差分法构造反事实，较好地校正了选

---

① 张天芳，王林，吕王勇．人口老龄化与社会保障支出的动态关系［J］．统计与决策，2006（22）：78－79.

② 杨亮，丁金宏．社会保障、经济发展与区域差异——基于中国省域数据的耦合实证分析［J］．经济与管理，2014（1）：5－10.

③ 李佳，赵建国．财政社会保障支出经济增长效应区域差异——来自中国省级面板数据的实证［J］．社会保障研究，2016（3）.

④ 范琦，冯经纶．社会保障支出能促进中国经济增长吗？——来自 1989～2015 年全口径社会保障支出数据的实证分析［J］．华东经济管理，2017（3）：44－50.

择偏差，识别出社会保障制度对经济增长的因果处置效应。其研究表明，社会保障制度对经济增长具有显著的负效应，导致人均 GDP 下降。①

2.3 社会保障支出对劳动供给的效应研究

2.3.1 国外研究

从劳动供给来看，国外对社会保障与劳动供给的研究首先聚焦于社会保障对退休决策的影响。Martin（1974）认为，享有社会保障的人比没有享有社会保障的人有更早的退休激励，或者更倾向于提前退休，称为“引致退休效应”（Induced Retirement Effect）。② Anthony（1979）③，Morten 和 Panuvaar（2006）④也认为社会保障可能会促使劳动者提前退休。Borsch 等（2000）实证了养老保险对提前退休起到激励作用，并认为欧洲国家，特别是德国现在面临因人口老龄化带来养老保险越来越重，退休年龄提前导致养老金负担分担减少的双重压力。⑤ 其次是社会保障与就业与再就业关系的研究。Quinn（1977）通过对 55 ~ 63 岁白人男性和未婚女性的研究，发现享受社会保障权利会降低 55 ~ 63 岁劳动参与度的 17.5%，享受私人养老金可能降低使劳动参与度下降 7.3%，同时享受两种养老金会使劳动参与度下降 30%。⑥ 又如，Stewart 和 Swaffield（1996）认为社会保障对男性的劳动力供给存在强烈的副作用。但是也有学者

① 贾俊雪，李紫霄，秦聪．社会保障与经济增长：基于拟自然实验的分析［J］．中国工业经济，2018，368（11）：44－62.

② Feldstein，Martin. Social Security，Induced Retirement，and Aggregate Capital Accumulation［J］. Journal of Political Economy，1974，82（5）：905－926.

③ Anthony J. Pellechio. Social Security Financing and Retirement Behavior. The American Economic Review，1979，2：284－287.

④ Morten I. Lau & Panu Poutvaara. Social Security Incentives，Human Capital Investment and Mobility of Labor. Journal of Public Economics，2006，7：1299－1325.

⑤ Borsch S A，Economics J O P，Boadway R，et al. Incentive Effects of Social Security on Labor Force Participation：Evidence in Germany and Across Europe［J］. Journal of Public Economics，2000，4（1）：99－114.

⑥ Quinn J F. Microeconomic Determinants of Early Retirement：A Cross－Sectional View of White Married Men［J］. The Journal of Human Resources，1977，12（3）：329－346.

认为劳动力社会保障收益不会对劳动者劳动积极性造成影响。Krueger 和 Pischke（1992）认为40年以来社会保障收益的增加没有对劳动力的供给行为产生负面影响。① Vere（2011）利用健康和退休研究（HRS）面板数据研究证实社会保障收益的削减以及不确定性会激励老年人继续工作。② Takashi 等（2009）研究了日本1985年日本削减养老保险水平和延迟退休年龄后的劳动力供给状况，发现日本老年劳动力都有不同程度的增加。③ Kudrna 和 Woodland（2011）研究了澳大利亚2009年削减养老金支出和延迟退休年龄的改革，发现改革对劳动力供给存在长期的正面影响。④

有学者从养老保险可以通过提高就业投资、扩大人力资本投入等视角出发，认为养老保险可能会增加市场中的劳动供给，质疑养老保险与劳动参与率之间的负相关关系。首先，养老金的劳动供给负效应可能存在年龄差异，对整体劳动力供给的影响较为复杂。İmrohoroğlu 和 Kitao（2009）研究了美国社会保障改革对拉动力供给的跨期影响，发现从长期来看劳动供给的替代效应和收入效应会相互抵消，因此对总劳动供给不会产生明显影响，但会促使劳动者将工作时间更多地由年轻时期移到退休之前。⑤ Klaauw 和 Wolpin（2008）研究发现，如果削减25%的养老保险收益，会相应降低62岁以下的劳动供给，其中已婚人士下降2~3个百分点，单身人士下降5~7个百分点，但62~69岁劳动力的劳动时间会增多，已婚人士提高12%，单身人士提高8%。⑥ 医疗保障通过健康对劳动供给效应发挥关键作用，健康不仅是人

① Kruegera, and J. pischke. The Effect of Social Security on Labor Supply: A Cohort Analysis of the Notch Generation [J]. Journal of Labor Economics, 1992, 4: 412-437.

② James P. Vere. Social Security and Elderly Labor Supply: Evidence from the Health and Retirement Study [M]. Labor Economics, 2011.

③ Oshio T, Usui E, Shimizutani S. Labor Force Participation of the Elderly in Japan [J]. NBER Chapters, 2009.

④ Kudrna G, Woodland A D. Implications of the 2009 Age Pension Reform in Australia: A Dynamic General Equilibrium Analysis [J]. The Economic Record, 2011, 87 (277): 183-201.

⑤ Selahattin İmrohoroğlu, Sagiri Kitao. Labor Supply Elasticity and Social Security Reform [J]. Journal of Public Economics, 2009, 93 (7).

⑥ Klaauw W V D, Wolpin K I. Social Security and the Retirement and Savings Behavior of Low-income Households [J]. Journal of Econometrics, 2008, 145 (1-2): 21-42.

力资本的重要构成，而且会让劳动者在劳动和闲暇之间做出不同的选择（Becker①，1964；Grossman②，1972）。一方面，部分学者认为医疗保障能减少预期医疗支出和降低健康风险，从而会激励个人减少劳动供给。Boyle 和 Lahey（2010）利用当前人口调查（CPS）数据研究发现，享受健康保险的老年人总体上更可能削减劳动时间，低教育水平的劳动者更有可能退出劳动力市场。③ Gruber 和 Kubik（1997）通过研究美国的伤残险发现，保险申请拒绝率每提高 10%会导致45~64 岁的劳动者进入劳动力市场的概率提高2.8%，证明了保险拒绝率提高带来的劳动激励效应。另一方面，部分研究认为医疗保障会提高劳动者的劳动参与率并且能够提升劳动者的人力资本水平。Chen 和 Wilbert（2008）对美国伤残保险的劳动激励效应研究表明，20 世纪 90 年代美国伤残保险受益者的劳动参与率比未受益者高出 20%。④ Luciano 和 Luca（2011）利用动态 Diamond 世代交叠模型研究表明，健康公共投资对老年人劳动供给产生正面影响，并能提高劳动生产率。⑤

国外的研究主要认为失业保险对失业率和失业期限都存在负效应。Rothstein 和 Kahn（2011）发现2008 年金融危机时期失业保险大幅扩张推升了失业率上升 0.1~0.5 个百分点。⑥ Schmieder 等（2012）基于欧盟多国的研究表明，失业保险对失业时间的延长效应在不同年龄群体的居民中都存在显著负影响。⑦

① Becker G S. Human Capital [J]. Journal of Political Economy, 1964: 9-49.

② Michael, Grossman. On the Concept of Health Capital and the Demand for Health [J]. Journal of Political Economy, 1972.

③ Melissa A. Boyle, Joanna N. Lahey. Health Insurance and the Labor Supply Decisions of Older Workers: Evidence from a U. S. Department of Veterans Affairs Expansion [J]. Journal of Public Economics, 2010, 94 (7): 87-99.

④ Susan Chen, Wilbert van der Klaauw. The Work Disincentive Effects of the Disability Insurance Program in the 1 Fanti L, Gori L. Public Health Spending, Old-age Productivity and Economic Growth: Chaotic cycles under perfect foresight [J]. 2011, 78 (1-2): 0-151. 990s [J]. Journal of Econometrics, 2007, 142 (2): 96.

⑤ Fanti L, Gori L. Public Health Spending, Old-age Productivity and Economic Growth: Chaotic Cycles Under Perfect Foresight [J]. 2011, 78 (1-2): 147-151.

⑥ Rothstein J, Kahn S A B. Unemployment Insurance and Job Search in the Great Recession [with Comments and Discussion] [J]. Brookings Papers on Economic Activity, 2011: 143-214.

⑦ Schmieder J F, Von Wachter T, Bender S. The Effects of Extended Unemployment Insurance over the Business Cycle: Evidence from Regression Discontinuity Estimates over 20 Years [J]. The Quarterly Journal of Economics, 2012, 127 (2): 701-752.

Marinescu（2017）对线上职业申请数据研究返现，失业保险领取时间每增加 10%，会相应导致失业保险申请率降低 1 个百分点。① Caliendo（2020）以英国《2012 年福利改革法案》实施为背景，考察了福利对劳动市场的影响，发现社会保障支出规模增加显著减少了市场上劳动力供给。②

2.3.2 国内研究

就社会保障与劳动供给的关系而言，刘小龙和邹安平（1981）从按劳分配的完善程度、劳动者民主权利的实现和劳动就业的选择程度等七个方面探讨了影响劳动力积极性的因素，其中强调了劳动时间、劳动保护和环境对提高劳动者积极性的重要作用。③ 周建明（1983）从心理学角度将社会主义条件下个人从事劳动的动机分为实现个人的生存、享受和发展，为实现社会主义理想以及自我实现三类，并指出三种不同的动机由不同的条件产生或决定，提出要注意这三个不同的方面，又要处理好三者之间的关系。④ 黄津孚（1983）从心理学的视角出发构建了劳动积极性的系统模型图，认为劳动积极性是一个开放、动态的系统。⑤周晋三（2012）分析了"失业陷阱"，即劳动者参加工作后获得的税后收入和补助少于失业时的社会保障收入，从而抑制了劳动者的就业积极性，并提出用劳动者社会保障收入与工资或最低工资的比率来衡量劳动积极性。⑥ 程杰（2014）利用农村住户抽样调查数据研究发现，养老保障存在明显的劳动供给效应，倾向于激励农户减少劳动时间或者更快地退出劳动力市场。⑦ 姜百臣等（2010）认为医疗保障有助于降低农村居民的健康风险，并提

① Marinescu I. Reprint of: The General Equilibrium Impacts of Unemployment Insurance: Evidence from a Large Online Job Boards [J]. Journal of Public Economics, 2019, 171 (3): 70 - 85.

② Caliendo M. Do Start - Up Subsidies for the Unemployed Affect Participants' Well - Being? A Rigorous Look at (Un -) Intended Consequences of Labor Market Policies [J]. Evaluation Review, 2020 (27): 19 - 38.

③ 刘小龙，邹安平. 关于影响劳动积极性若干因素的探讨 [J]. 江西财经学院学报，1981 (2): 87 - 89.

④ 周建明. 社会主义条件下个人劳动积极性产生的原因 [J]. 上海经济研究，1983 (3): 31 - 32.

⑤ 黄津孚. 调动职工积极性的系统观点和方法 [J]. 经济与管理研究，1983 (5): 40 - 42.

⑥ 周晋三. 低保与最低工资对劳动者就业积极性的影响 [J]. 人口与经济，2012 (s1): 37 - 38.

⑦ 程杰. 养老保障的劳动供给效应 [J]. 经济研究，2014，49 (10): 60 - 73.

高其健康和人力资本水平。①

就失业保险的劳动供给效应而言，国内的研究主要认为失业保险对劳动力供给具有显著的正效应。陈波和罗荷花（2020）认为失业保险主要通过工作搜寻效应以及职业匹配效应对个体劳动供给存在显著的正效应。② 赵静（2014）利用双重差分的方法探讨了失业保险对促进就业的影响，研究发现扩大失业保险基金支出范围以及增加促进就业项目占比，能够显著提高社会就业率。③ 董芳和周江涛等（2015）基于线性协整理论和以误差修正为基础的面板协整理论，实证分析了失业保险基金支出对促进就业功能的作用，结果表明失业保险基金支出在全国范围内对就业有积极的促进作用，但具有区域差异性。④

2.4 社会保障支出对企业生产效率的效应研究

2.4.1 国外研究

从社会保障对企业生产效率的效应来看，社会保障对企业生产效率存在两种关系。一方面，增加社会保障支出会在一定程度上增加企业的社会保障缴费（税）率，增加企业的劳动力成本，同时挤压企业利润，降低企业用于技术创新方面的投入，从而降低企业生产效率。Autor 等（2010）的研究表明，社会保障支出增加会带来相应法案的通过，这不仅会提高企业的解雇成本，抑制企业的人力资源筛选，还会提高新兴企业进入市场的门槛，形成行业进入壁垒，降低现有行业的生产效率。⑤ Akerlof 和 Yellen（2011）认为，增加保障支出增

---

① 姜百臣，马少华，孙明华．社会保障对农村居民消费行为的影响机制分析［J］．中国农村经济，2010（11）：32－39.

② 陈波，罗荷花．失业保险的劳动供给效应：抑制还是激励？［J］．调研世界，2020（1）：17－24.

③ 赵静．失业保险与就业促进——基于基金支出范围视角的双重差分法分析［J］．中国经济问题，2014（1）：81－90.

④ 董芳，周江涛，赵俊康．失业保险基金支出促进就业功能研究——基于线性协整与面板协整的实证检验［J］．经济问题，2015（2）：63－68.

⑤ Autor D H，Kerr W R，Kugler A D. Does Employment Protection Reduce Productivity? Evidence from US States［J］. Economic Journal，2010（521）：189－217.

加同样会造成劳动者当期收入的减少，降低劳动者的积极性，并可能对用人单位的满意度形成不良印象，进而影响企业生产效率。① 增加社会保障支出也可能会倒逼企业为了节约人力成本，进行技术创新，增加机器要素投入来提高企业生产效率。David（1975）在对美国工业发展的研究过程中发现，企业会在面对人力成本上升时，会转向依赖技术创新来推动企业发展。② Owino（2017）对肯尼亚社会保障等公共支出的经济效应研究发现，随着社会保障支出的提高，企业业主更倾向于采用先进技术弥补雇员生产效率损失。③

2.4.2　国内研究

就社会保障对企业的生产效率而言，国内研究的视角和看法与国外较为一致。沈永建和范从来（2017）认为增加社会保障支出会增加企业的社会保障缴费率，提高企业的人力资源成本，降低企业的投资创新能力，挤占企业利润，降低企业生产效率。④ 林炜（2013）认为虽然政府增加社会保障支出会提高企业用人成本，但可以倒逼企业进行技术创新来保持竞争优势从而提高企业劳动生产效率。⑤ 马双等（2014）采用国家统计局规模以上工业企业的数据，实证分析了养老保险缴费对企业生产效率的影响，认为养老保险缴费增加会挤出员工工资和福利，同时会降低企业的雇工意愿。赵建宇和陆正飞（2018）发现企业为员工缴纳的养老保险占员工总薪资的比重与全要素生产率负相关，且这一负向关系仅在员工平均工资较低的企业中显著。⑥

---

① Akerlof G A, Yellen J L. The Fair Wage - Effort Hypothesis and Unemployment [M]//Advances in Behavioral Economics. 2011.

② David P A. Technical Choice, Innovation and Economic Growth: Essays on American and British Experience in the Nineteenth Century [J]. Economic Development & Cultural Change, 1975, 86 (2): 82 - 88.

③ Owino B. Public Expenditure in the Social Sector and Economic Growth in Kenya. 2017, 8 (4): 61 - 74.

④ 沈永建，范从来，陈冬华，等. 显性契约、职工维权与劳动力成本上升：《劳动合同法》的作用 [J]. 中国工业经济，2017，000（002）：117 - 135.

⑤ 企业创新激励：来自中国劳动力成本上升的解释 [J]. 管理世界，2013（10）：95 - 105.

⑥ 赵健宇，陆正飞. 养老保险缴费比例会影响企业生产效率吗？[J]. 经济研究，2018，53（10）：97 - 112.

2.5 社会保障支出对社会稳定的效应研究

2.5.1 国外研究

就社会保障与社会稳定而言，国外文献主要研究了社会保障水平与不同类型犯罪之间的关系，研究方法多以实证为主，得出的结论具有一定争议，但多数研究表明，社会保障水平会减少犯罪率，促进社会稳定。

Becker（1968，1993）基于成本—收益原则的理性选择对个人犯罪行为进行分析。① 当政府社会支出保障增多会增加犯罪成本，从而有利于抑制犯罪。Cullen 等（1999）认为政府扩大社会救助水平有助于降低社会犯罪率。② Becsi（1999）认为政府社会福利水平与犯罪率之间呈负相关关系。Rogers 和 Pridemore（2013）利用 2004 年 30 个国家的数据，利用加权最小二乘回归模型，检验了在控制社会保障时，贫困与凶杀之间的关联存在显著的负相关关系。③ Zhang（1997）建立了犯罪行为经济模型，认为福利支付将减少分配给非法活动的时间并利用 1987 年美国各州的一组横截面数据研究发现了现金或实物福利计划对财产犯罪具有负面影响。④ Worrall 和 John（2005）利用来自加利福尼亚州的小组数据重新考虑了福利支出与犯罪之间的关系，通过固定效应回归显示，福利支出的几个指标与谋杀、抢劫、袭击、入室盗窃等几乎不存在关系。⑤ Johnson 等（2007）反思美国大萧条时间犯罪治理的政策后，认为政府

---

① Becker, Gary S. Crime and Punishment: An Economic Approach [J]. Journal of Political Economy, 1968, 76 (2): 169 -217.

② Cullen F T, Wright J P, Chamlin M B. Social Support and Social Reform: A Progressive Crime Control Agenda [J]. Crime & Deliquency, 1999, 45 (2): 188 -207.

③ Rogers M L, Pridemore W A. The Effect of Poverty and Social Protection on National Homicide Rates: Direct and Moderating Effects [J]. Social Science Research, 2013, 42 (3): 584 -595.

④ Zhang J. The Effect of Welfare Programs on Criminal Behavior: A Theoretical and Empirical Analysis [J]. Economic Inquiry, 1997, 35 (1): 120 -137.

⑤ Worrall, John L. Reconsidering the Relationship Between Welfare Spending and Serious Crime: A Panel Data Analysis with Implications for Social Support Theory [J]. Justice Quarterly, 2005, 22 (3): 364 -391.

改善社会福利的支出计划才是打击犯罪的根源性政策。① Savage 等（2008）利用跨国时间序列数据测试了关于社会福利支出和犯罪之间动态的假设，发现人均社会福利支出与较低的盗窃和谋杀率有关，高谋杀率与社会福利增加不存在关系，但与盗窃率和高盗窃国家社会福利支出的增加有关。② Zeynep（2012）利用153个国家1975～2005年的时间序列数据，研究了社会保障总水平与社会冲突之间的关系，在控制相关变量后，结果表明，政府的社会福利开支增加能够显著减少社会冲突，认为政府的福利支出对减少社会冲突至关重要。③ Lenz 和 Páez（2021）对智利2000～2018年社会保障支出的社会效应分析发现，虽然社会保障支出跃升后社会冲突得到明显控制，但私人社会捐款显著下滑。④

2.5.2 国内研究

国内关于社会保障与社会稳定的研究主要从社会风险或社会风险治理的角度研究政府增加社会保障支出与社会稳定的关系，多以理论研究为主，得出的结论较为一致，认为政府增加社会保障支出有助于缓解社会风险，维护社会稳定。梁鸿（2000）认为建设中国特色社会保障制度要充分考虑如何增进和维护家庭稳定，从而最大限度地实现社会稳定。⑤ 张奇林和张兴文（2011）认为社会保障制度在缓解风险，保障社会成员基本生活，提升社会福利等方面都起到显著作用，并尝试厘清和解读风险与社会保障的互动关系与变迁过程，建立了社会保障作为风险管理的社会机制的解释性框架。⑥安华（2012）认为社会稳定、社会风险和社会保障之间存在内在的逻辑联系，建立以社会保障为核心

---

① Johnson R, Kantor S, Fishback P V. Striking at the Roots of Crime: The Impact of Social Welfare Spending on Crime During the Great Depression [J]. Social Science Electronic Publishing, 2012 (4): 55.

② Savage J, Bennett R R, Danner M. Economic Assistance and Crime: A Cross - National Investigation [J]. European Journal of Criminology, 2008, 5 (2): 217 - 238.

③ Taydas, Zeynep, and Dursun Peksen. Can States Buy Peace? Social Welfare Spending and Civil Conflicts [J]. Journal of Peace Research, 2012, 49 (2): 273 - 287.

④ Lenz A R, Páez P L. Evolution of Health Social Security Expenditure in Chile: A Review of Financial Aggregates from 2000 to 2018 [J]. Medwave, 2021, 21 (1): 81 - 97.

⑤ 梁鸿．改革中的社会风险与社会保障［J］．社会科学，2000（5）：18 - 21.

⑥ 张奇林，张兴文．风险与社会保障：一个解释性框架［J］．社会保障研究，2011（3）：54.

的民族地区社会风险管理体系，有利于促进民族平等与民族发展、维护民族地区社会稳定。① 曹春（2013）认为社会保障制度是一个风险管理体系，旨在帮助社会个体应对社会风险，最终达到预防和化解公共风险的目的。② 罗静和沙治慧（2014）从风险治理视角出发，运用社会保障治理效用结构模型，基于治理满意度的角度，对社会风险分布特征下的社会保障治理效用进行评价，并从公平和可持续价值观、风险治理、民众需求等方面提出提高治理效用的对策建议。③ 郑文彬（2005）在对欧洲部分国家社会保障制度的形成和发展进行系统研究的基础上，认为社会保障弱化了阶级矛盾，缓和了阶级对立，也指出了政府社会保障政策的“两难”境地。④

2.6 社会保障模式及支出可持续性研究

2.6.1 国外研究

从经济发展的角度来讨论社会保障模式及支出可持续性由来已久，亚当·斯密认为资源的稀缺性和人口增长之间的矛盾会限制经济的永久持续增长，这使其需要通过劳动分工模式、资本积累和技术进步来抵消。大卫·李嘉图对非制度约束下经济可持续发展持怀疑态度，认为人口增长和资源稀缺之间的矛盾会导致人口和经济增长停滞。⑤ 马尔萨斯则认为人口增长与资源稀缺的关系不可调和，因此除非采用恰当的制度模式，否则人类不能实现永续的可持续发展。1972 年，罗马俱乐部提出“增长极限理论”，认为全球都会受需求的无限增长和资源环境承载力有限之间的相互制约，增长存在极限，最终社会将实现持久的全球均衡。1987 年，布伦特兰夫人将可持续性发展定义为“既要满足

① 安华．民族地区社会风险、社会稳定与社会保障研究［J］．西南民族大学学报（人文社会科学版），2012，33（10）：37－42.

② 曹春．公共风险与政府社会保障责任［J］．财政研究，2013（3）：13－17.

③ 罗静，沙治慧．社会保障治理社会风险的效用研究——基于治理满意度衡量［J］．经济体制改革，2014（4）：29－33.

④ 郑文彬．社会保障——欧洲社会的稳定器［J］．当代世界，2005（10）：44－45.

⑤ 方福前．可持续发展理论在西方经济学中的演进［J］．当代经济研究，2000（10）：14－23.

当代人的需要，又不对后代人满足其需要的能力构成威胁”。

国外文献主要基于比较角度探讨不同社会保障模式，并着重从生育率下降和老年人口增多会带来劳动人口减少，社会抚养人口增多，以及选民政治导致社会保障需求增大与政府社会保障支出能力不足的角度来研究社会保障的持续性。Rosati（1996）论及西方国家典型社会保障模式，包括以德国为代表的覆盖面大、资金来源广、政府给予不同程度资助拨款的“投保资助”模式以及以北欧为代表的多项目、保障水平高且由政府和企业共担保费的“福利国家”模式。① Zervou（1997）比较分析了英国、美国、西班牙社会保障模式，指出英国社会保障以较高福利为典型特征，其源于经济发达、物质水平高的背景，而美国社会保障以资助为主要特征，其源自单位及个人有一定经济承受力且经济基础较雄厚的现实构建社保模式。② Geraedts 等（2000）对德国长期护理保险分析时，归纳了世界上三种典型社会保障模式，分别是德国及美日资助型模式、英国及北欧福利型模式、中国强制储蓄型模式。③

Galasso 和 Profeta（2003）分析了在人口老年化情况下，法、德、意等国政府的局限性和社会保障持续性的相互影响，如老年选民增加会促使政府提高养老金，增加企业负担；政府削减社会保障支出会增加社会不满情绪，影响政府执政。④ Goss（2010）认为生育率下降导致社会保障金偿付能力下降，为保证社会保障支出持续性，需要对社会保障支出政策和税收政策进行相应调整。⑤ Hirazawa 等（2014）将异质性与生育偏好结合起来，将现收现付（PAYG）社会保障规模变化对个人生育选择和人口增长的影响放在一个小型

① Rosati F C. Social Security in a Non – altruistic Model with Uncertainty and Endogenous Fertility [J]. Journal of Public Economics, 1996, 60 (2): 283 – 294.

② Zervou F. Social Insurance System of Greece a Comparison with British, American and Spanish Social Security Systems [J]. Econometric Model, 1997, 10 (4): 102 – 119.

③ Geraedts M, Heller G V, Harrington C A. Germany's Long – Term – Care Insurance: Putting a Social Insurance Model into Practice [J]. Milbank Quarterly, 2000, 78 (3): 375 – 401.

④ Galasso V, Profeta P. Lessons for an Aging Society: The Political Sustainability of Social Security Systems [J]. Working Papers, 2003, 19 (38): 65 – 115.

⑤ Goss S C. The Future Financial Status of the Social Security Program [J]. Social security bulletin, 2010, 70 (3): 111 – 137.

开放经济的世代重叠模型中来讨论。① Kotera（2020）基于异质性代际重叠模型探讨老龄化时代社会保障的可持续问题，提出了老龄化将持续增加财政负担，社会保障将难以为继的结论。②

2.6.2 国内研究

中国政府也于1994年在《中国21世纪议程》中，对经济、社会以及资源的合理利用和环境保护做出了长远的可持续规划。可见，中国政府与国外政府都认为可持续性是一个集生态、环境、经济、社会、政治于一体的问题，但本书主要从人口代际、政府财政状况、经济增长和社会稳定等方面来分析社会保障的可持续性。

国内对社会保障模式及持续性的研究与国外较为类似，主要集中在模式比较以及财政可持续性和养老保险基金持续性，若干视角的研究对相关模式、个人缴费、生育力下降和人口老龄化问题都给予重要关注。模式比较方面，郑功成（2012）通过对东亚中、日、韩三国的社会保障模式比较，发现其具有缴费型制度安排为主的社会保障模式共性。③ 王立剑和代秀亮（2018）将我国社会保障归属为多轨制并存的社会保障模式。④ 丁建定和王伟（2021）基于政府责任履行方式分析西方国家社会保障制度发展模式，发现经济因素显著决定了“投保资助”模式与“福利国家”模式社会保障制度的形成。⑤ 鲁全（2021）将中国特色社会保障模式归纳为政府主导的科层式合作主义模式，并具有科层式管理特征。⑥

---

① Hirazawa M, Kitaura K, Yakita A. Fertility, Intra - Generational Redistribution, and Social Security Sustainability [J]. Canadian Journal of Economics, 2014, 47 (1): 98 - 114.

② Kotera T. Sustainability of Social Security in the Aging Economy from the Perspective of Improving Health [J]. IMES Discussion Paper Series, 2020, 6 (3): 25 - 34.

③ 郑功成. 东亚地区社会保障模式论 [J]. 中国人民大学学报, 2012, 26 (2): 2 - 9.

④ 王立剑, 代秀亮. 社会保障模式：类型、路径与建议 [J]. 治理研究, 2018, 34 (5): 43 - 52.

⑤ 丁建定, 王伟. 西方国家社会保障制度发展模式研究 [J]. 东岳论丛, 2021, 42 (3): 139 - 145.

⑥ 鲁全. 中国特色社会保障模式初论——基于管理体制的视角 [J]. 社会保障评论, 2021, 5 (2): 47 - 59.

财政可持续性方面，王增文和邓大松（2009）运用柯布—道格拉斯生产函数测算了各缴费主体应承担的适度缴费比例以及2008～2030年的财政收入状况，论证了我国企业社保负担过重，个人缴费很低，长此以往会加大财政负担，影响社会保障的持续性。① 龚锋和于锦亮（2015）通过两期OLG模型探讨了老龄人口比重与财政可持续性的“U”形关系，进而以老年人商品税负为门槛变量构建门槛回归模型，证明了我国老龄化人口比重与财政可持续性的“U”形关系。② 于洪和曾益（2015）运用系统精算模型对我国基本养老保险基金的财务运行状况进行了动态模拟，认为延迟退休年龄与实行“单独二孩”政策有助于我国养老保险基金的可持续性。③ 曾益和魏晨雪等（2019）通过精算模型测算降低缴费率及征收体制改革和延迟退休年龄对城镇职工基本养老保险基金的影响，降低缴费率会使养老保险基金提前赤字，实行征税体制改革和延迟退休年龄，将有助于养老保险基金在较长时间内可持续运行。④

关于社会保障持续性的指标构建，按照国际上已经取得的共识，养老金的可持续性可以从充足、可负担、可持续和稳健，⑤ 以及覆盖率、适当性和可持续等方面来衡量。⑥ 邱长溶、张立光等（2004）年选取保险人数、代际平衡、机构设置以及基金管理四个方面的指标构建了养老保险可持续评价体系。⑦ 郑涛和宋晓彤等（2019）从资产负债视角建立了我国城镇养老保险统筹基金偿付能力评价体系，并对我国城镇养老保险统筹账户的资产负债存量

---

① 王增文，邓大松．基金缺口、缴费比率与财政负担能力：基于对社会保障主体的缴费能力研究［J］．中国软科学，2009（10）：73－81．

② 龚锋，余锦亮．人口老龄化、税收负担与财政可持续性［J］．经济研究，2015，50（8）：16－30．

③ 于洪，曾益．退休年龄、生育政策与中国基本养老保险基金的可持续性［J］．财经研究，2015，41（6）：46－57．

④ 曾益，魏晨雪，李晓琳，杨思琦．征收体制改革、延迟退休年龄与养老保险基金可持续性——基于“减税降费”背景的实证研究［J］．公共管理学报，2019，16（4）：108－118．

⑤ 彭碧荣．中国城镇企业职工基本养老保险制度的可持续性研究［D］．深圳大学，2015：72．

⑥ 张向达，张声慧．城乡居民养老保险的财务可持续性研究［J］．中国软科学，2019（2）：143－154．

⑦ 邱长溶，张立光，郭妍．中国可持续社会养老保险的综合评价体系和实证分析［J］．中国人口·资源与环境，2004（3）：29－33．

进行精算评估，认为养老保险基金偿付能力存在区域差距并逐年增长。① 海龙和尹海燕等（2019）认为应从推行强制参保原则，明确筹资主体责任分担，提升基金统筹层次和拓展基金融资渠道等四个方面来设计城乡基本养老保险筹资机制。② 唐大鹏和张琪（2019）从收支缺口和隐性负债的视角，建立了评价社保基金财务偿付能力的理论框架和指标，运用 ARIMAX 等数理统计方法来预测社保基金收支缺口，并分析了财政补贴及投资收益对偿付能力的影响，同时测度了相应的政府财政风险。③

2.7 国内外文献述评

综合本章对国内外研究社会保障水平、社会保障经济社会效应以及社会保障模式和可持续性的主要文献进行梳理可以看出，国外关于研究社会保障适度水平和社会保障效应的研究开始较早，研究视角和研究方法都很充分，实证研究和理论研究的成果也很丰富；国内学者在社会保障领域的探索也有自身的独特之处，但总体而言，国内外文献都存在以下不足之处：

就国外文献而言，文献多从退休、失业以及代际均衡等角度来讨论本国的最优社会保障水平，鲜有文献从历史发展的角度来分析本国或者西方发达国家整体社会保障水平的适度性演进问题，也鲜有文献提出社会保障水平适度与否的具体标准来度量各国社会保障的适度性。另外，国外文献对社会保障与经济社会发展变量的效应研究也鲜有分阶段分析，证明在经济社会环境变化下社会保障水平变化对经济社会发展的正负效应。

从国内文献来看，一方面，西方主要发达国家社会保障水平适度性研究的时间跨度不足。英国从 1946 年工党执政开始已经建立了较广泛的社会福利体

① 郑涛，宋晓彤，李梦莹．资产负债视角下我国城镇养老保险基金偿付能力的空间格局与溢出效应［J］．保险研究，2019（8）：113－127.

② 海龙，尹海燕，陈秋霖．构建稳定可持续的城乡居民基本养老保险筹资机制［J］．宏观经济研究，2019（10）：112－121.

③ 唐大鹏，张琪．我国社保基金财务偿付能力评价指标构建及风险测度［J］．财政研究，2019（1）：74－89.

系，如国民救助制度和社会保险制度。[①] 瑞典也于1946年通过了《全国退休金法》，于1957年通过《社会福利与社会救助法》[②]。同时《联合国国民账户统计年鉴》和《国际劳工组织年鉴》对20世纪50年代欧洲福利国家的社会保障支出有较为详细的统计，因此对西方发达国家社会保障总体水平适度性的研究可以追溯到20世纪50年代，研究社会保障水平对其相关社会经济变量的阶段性适度情况，可以更有力说明社会保障水平与经济社会发展的适度关系。另一方面，基于西方发达国家的面板研究数据不足或者对经济变量的分析不全面。已有研究大多数基于少量西方发达国家的社会福利总体水平进行比较，面板数据范围较窄。柳清瑞和沈毅等（2014）虽对OECD国家1981~2014年的面板数据进行回归分析，但又缺乏对社会保障最初建立阶段到1981年间社会保障水平与相关经济变量之间关系的分析。

社会保障水平与经济变量的相关性的宏观分析不全面，微观分析较少，已有文献大多聚焦于社会保障水平对经济增长等宏观变量的影响，但是较少考虑社会保障水平与国家竞争力之间的关系。在宏观分析中，对社会保障水平与经济增长的影响多从因果关系论证来探讨社会保障水平与经济增长的关系，对经济发展不同阶段，社会保障水平与其他相关变量的考虑较少。微观层面，对其他变量如企业生产效率、劳动供给的实证分析较少，因此对西方发达国家总体福利水平对其相关经济社会变量的研究，宏观上可以进一步加强社会保障水平对社会稳定的实证探讨，对经济增长可以从多个模型进行计量分析；微观上还应对社会保障水平与微观经济主体之间关系的研究进行细化。

文献社会保障适度水平研究的时效性相对不足。我国学者对欧洲福利国家社会保障总体水平适度性研究没有及时跟进，近十年的相关文献较少，以往研究的时效性滞后。最后，研究社会保障总体水平适度性的模型较为单一。我国研究社会保障总体水平适度性的模型大多仍基于穆怀中（1997）提出的测度模型，使用其他模型的探索研究不足。

基于以上文献总结，本书拟从纵向时间上对西方发达国家社会保障总体水平的变化规律进行延伸，横向上扩展已有研究西方发达国家的研究面板，从经

① 丁建定，杨凤娟．英国社会保障制度的发展［M］．中国劳动社会保障出版社，2004：118.

② 成新轩．国际社会保障制度概论［M］．经济管理出版社，2008：108.

济增长、企业生产效率、劳动供给、社会稳定以及人口老龄化等五个方面与社会保障水平变化的数量关系出发，建立 PVAR 模型来分析社会保障水平变化的经济社会效应，并根据影响社会保障水平的主要宏观经济变量拟合出社会保障理论供给曲线，结合实际家庭各项消费需求等三个方面来讨论社会保障水平的适度性。

第3章

社会保障水平适度性理论基础

3.1 古典自由主义：适度救济与财富合理再分配

穆勒在《政治经济学原理及其在社会哲学上的若干应用》一书中认为政府是救济贫民最理想的社会组织，应该对穷人进行最低限度的救济，强调政府救济应该有合理的水平，这种水平“无论如何也不应取代这个人自己的劳动、技能和节俭，不应使他丧失自助的能力，而只应通过这种合法的帮助使他更有希望获得成功”。穆勒认为衡量社会救济水平是否合理的标准是“如何尽可能地在最大程度上给予需要救助者必要的帮助，而又尽量使人不过分依赖这种帮助”①。

西斯蒙第对古典经济学自由放任的思想进行了反思，将研究视角从古典主义经济学家高度关注效率，转向效率与适度公平相结合。他认为政治经济学不仅应该只关注物质财富，还应该注重提高人的福利，最终实现“所有公民都能享有财富所代表的快乐”②。西斯蒙第主张国家应该站在公平公正的立场，对贫穷者提供人道主义救助和关怀，来弥补市场竞争的不足，缓和资本主义社会的矛盾。他还提出，“国家的利益决不仅仅是工厂主单方面的既得利益，而是把全社会创造的整体利益在一切参加生产和劳动的人中进行合理分配和再分配，国家的利益的本质是由全体国民劳动所产生的国民收入应由各个阶级来合

① ［英］约翰·穆勒．政治经济学原理及其在社会哲学上的若干应用：珍藏本．下卷［M］．胡金林等译．商务印书馆，2009：563－564．

② ［瑞士］西斯蒙第．政治经济学新原理［M］．何钦译．商务印书馆，1981：226．

理分享。”① 进而，西斯蒙第提出了一系列国家干预经济的政策主张，并且主张通过立法来保障工人的权利，认为工资应具备防止年老、失业、疾病的功能，提出了实行劳动保险的建议。

3.2 旧福利经济学：社会总体福利最大化的适度福利转移

1920 年，英国经济学家庇古出版了《福利经济学》，系统全面地研究了社会总体福利最大化和收益均等性问题，主张国家适当干预，通过向富人征税的方式向穷人提供转移支付。福利经济学为各国社会保障制度的建立和发展奠定了重要的理论基础。

经济学界通常将以庇古为代表的福利经济学称为旧福利经济学。旧福利经济学认为，个人主观心理评价的效用可以进行货币计量，人与人之间可以相互进行效用比较。从经济福利与国民收入大小变化的角度看，如果穷人所得收入不减少，那么未伴随任何负面事件发生的总国民收入的增加会带来整体福利的增加。从经济福利与国民收入分配的角度看，根据“边际效用递减”，收入从相对富有者向相对贫困者的任何转移，是以牺牲较不急迫的消费愿望为代价，使较为急迫的消费愿望得到满足，后者效用的增加大于前者效用的减少，整个社会福利也会增加。因此，任何使穷人实际收入的绝对份额有所增加的因素，一般来说都将增加社会整体福利。②

庇古的福利经济学认为资源最优配置的标准应该是国民经济各部门的边际社会净产品相等，收入均等化对增加社会福利具有重要作用，国民净产品分配的变动对经济福利有非常重大的影响。政府将富人的部分财产转移给穷人，社会产品和劳务结构会发生变化，这种购买力从富人向穷人转移的变动有助于缩小贫富差距，增大社会总体福利，而国民净产品的增加伴随穷人的分配份额的减少会引起经济福利的减小。因此，庇古主张实行养老金制度，他认为社会保障政策可以扩大经济福利，故提出增加必要的货币补贴以改善

① ［瑞士］西斯蒙第．政治经济学新原理［M］．何钦译．商务印书馆，1981：226．

② 阿瑟·塞西尔·庇古，金镝．福利经济学［M］．华夏出版社，2013：65－79．

劳动者的劳动条件，使其在面临年老、疾病等事件时可以得到物质救助与社会服务。同时也主张实行普遍的养老金制度，或依据最低收入实行普遍补贴制度，通过有效的收入转移支付来实现社会公平，促进收入均等分配，进而实现社会福利最大化。庇古也认识到国家应进行适当干预，通过建立社会保障制度来调节收入分配所面临的适度问题：对富人收入转移的不同方式或者征税过重会影响社会整体福利；对穷人的转移支付应防止懒惰和浪费；反对实行无条件的补贴，认为最好的补贴是能刺激劳动的补贴，同时将不具备工作能力作为补贴的标准。

分析旧福利经济学思想，我们可以得出，旧福利经济学提倡通过政府适当干预国民收入分配，建立社会保障制度来实现收入和国民福利均等化，进而促进社会总体福利水平的增加。同时也认识到对相对贫穷者的转移支付应该注重“适度”原则，兼顾劳动公平和效率公平。

3.3 新福利经济学：经济效率优先的有限福利补偿

新福利经济学提倡将经济效率作为福利经济学研究的重点，认为只有生产资源的使用达到帕累托最优状态时，经济运行才最有效率，从而为实现社会福利最大化提供前提。针对在资源最优配置过程中出现部分人福利损失的情况，卡尔多和希克斯提出了有限福利补偿理论。卡尔多认为，尽管市场价格波动总会增加一部分人的福利也会让部分人福利遭受损失，但只要福利增加大于福利损失，就表明社会福利有所增加。希克斯认为，只要政府的经济政策从长远上提高了生产效率，即使在短期内部分人福利受损，但社会长期福利的增加会补偿福利的短期缺失。

新福利经济学主张运用转移支付等社会保障政策对经济效益最大化过程中的贫困者给予补贴，但对由于自身因素造成的贫困，政府没有义务提供帮助。新福利经济学实质上是提倡在经济效率最大化的前提下，对社会福利损失者的有限补偿而不是对全体社会成员生存公平的关注，是一种对福利损失的有限补偿思想。

3.4 供给学派：削减社会福利开支

20世纪70年代中后期，第四次中东战争引发的石油危机席卷全球，欧洲国家出现了经济增长低迷、通货膨胀严重以及失业率高居不下的“滞涨”现象，高福利制度失去了赖以生存的经济基础；随着科学技术的发展，大量的劳动岗位被机器替代，医疗技术的发展延长了人均寿命，给政府施加越来越高的失业保障负担、养老负担和医疗保险负担；经济全球化的浪潮让大型企业能够在全球范围内经营，人才、资本的流动性和灵活度越来越高，给高福利国家的税制设计和征收都带来新的挑战。凯恩斯需求管理政策受到越来越多的怀疑和责难，供给学派应运而生。供给学派主张削减不必要的政府管制和过高的税率。其中减税是供给学派经济学的核心。

供给学派认为，政府强制性的福利条款增加了企业的成本，社会保险缴费挤占了企业再投资，限制了企业的进一步发展，直接导致社会财富总量的减少。另外，供给学派认为，政府社会福利支出水平过高会使贫困者形成对政府的依赖，从而造成“自愿失业”现象。因此，供给学派主张大幅削减政府社会福利支出，并严格限制各种补贴的转移支付，停止一切不必要的福利支出。

20世纪80年代，供给学派与里根政府联姻，里根政府提出《经济复兴计划》，通过减税、大幅削减社会福利支出等措施对美国经济产生了深远影响。① 分析供给学派的社会福利思想，其主张限制政府参与收入再分配、削减政府福利开支，实质上是限制福利水平过度增长；但是也提出了政府应该提供必要的福利设施，向老年人提供救济，向赤贫者提供必要的生活救济，即保证社会最基本福利水平。

3.5 第三条道路：效率与公平兼顾的积极福利制度

里根和撒切尔夫人削减税收和政府福利支出等还权于市场的改革，虽然在

① 方福前．当代西方经济学流派（第二版）［M］．北京：中国人民大学出版社，2014：196.

一定程度上缓解了“滞涨”问题，但激化了社会矛盾，动摇了社会民主党的群众基础。社会政治经济发展的种种迹象表明自由放任主义和国家干预主义明显失效。在这一错综复杂的历史背景下，国家究竟应该如何定义社会福利，如何确定社会福利水平困扰着西方各国，兼顾效率与公平的第三条道路思想应运而生。

首先，第三条道路提倡以积极的方式，建立一种积极的福利制度，强调社会保障贡献的社会性。安东尼·吉登斯在其著作《第三条道路：社会民主主义的复兴》中指出，“今天，我们应当倡导一种积极的福利，公民和政府以外的其他机构也应当为这种福利做出贡献，而且它还将有助于财富的创造。”① 可以看出，第三条道路强调社会保障资金筹资渠道的多元化，从而减轻政府独立承担社会福利的负担，调动企业、个人和其他社会机构为社会保障做出贡献的积极性，强化了社会保障的社会性和个人的社会保障责任。

其次，扩展社会保障对象的范围。无论从效率还是公平的角度出发，传统的福利理论都局限于以政府为主体向贫穷者提供转移支付。“第三条道路”的福利思想将社会保障的对象从穷人扩展到社会中上层的更为广泛的社会群体。

3.6 政府干预：提供准公共物品

政府干预经济的理论基础是“市场失灵”。市场经济是一种效率经济，可以使社会资源得到有效配置；但市场也常常“失灵”，导致收入分配不公、个人短视、道德风险、逆向选择问题都需要政府通过社会保障等政策对市场进行干预。社会保障是一项准公共物品，国家科学合理的社会保障支出有助于科学合理的准公共物品供给，提高经济效率。相反，如果政府社会保障水平不合理，可能就会导致准公共物品供给不合理，引发社会公共风险。② 20世纪以来，政府职能范围逐渐从弥补“市场失灵”扩大到逆周期，又扩大到保障社

① [英] 安东尼·吉登斯. 第三条道路：社会民主主义复兴 [M]. 郑戈译. 北京：北京大学出版社，2000：111-122.

② 王玉帅等.《财政学》(第八版) [M]. 北京：中国人民大学出版社，2016：95-96.

会公平和维护社会稳定，政府在养老、医保以及公共教育等社会项目上的开支与日俱增，给政府财政平衡和工作纳税都带来了巨大负担。在社会保障领域具体表现为：政府的社会保障支出缺乏市场竞争约束，如果政府提供的社会保障水平过高就会产生政府公共计划的低效率和社会保障道德风险。其原因在于，一方面，免费且慷慨的社会保障供给会增加社会对社会保障的需求，让原本不需要社会保障服务的人群，成为社会保障制度的覆盖群体；另一方面，一些人可能会利用福利制度谋取私利，将正常的经济活动转入地下以申请社会保障资格，增加遵纪守法劳动者的税收负担。具体而言，政府提供适度社会保障的原因和理由如下。

社会保障有助于缓解分配不公问题。市场经济必定会导致分配不公，收入差距保持在合理范围内有助于提高效率，但社会贫富差距过大则会引发供给过剩、需求不足等经济问题，也会带来阶级对立等政治风险。政府必须合理干预收入分配，保证合理的社会保障水平。社会保障支出不足，满足不了市场经济中弱势群体的基本生活需求。社会保障水平超出适度水平则可能会滋生受保障者形成对政府的依赖，影响政府其他支出，对国家财政带来压力，还会引发民粹主义思潮。社会保障制度还具有“内在稳定器”的作用。社会保障各方面支出都来自国家法律法规，合理的社会保障水平便与财政收支以及国民经济的运行构成一定的函数关系。因此，社会保障支出可以随经济周期发生反向变化，弱化经济周期的波幅，对经济波动起到“内在稳定器”的作用。经济繁荣时期，政府通过社会保障制度抑制过多支出，经济萧条时期通过社会保障制度保障社会有效需求，维持经济正常运行。社会保障制度弥补私人保险的局限。政府通过财政支出向社会低收入者或者无收入者进行转移支付能保障贫困群体的基本生活。私人保险市场存在逆向选择和道德风险问题，无法解决个人短视行为而产生的储蓄不足和“免费搭车”问题，不能抵御系统性的公共风险，难以进行有目的的收入再分配。

总而言之，从政府干预理论来看，政府不仅需要管理宏观经济，通过扩大公共支出来弥补私人部门的总需求不足，也需要干预市场，通过相应的政策调整来克服市场“失灵”，提高社会福利水平。

3.7 马克思社会保障思想：社会剩余价值的合理扣除

英国古典政治经济学家的社会保障思想为马克思社会保障思想提供了重要的理论依据。[①] 亚当·斯密的《道德情操论》和《国富论》中阐述的劳动价值学说和工资理论，以及大卫·李嘉图的《政治经济学及赋税原理》一书所阐述的劳动价值论，如提出“价值是由劳动创造”等经济学思想为马克思主义社会保障理论提供了重要的理论基础。英国的欧文、法国的傅立叶和圣西门等空想社会主义者的社会保障思想，如“满足人的需要”“促进无产阶级福利的提高”以及“保证社会的安宁”也是马克思主义社会保障思想的重要理论渊源。[②]基于政治经济学、历史唯物主义以及科学社会主义理论，马克思论证了资本主义社会保障费用来源于工人阶级创造的剩余价值的本质，揭示了资本主义社会提供社会保障的欺骗性，提出了“以实现全人类共同发展”为目的马克思主义社会保障理论，[③] 其终极目标是实现全人类的共同解放。

马克思阐述社会主义社会保障制度的实质是国民收入分配，提出“生产者的权利是同他们提供的劳动成比例的；平等就在于以同一尺度——劳动——来计量”[④]。他在《哥达纲领批判》中提出“社会产品分配六大扣除理论”[⑤]，认为在国民收入两次大的分配中都有社会保障的份额。国民收入初次分配中的社会保险基金的扣除是社会保障的重要组成部分；国民收入再次分配中的救济支出是社会保障的重要组成部分。[⑥] 关于扣除的量，他还明确提出“应该根据现有的物资和力量来确定、部分地应当根据概率计算来确定，但是这些扣除无论如何根据公平原则是无法计算的”[⑦]。可以看出马克思社会保障理论认为社会保障水平应当取决于社会物资供应量和剩余产品的价值量，从根本上说就是

①② 何海燕. 马克思主义社会保障思想探源［J］. 人民论坛，2019（12）：185－187.

③ 梅哲. 马克思恩格斯的社会保障思想研究［J］. 马克思主义研究，2005（6）：77－82.

④ 马克思恩格斯文集（第3卷）［M］. 北京：人民出版社，2009：435.

⑤ 马克思恩格斯选集（第3卷）［M］. 北京：人民出版社，1995：302－303.

⑥ 汤兆云. 马克思社会保障公平思想及其启示［J］. 马克思主义研究，2017（3）：142－148.

⑦ 马克思恩格斯选集（第3卷）［M］. 北京：人民出版社，1995：433.

取决于当时的社会生产力的发展水平，即社会保障应该遵循社会发展阶段性原理，社会保障分配要遵循适度的原则，既要保证社会保障发挥其社会功能，又要使其不阻碍生产力发展。

从社会保障适度性来看，马克思主义经济学认为，社会保障的本质是社会总产品的分配，社会保障水平取决于社会剩余产品的价值量，社会保障的数量由社会生产力水平决定，其作用是应对各种社会风险和不幸事故，保障物质资料和劳动力的顺利再生产。① 因此马克思所倡导的是一种与经济社会发展或者是生产力水平相适应的社会保障制度。

3.8 本章小结

西方经济学理论对社会福利的研究虽然观点有所不同，但都将其作为理论研究的一项重要内容，研究的主要思路实质上一直都围绕着效率与公平适度、政府与市场的适度关系在进行。古典自由主义思想提倡适度救济与财富合理再分配，从适度的角度谈到政府要给予劳动者最大程度的帮助，从公平与效率的角度提出国家发展的利益应该在社会各阶层进行合理分配。新、旧福利经济学都对社会保障的适度性进行了论述：庇古则从社会总体福利最大化和收入均等的角度，认为政府应该向富人征税对穷人进行适度的转移支付以实现社会福利最大化；新福利经济学更倾向于经济发展的效率，从帕累托最优的角度出发，注重经济社会发展的长期福利，认为只应该给福利受损者有限的福利补偿。综合古典自由主义和新、旧福利经济学思想，我们可以看出，它们多从政府的角度出发，提倡政府应该发挥再分配的作用，也更多地从社会整体经济效率和劳动者积极性的角度来界定社会福利的适度性。考虑社会保障问题倾向于宏观为主，微观为辅。

供给学派提倡削减边际税率，取消不必要的政府管制以及削减过度福利开支来刺激经济增长，旨在通过降低税收，增加企业的税后收入，放宽对企业管

① 朱楠．马克思主义经济学与西方经济学社会保障理论比较研究［J］．经济纵横，2009（7）：21－23，91.

制，调动企业活力来提高企业的生产积极性，对个人减税有助于鼓励个人多参加经营活动、推迟退休、缩短失业期限来提高劳动者劳动积极性。因此，供给学派更多的是从市场、企业和劳动者积极性来考虑福利水平的适度性。考虑社会保障的视角更倾向于微观为主，宏观为辅。

第三条道路将负担社会福利的群体从政府转移到全社会，同时将享受社会福利的群体从穷人扩展到整个社会，提倡一种全社会共同享受、共同承担义务的积极福利制度。其实质是认为国家、企业、个人都应该为社会福利承担适度的负担，考虑到宏观和微观的均衡，也正是现在多数国家完善社会保障制度的思路。政府干预理论从政府角度出发，认为社会福利是政府提供的准公共物品，能够有效促进社会财富合理分配，保障宏观经济供需平衡，起到调节经济周期、维护社会稳定职能。

综上所述，西方经济学理论一直强调社会福利的适度性，隐含了社会保障水平适度性理念，并从经济增长、社会稳定、企业生产效率和劳动供给等方面进行论述，但未提炼出一套具体的测定方法或者测算模型。马克思主义社会保障思想也认为社会保障的适度性应该根据社会物资的量和生产力发展水平做出调整。更重要的是，马克思社会保障思想实际上是基于其人的本质理论、必要劳动价值理论、社会再分配理论的深化，从社会再生产理论和资本主义与社会主义保障本质区别展开，以“公平”和“效率”原则为参照，强调社会总产品的扣除是社会保障资金的源泉。这与我国坚持以人民为本、体现公平与效率的中国特色社会主义社会保障指导思想基本吻合，而西方诸多围绕社会福利的理论在一定程度上逾越了我国社会经济发展水平，并不能充分指导我国社会保障发展现实。

此外，从西方经济学理论和马克思社会保障思想来看，适度的社会保障水平应该是一个动态均衡的过程，社会保障的下限和上限都随着经济社会的发展在不断变化，西方经济学理论对不同经济发展阶段，社会保障水平与经济社会发展的适应性没有做出详尽的分析。因此，关于社会保障适度性与其他相关经济变量的适度协调问题需要进一步研究，以期得出具体的测算方法，总结出社会保障适度水平发展的历史规律。

第4章

西方发达国家社会保障制度及水平历史演变

马克思《共产党宣言》的核心思想是共产主义理论，而共产主义理论旨在探讨的根本性问题是如何彻底解放资产阶级对无产阶级的剥削和压迫，实现“每个人的自由发展”。[①]《共产党宣言》提出要实现共产主义就必须消灭资产阶级私有制、消灭资本的独立性以及消灭阶级特权等[②]资产阶级赖以生存的统治基础，从而实现无产阶级掌握政权。马克思和恩格斯后来对《共产党宣言》所论述的一般原理的“正确性”和实际运用的“条件性”都做出了补充说明。1888年，恩格斯为《共产党宣言》作的英文版序言就明确肯定了共产主义终极目标的绝对真理性和每个人实现自由全面发展的战略、策略和手段要因时因地制宜，以当时的历史条件为转移。[③] 由于19世纪欧洲大陆资本主义经济的成熟程度，还不能为社会主义暴力革命准备好物质条件，为了尽量保护革命力量，1895年恩格斯在《导言》中强调可以利用普选权这种合法斗争的方式为共产主义的最后决战过渡。[④] 从马克思“宣言”提倡直接暴力革命到恩格斯“导言”鼓励利用普选权合法斗争过渡的共产主义斗争方式的转变与欧洲社会保障制度的演进不断交织在一起，本书也将参照普选权合法斗争这一理论线索

① 安启念．共产主义理论是《共产党宣言》的核心［J］．马克思主义与现实，2008（3）：27－28．

② 马克思恩格斯选集（第1卷）［M］．北京：人民出版社，1995：286－288．

③ 马克思恩格斯选集（第1卷）［M］．北京：人民出版社，1995：249．

④ 张光明．关于恩格斯的1895年《导言》——“马恩晚年转变”辨正之二［J］．科学社会主义，2014（3）：128－134．

来展开欧洲社会保障制度变迁及社会保障水平变化的研究。

欧洲中世纪到19世纪前期阶段，福利制度主要表现为早期慈善救助与济贫法制度阶段，这一时期的社会福利主要依靠基督教会或者天主教会的宗教活动，尽管曾在贫苦救济上发挥重要作用，但总体覆盖面较为局限。西方发达国家真正的社会保障制度始于19世纪末到20世纪初，该阶段部分西方发达国家的社会保障制度开始在国家层面得以实施，西方发达国家都根据本国实际情况建立了全国性的社会保障制度，但由于两次世界大战的破坏，该阶段各项社会保障制度的变化较大、持续性不强。尽管西方发达国家早期阶段也极具研究价值，但由于资料可得性和两次世界大战的特殊历史时期，本书不对西方发达国家早期福利阶段做详细追溯，着重研究第二次世界大战之后，在和平稳定的环境中完善起来的社会保障制度。

4.1 西方发达国家社会保障制度诞生的背景

社会福利制度最先诞生于欧洲，并非历史偶然，而是有着深刻的历史文化背景。从文化上看，基督教在欧洲流传历史悠久，影响范围广泛，基督教所提倡的慈善济贫思想为欧洲福利国家正式建立社会福利制度营造了浓厚的文化氛围。19世纪初的空想社会主义、法国的蒲鲁东主义以及德国的拉萨尔主义等思想流派都为以倡导资本主义改良为主的社会民主主义思想提供了重要的思想源泉，也促进了福利制度的建立和发展。20世纪中后期，欧洲资本主义进入垄断阶段，劳资关系尖锐，阶级斗争异常激烈；20世纪30年代的经济危机给资本主义世界带来灾难性影响，资本主义世界迫切需要扩大内需，重振经济。

4.1.1 宗教文化影响下的慈善救济

欧洲福利国家官方正式的社会保障制度建立之前，欧洲的福利主要以非官方的救济为主欧洲国家受基督教思想影响，《圣经》教导基督徒要怜悯贫穷，对穷人施以善行，爱人如己等慈善救助思想，因此欧洲富人对穷人的慈善救助相对比较流行；中世纪后期的行会制度也在社会救助中也发挥了重要的救济功能，一些行会还规定了市民之间的互助义务，但两者的救济范围和作用都比较有限。欧洲非官方社会救助的主体是基督教会。由于基督教在欧洲广泛的社会影响力，教会组织能够通过教会税收积累大量的教会财产，形成稳定的救助资金。教会慈善救助以圣经教义为理念，以教区来组织和实施慈善救助，并且以稳定的救助资金为救济基础，在欧洲非官方社会救助中起着重要的作用。随着经济社会的发展和不断转型，欧洲教会慈善组织一直是社会救济的重要力量。

4.1.2 社会保障理论基础逐渐成熟

20世纪初，西方社会兴起了一股社会主义改良思潮，他们主张为公民提供最低生活保障，并希望通过这种政策措施来缩小国民收入差距，其中以英国的费边社会主义为代表。费边主义主张不同阶级之间的合作，强调社会平等，认为政府有责任并且有义务实施社会政策对国民财富进行再分配，为社会谋取最大福利，支持用改良的方式来实现社会主义。这些思想有助于缓解社会阶级矛盾，同时从理论上论证了通过建立国家福利制度来缓解贫困，提高人民生活水平的可行性，为福利国家建立提供了思想上的指引。

英国政府于1942年颁布了《贝弗里奇报告》，为英国福利国家的建立制定了一个切实可行的框架，也为其他国家效仿英国的福利制度提供了范本，让福利国家从理论变为现实。《贝弗里奇报告》提出要建立一套由国家提供并且覆盖全体公民最低生活的社会福利制度，贝弗里奇还针对英国社会重建中的一系列问题，如贫困、疾病和无知等问题，分别制定对应的福利政策。《贝弗里奇报告》所提倡的社会福利政策总体上要求遵循普遍性、低水平、权利与义务和统一性四大保障原则。

凯恩斯从宏观分析框架出发，对自由放任的资本质疑，并以有效需求不足为线索，认为市场存在缺陷，市场有效需求不足会导致经济危机。鉴于此，凯恩斯主张国家干预，国家应该向穷人提供福利，扩大社会有效需求来促进社会经济发展；他认为政府应该扩大支出来刺激经济增长，并从关注社会弱势群体扩大到关注全体公民，从单纯的福利领域扩大到整个福利生产领域，从而提高社会公共需求，进而促进经济增长。凯恩斯以国家干预为中心的思想为建立社会福利制度构建了强有力的理论支撑，对西方发达国家福利国家的建立产生了深远影响。

4.1.3 阶级斗争和经济危机的双重驱动

19世纪中后期，欧洲资本主义国家先后进入垄断资本主义发展阶段，资本家对剩余利润的极致追求导致了严峻的阶级矛盾，工人运动频发，西方社会出现严重的政治危机。为了缓和劳资双方矛盾，进一步维护资产阶级的统治地位，西方发达国家相继实施了一系列的福利立法、扩大社会民主的法案，客观上也对西方发达国家建立社会福利制度起到了重要的推动作用。同时，第二次世界大战后的整个欧洲大陆都处于战争的阴霾之中，西方各国需要快速恢复经济生产，民众迫切需要生活保障，也为西方社会福利国家建立福利制度提供了客观的历史环境。

资本主义世界20世纪30年代的经济危机给西方资本主义国家灾难性打击。经济危机期间，英国、德国的生产水平都出现断崖式下降，对外贸易严重萎缩，企业生产萎靡不振。另外，英、美、法等西方发达国家失业人数飙升，失业率久居不下，为应对严峻的经济社会环境，解决社会矛盾，建立福利国家制度是西方发达国家最直接有效的政策措施之一。

4.2 英国社会保障制度及总体水平的演变

英国于1943年发布《贝弗里奇报告》，描绘了英国社会保障发展的宏伟蓝图。1944年，英国政府正式发表《社会保险》白皮书，基本上认可了《贝弗里奇报告》中的社会保障思想，并明确指出，政府有责任采取措施防止民众由于不可抗因素陷入贫困，改革后的国民保险制度应是一种覆盖所有国民，防范或缓解所有风险的综合性社会保障制度。

4.2.1 英国社会保障制度的恢复与发展

1945年，英国颁布《国民保险（工伤）法》，建立了以国家经营的工伤保险制度，将工伤保险纳入国家社会保障体系，国家给予财政支持。该法对国家、雇主与雇工之间的工伤保险基金的分担责任和工伤保险缴费标准做出明确规定。[①] 工伤保险津贴由工伤津贴、工伤残废津贴和工伤死亡津贴等三部分组成。1946年英国通过新的《国民保险法》，将适龄英国人社会保障缴费标准分为被雇佣者、自由职业者和无职业者三类，[②] 并强制要求全体适龄公民按照自身分类标准缴纳国民保险费，将所属类型的最低缴纳标准作为领取国民保险津贴[③]的条件。《国民保险法》规定成立国民保险基金，统一管理《国民保险法》下被保险者和雇主缴纳的国民保险费以及议会拨款，并向英国公民支付国民保险津贴。《国民保险法》还规定建立国民保险储备基金以确保国民保险制度安全稳定，国民保险储备基金利息收入归入国民保险基金，支出必须得到议会的批准。国民保险制度对被保险人和雇主的缴费标准以及国家的垫付标准都有明确规定，[④] 形成了个人、雇主以及国家之间清晰的权责关系。

1948年，英国政府颁布实施《国民救助法》，标志着英国的济贫法制度退出社会保障的历史舞台。在国民救助制度下，只要个人没有能力和条件或者只有在得到补充的条件下才能满足基本需求的英国人，均可享受国民救助。议会负责批准各级政府所有与国民救济制度相关的救济支出，并对各种国民救助服务划拨资金。英国的国民救助制度除对满足救助国民提供房租外，还给予满足

① Fraser. The Evolution of the British Welfare State [J]. 1973.

② 1946年英国实施的国民保险法规定所有年龄达到离开学校到领取养老金之间的英国人分为被雇佣者、自由职业者和无职业者三类，强制要求全体国民按照各自类别缴纳国民保险费。

③ 国民保险提供七种津贴：失业保险津贴、疾病保险津贴、产妇津贴、寡妇年金及补贴、孤儿津贴、养老金和死亡补贴。

④ 男子每周自身缴纳4先令7便士，雇主为其缴纳3先令10便士，国家每周为每名男子垫付2先令1便士；每名女子每周缴纳3先令7便士，雇主每周为其缴纳3先令，国家每周为每名女子垫付1先令7便士。1951年后，英国对国民保险法的缴费标准做出了两项具体修改，具体参见丁建定．西方国家社会保障制度史 [M]. 高等教育出版社，2010：226.

条件的每对夫妻、单亲家长和21岁以上国民分类提供国民救助津贴。[①] 英国国民救助制度所提供的津贴标准要高于社会保险制度提供的津贴，使依靠国民救助制度生活的家庭生活可能会好于依靠社会保险制度的生活水平。1949年，英国政府用于国民救助、非缴费养老金、教区安置等国民救济方面的支出达7979.5万英镑。

1948年英国《国民保健法》正式生效，该法旨在建立一种普遍的国民保健制度以促进英国民众的身心健康，加强疾病的防止，主要由医院和特殊服务、地方健康当局提供的服务以及开业医生提供的一般性医疗和牙科服务组成，[②] 除一些特定的收费性健康项目外，其他健康服务都向英国民众无偿提供。1946年8月英国正式实施《家庭补贴法》，规定家庭自从生育第二个孩子开始，可以向政府申请每个孩子提供平均每周5先令的家庭补贴。1952年9月，新的家庭补贴法将补贴标准增至每周8先令。

《国民保险法》《国民救助法》以及《国民保健法》的颁布实施标志着英国初步建立起了完善的社会保障制度，各项社会保障制度的成熟都将英国冠以福利国家的美誉。1950年，英国公民广泛参与各项社会保障津贴和补贴，其中领取养老金人数达415.2万人，领取寡妇和孤儿津贴人数达47.4万人，领取健康保险津贴人数为91.7万人，领取工伤保险津贴者达5.9万人，领取生育保险津贴为75.7万人，领取产妇补贴者为12.4万人，领取失业保险津贴者达12.4万人，领取失业保险津贴者为22.6万人，领取家庭补贴者为475.6万人，领取战争年金者为104.7万人，接受各种国民救助的总人数为229万人。[③]

20世纪50年代后期到60年代，工党和保守党都以《贝弗里奇报告》为框架进一步推进英国社会保障体系的发展和完善，全面提高家庭补贴和国民保险津贴，旨在为英国社会提供更好、更全面的社会福利，推动了英国社会福利政策发展。其中以保守党执政时期内推行的与收入相联系的养老金制度和工党

---

① 每对夫妻每周正常标准40先令，特殊情况下每周能领取的最高救助金为55先令；单亲家长和21岁以上每星期分别能够领取24先令和20先令的正常标准救助金，特殊情况下两者的救助金额均可以上升至39先令。具体参见丁建定．西方国家社会保障制度史［M］．高等教育出版社，2010：227.

② Clarke C E. Social Security in Britain：A History. By Harold E. Raynes，F. I. A. F. C. I. I.［2nd. edn. Pp. viii + 264. London：Sir Isaac Pitman and Sons Ltd. 1960. 30 s.］［J］. Journal of the Institute of Actuaries，1962，88 (1)：129 – 130.

③ 丁建定．西方国家社会保障制度史［M］．高等教育出版社，2010：229.

执政时期推行的职业养老金制度为该时期英国社会保障制度发展的主要特征。1959年，英国颁布新的《国民保险法》，建立了与收入相联系的养老金制度，作为对同一标准养老金的补充，并于1961年正式开始运行，英国开始形成了国家养老金制度和职业养老金制度；养老金的形式也开始分为同一标准的国家养老金、与收入相联系的等级养老金和职业养老金三种形式。1963年，保守党政府提高与收入相联系的养老金缴费标准至每周15~18镑，同时提高养老金津贴标准。①

此外，保守党执政期间，英国社会救助制度也得到进一步发展。1957年英国的《工伤保险法》也得到一定发展，法令提供工伤保险津贴、工伤残废津贴、完全残废者的残废、特殊困难津贴以及工伤致死者津贴。1952年，颁布《家庭补贴与国民保险法》，提高了家庭补贴的标准，并扩大了家庭补贴的范围。1959年，新的国民救济制度也继续提高了社会救助标准，并为无家可归的人建立收容中心。在此期间国民保健制度也得到相应发展，医疗条件得到较大幅度改善。

1964年工党上台执政后，推动了国民养老金制度改革，继续提高同一标准的养老津贴标准，扩大了英国职业养老保险的覆盖范围。1966年，英国颁布《社会保障管理法》，以补充救济金代替了国民救助制度下的附带家庭收入状况调查的国民救济金，对不能全天工作而导致的低收入人群发放补充救济金。同年，工党政府还颁布《国民保险法》，规定实施与收入相联系的疾病、失业与寡妇津贴，作为国民保险基本津贴的补充；颁布《贫民救助税法》准许扣除一部分贫民救济税作为紧急项目经费。工党执政期间，英国职业养老金制度获得明显发展，1967年参加国家各类职业养老金制度者已经达到1200万人。

1970年，以爱德华·希思为首的保守党政府在社会保障制度发展方面的贡献甚微，主要在残疾人护理和寡妇补贴方面取得一定成效。1975年，工党颁布《社会保障养老金法》，建立了由基本养老金制度和收入相联系的附加养老金制度两部分构成的综合性国家收入养老金制度，两部分养老金都与物价水

① 单身老人每周的基本养老津贴标准提升至3英镑12先令6便士，每对夫妇每周的养老金标准增到5英镑9先令。

平相联系，基本养老金还与收入水平相联系，提升了英国养老金制度的抗通胀能力。另外，《社会保障养老金法》对妇女的领取养老金的标准也做出了新的规定，同时赋予妇女与男性一样的养老金领取权利。就失业保险而言，工党开始对正常失业者领取失业保险的时间不能超过12个月；由于自身原因导致的失业者领取失业保险的津贴和时限都做出明确限制。

4.2.2 英国社会保障制度的改革与调整

20世纪70年代后，英国的社会经济情况发生了巨大变化，两次石油危机给英国经济政治带来灾难性影响，经济发展停滞与高通货膨胀并存，工业产量直线下降，失业率飙升，同时财政的社会救助支出不断上升，全面的福利政策滋生了英国人的福利依赖思想，劳动积极性越来越低，英国的福利制度陷入危机。80年代开始，以撒切尔夫人为代表的保守党和以布莱尔为首的工党都致力于改革英国的社会保障制度，希望实现社会保障与经济社会的协调发展。

新保守主义的代表哈耶克认为，在社会经济领域引入一定的计划性是必要的，但是这种计划性不能代替竞争占据资本主义调解手段的主导地位，因为依靠单一计划指导各种经济活动必将引起无数问题。① 基于哈耶克的理论，1985年，以撒切尔夫人为首的保守党政府提出《社会保障改革——变革计划》绿皮书，开始了社会救助制度改革。其主要有措施有：改变社会救助的“普遍性原则”，实施选择性原则，旨在强调个人和家庭在社会保障中的责任，减少政府家庭津贴支出负担；直接降低社会救助支出的标准，主要通过降低救济实际值和救济人数，降低社会福利项目津贴标准以及减少公共管理成本来实现目标；改革住房救助制度，减少政府住房补贴，提高居民住房自有率；积极推行部分社会保障项目的私营化，通过对国民保健制度和养老金制度进行市场化改革激发个人在社会保障制度中的积极性。

基于对英国传统“左派”社会民主主义道路与“右派”资本主义道路的研究，吉登斯提出“第三条道路”理论，提倡“积极福利”思想和“社会投

① 哈耶克．通往奴役之路［M］．北京：中国社会科学出版社，1997：61－69.

资国家”的概念。布莱尔政府在吉登斯思想的影响下，提出了“第二代福利”观点，引导工党政府进行社会救助制度的改革。

布莱尔政府主要提倡一种服务型的社会救助思想，认为人们应将社会救助当作实现成功的跳板而不是兜底的安全网；提倡政府减少对社会保障制度的过多干预，增强人们的使命感和社区感，创建能动性政府，帮助人民自救；在失业问题上，提倡积极的就业辅助计划，通过调动地方政府资金，提供教育培训和咨询等措施来保障具备就业能力的人就业；布莱尔政府还推出最低工资制度来激发雇员的就业积极性；养老金改革方面，继续坚持加强国家基本养老金和职业养老金制度，并主张建立第二基本养老金制度，以满足最需要帮助者的养老金需求。此外，新工党政府还在1999年颁布《福利改革和养老金法》，保障老年妇女的养老权益。

4.2.3 英国社会保障制度现状

进入21世纪后，以布朗为首的英国政府只是在社会保障政策方面进行了一些小修小补，并没有任何根本性的改革措施，基本上延续了布莱尔时期的社会保障政策。由于继任的卡梅伦首相，沿袭了撒切尔时期的社会福利改革举措，大力削减福利，将多种福利金、救济金合并为统一的福利救济金，鼓励英国民众通过努力工作来获得美好生活；设置福利金最高领取限额；缩减福利房措施都在一定程度上缓解了英国政府的福利支出压力，削减了政府赤字，英国的失业率也得到大幅降低，但是由于福利削减带来的抗议游行等群体性事件也大幅增加，因而卡梅伦的社会保障改革也付出了极大的社会代价。另外，由于卡梅伦所组建的是工党和保守党联合政府，在社会保障方面进行的改革本身就遇到政党博弈的阻力，这就注定其改革的程度不具备彻底性。面对英国脱欧和欧洲难民问题，特雷莎·梅希望通过牺牲退休人员的利益来增进工作人群的福利，如将政府承担老年人聘请社工照料的资产标准从不包含房产的个人资产低于2.35万英镑改为包含房产总计10万英镑。继任的鲍里斯·约翰逊又大量增加对英国医院的投入，对英国全民医疗计划（NHS）继续增资；养老保障方面承诺一次性解决社会护理问题和英国的养老危机，让每位英国老人都获得尊严和安全。

可见从撒切尔夫人的新自由主义改革后，英国社会保障制度改革都是在循环往复中艰难进行的，其仅是对社会保障制度进行细微调整，几乎未出现过彻底的改革，英国社会保障总体支出水平也未发生大幅变化。

4.2.4　英国社会保障水平与经济社会发展演进

英国社会保障水平与英国经济社会发展各相关变量的趋势是否会相互影响，笔者以1950～2018年客观的历史数据来分析英国社会保障水平与经济增长、企业个人积极性、失业与老龄化人口以及社会稳定之间的趋势关系。其中，社会保障水平用社会保障支出占GDP的比重和占政府支出的比重来表示，经济增长用人均GDP和人均GDP增长率来表示，企业生产积极性和个人劳动积极性分别用全行业增加值增长率和劳动者每周或每年劳动时间来表示，社会稳定用罢工次数、罢工人数以及罢工天数①来表示，失业与老年化人口分别用失业率与老年人口②占比来表示。

图4－1表明，英国宏观和中观社会保障总体水平两者的波动趋势大体一致，但宏观社会保障水平相对波动较小，中观社会保障水平波动较大，两者总体而言都处于上升趋势。英国人均GDP增速波幅较大，人均GDP处于波动向上趋势。从图4－1中可以看出，社会保障总体水平与人均GDP增速波动趋势相对一致，但社会保障水平的波幅比人均GDP波幅小，同时具有一定的时滞。社会保障水平与人均GDP的波动幅度同样保持着一致趋势。值得注意的是，英国人均GDP及其增速在20世纪60年代末和70年代初都有一定程度衰减，但社会保障水平却仍然稳步上升，这样的社会保障水平提高是不可持续的，同样的现象还出现在20世纪70年代末期和80年代初期，以及2008年金融危机时期。

从图4－1中可以看出，英国社会保障水平从20世纪60年代③到70年代

① 此处罢工天数是指因罢工而失去的工作日的天数，而不是指罢工的持续天数。以下图表和文字无特殊说明，罢工天数均为此含义。

② 老年人口指年龄65岁及以上的人口。

③ 以下“年代”无特殊说明均指20世纪。

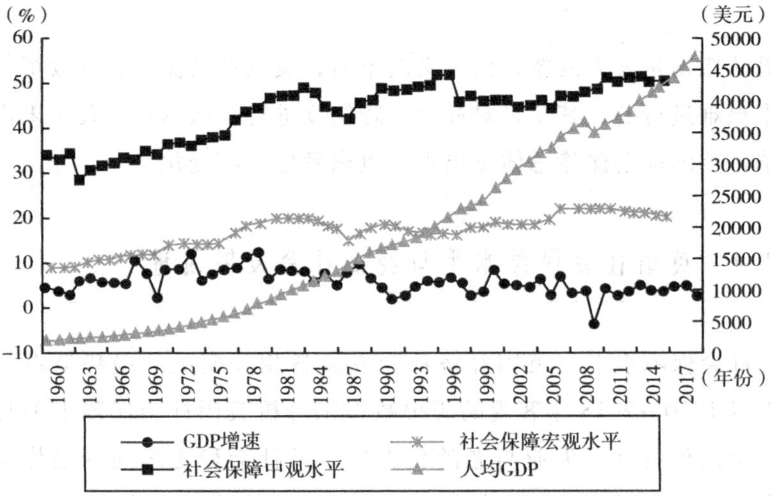

图 4－1　英国社会保障水平与经济增长趋势

注：数据来源于《联合国国民账户统计年鉴》（*Yearbook of National Accounts Statistics*）以及 OECD 数据库，并经作者整理得出。

中期与人均 GDP 一直处于稳步上升趋势，其中 1978 年的第二次石油危机①和 1990 年的第三次石油危机②，造成了人均 GDP 的下降和社保水平与人均 GDP 的反向波动。20 世纪 90 年代后期，人均 GDP 上升，社会保障水平下降主要是来自撒切尔夫人及其继任者总理约翰·梅杰和托尼·布莱尔推行的削减福利政策所致。2008 年经济危机后，人均 GDP 及其增速大幅下降，布朗政府和卡梅伦政府又通过提高社会保障水平来缓解经济危机带来的消极影响，导致社会保障又走向较高水平。

从图 4－2 可以看出，英国老年人口在 1960～2017 年总体处于稳步上升趋势；失业率波动较大，与社会保障水平的波动周期几乎保持一致，如两者的波动在 20 世纪 80 年代和 90 年代几乎保持同一走势，表明英国社会保障制度是解决英国失业问题的重要手段，失业率上升，社会保障水平随之提高；失业率下降，英国社会保障水平随之降低。随着人口老龄化趋势日益严重，社会保障

① 宫占奎．石油危机与西方工业国的经济发展［J］．南开经济研究，1985（5）：42－48.

② 李琮，谷源洋，关树芬，俞可兴，钱能欣，蔡述理，叶灼新，杨光，安和芬，郭世贤，陈秀英．海湾危机对世界经济的影响［J］．世界经济，1990（11）：1－21.

总体水平也呈现上升趋势，社会保障总体水平与老年人口占比变化趋势之间的联动关系较弱，这可能是由于人口老龄化与社会保障增速相比是一个缓慢演变的过程。从每周工作时长来看，英国国民的每周工作时长呈现稳定的下降趋势，并在很大程度上与英国社会保障制度的改革在时间上呈现出明显的逆向变化趋势，20 世纪 60～80 年代是英国社会保障制度快速发展和完善的时期，英国公民工作时间随之下降；80～90 年代中期，英国撒切尔夫人实施了新自由主义，推动削减政府社会保障支出的改革。同时，约翰·梅杰政府实施以中间道路思想为基础的社会保障权责关系变化的改革，出现英国公民工作时间的明显上升；进入 21 世纪，在工党与保守党交替执政的进程中，社会保障水平总体上处于上升趋势，但每周工作时间又呈现出明显的下降趋势。

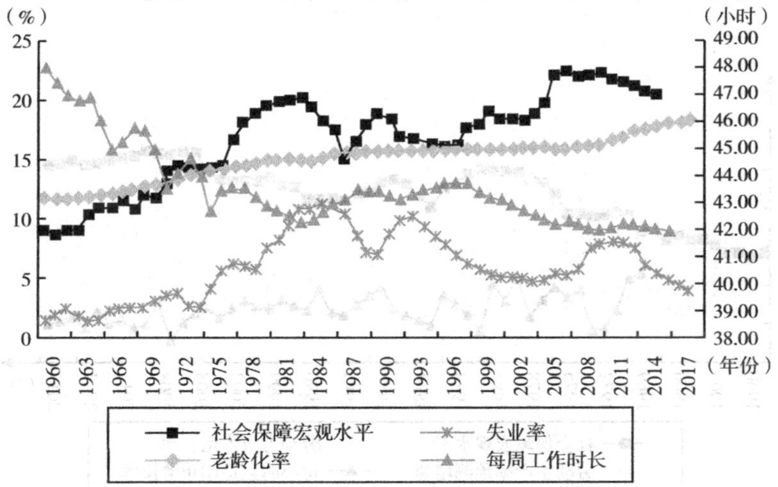

图 4-2　英国社会保障水平与劳动供给趋势

注：数据来源于世界银行数据库、《联合国国民账户统计年鉴》(*Yearbook of National Accounts Statistics*)、国际劳工组织年鉴，并经作者整理得出。

图 4-3 表明，20 世纪 60 年代社会保障水平的提升与劳动力成本增长率呈现出明显的正向联动关系，劳动力成本呈现出明显的上升趋势；1975 年之后，劳动力成本开始波动下降直至 90 年代之后维持在相应稳定的水平，这在一定程度上与英国社会保障制度的改革也维持同样的趋势，值得注意的是，劳动力成本增长率增速始终高于劳动生产率和每小时创造 GDP 的增长率，提高

了企业的雇佣成本，却没有相应增加企业产出和提高企业生产效率，会挤压企业的利润空间，并对企业的生产意愿造成负面影响。英国劳动生产率预测增速和每小时创造的 GDP 增速几乎保持同样的运行轨迹，其增减幅度变化相较于社会保障水平的上升和下降而言处于较为稳定的水平，但企业收益来源于劳动生产率与每小时创造的 GDP。从这个角度看，英国社会保障水平的变化似乎并没有以劳动生产率和每小时创造的 GDP 保持协调，社会保障水平的提升长期高于劳动生产率增速和每小时创造的 GDP，对企业生产意愿形成消极影响。从整体趋势上看，社会保障水平的上升与劳动生产率预测增速与每小时创造的 GDP 呈现出一定的“K”形走势，即社会保障水平的上升并没有相应带来劳动生产率预测增速和每小时创造 GDP 的增加，反而与两者呈相反的趋势，从长期来看，这也同样会影响企业受益，进而影响企业生产意愿。

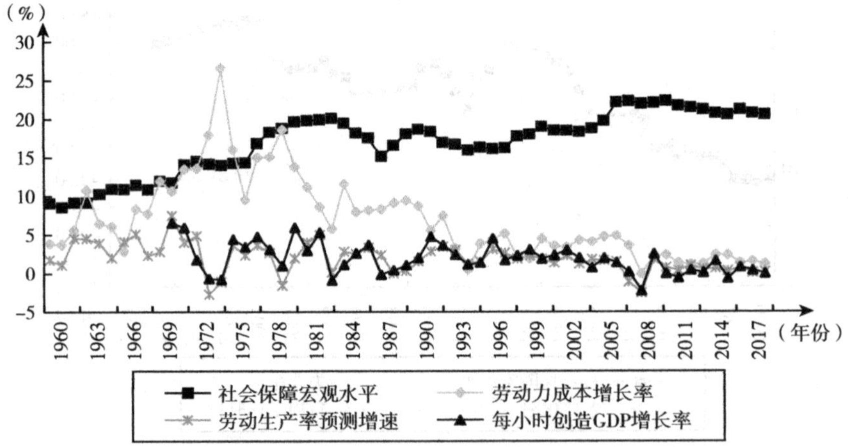

图 4-3 英国社会保障水平与企业生产意愿趋势

注：数据来源于《联合国国民账户统计年鉴》(*Yearbook of National Accounts Statistics*)、《OECD 国民账户统计年鉴》(*National Accounts of OECD Countries*)，并经作者整理得出。

从图 4-4 可以看出，英国是一个罢工较为频发的国家，社会保障水平的变化与罢工人数和次数以及因罢工丢失的工作日数都存在一定关联。从整体趋势上看，社会保障水平的提高的确对罢工起到明显的缓解作用。20 世纪 60 年代，英国部分工业部门陷入停滞状态，在不断增加社会支出的背景下累计一定规模公共债务，这使该国罢工达到短暂峰值。此后，英国政府积极推动工业部门经济走出停滞泥潭，社保支出随之逐年递增。随着60~80年代英国社会保障水平的提高，社会罢工随之减少。从罢工时间和周期来看，罢工几乎都出现在社会保障水平的下降区间，或者社会保障阶段性的低水平时期。同时，60~70年代，是英国罢工的高潮时期和社会保障水平稳步上升的时期，两者之间可能存在一定的互动关系，即频发的社会罢工促使政府提高社会保障水平来缓解政府的社会压力。80~90年代的罢工现象减少，与撒切尔夫人当政时期削减社会保障支出，恢复企业活力的时间完全重合，证明撒切尔政府的政治经济政策对维护社会稳定起到重要作用，但是随着社会保障政策向下调整，20世纪末到21世纪以来又出现了相对频繁的罢工现象，英国政府再次面临一定的社会压力。

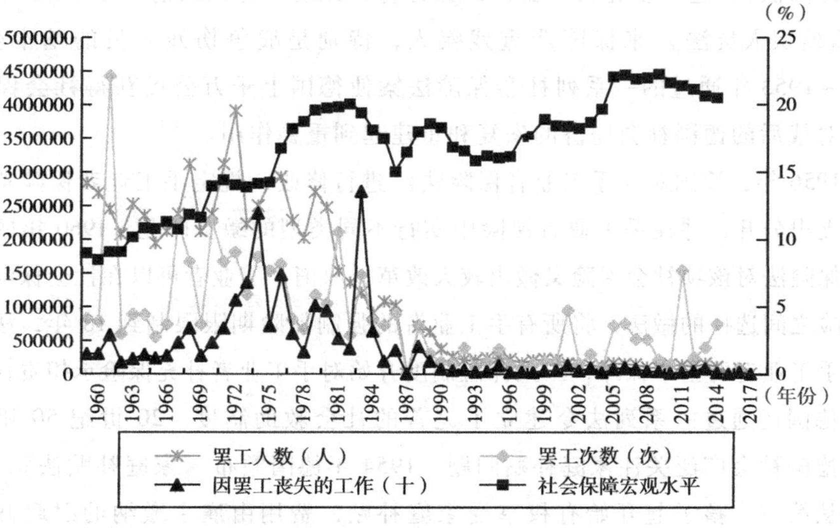

图4-4 英国社会保障水平与社会稳定趋势

注：数据来源于《联合国国民账户统计年鉴》(*Yearbook of National Accounts Statistics*) 和《国际劳工组织年鉴》，并经作者整理得出。

4.3 德国社会保障制度及总体水平的历史演变

4.3.1 德国社会保障制度的恢复与发展

1949年，德国西占区（美、英、法占领区）议会通过《德意志联邦共和国基本法》。该法规定德国联邦政府和各州政府对公共福利有共同的立法权，还规定联邦需要对德国的社会保险机构支付补贴费用。在此基础上，1949～1953年，德国议会通过52项社会保险法令，开始恢复和重建德国战后的社会保障制度。

1949年，德国实施的《社会保险调整法》调整了社会保险津贴，尤其提高了养老津贴，确立每星期最低养老金标准，提高养老保险费率，规定雇主与雇员均摊疾病养老保险费。针对德国的养老、疾病和残疾保障问题，德国政府还于1951～1953年分别通过《养老金提高法和生活费用补贴法》，以提高德国民众的养老金水平和生活水平；通过《疾病保险津贴提高法》和《疾病保险津贴提高法》，进一步完善了德国的医疗保障制度。德国政府还于1953年通过《严重残疾人员法》来保障严重残疾人，特别是战争伤残人员的基本生活。1949～1953年通过的一系列社会保障法案使德国上千万公民获得社会保障权益，对战后的德国社会经济的恢复和重建起到重要作用。

1956年，德国对《手工业者保险法》进行修改，规定手工业者保险费财政收入支出分开，并在手工业者保险中实行不同类型的缴费印花。1960年的手工业者保险法对该项社会保险又做出较大改革，取消手工业者可以在社会保险和私营保险之间选择的做法，将所有手工业者的强制保险期限限制到18年，法令只保证手工业者的基本保障，工人保险制度开始对手工业者补充保险承担责任。

德国还通过一系列法令建立了完善的社会救助制度。20世纪50年代之后，德国社会广泛关注家庭补贴问题。1954年德国颁布《家庭补贴法》，被雇佣者从第三个孩子起开始有权享受家庭补贴，费用由雇主缴纳的财政开销负担；1961年开始从第二个孩子开始享受；1964年，德国联邦政府开始承担家庭补贴费用，家庭补贴制度逐步走向完善。

1957年，德国还颁布《老年农场主救助法》，为老年农场主提供老年补助，1963年救助范围扩大到因年老而失去工作的老人，1965年又采取了一系列措施来保障老年人收益，德国的社会老年人救助制度得到逐步完善。

4.3.2 德国社会保障制度的改革与调整

20世纪60年代中期，德国经济出现一定的萎靡现象。面对德国社会逐步福利化的趋势和日益严重的财政压力，德国政府开始思考如何实现社会保障与经济发展的相互协调。1967年，德国艾哈德政府通过《财政修正法》，法令规定削减国家对养老金的补贴，并且分阶段提高养老金缴费率。

科尔政府时期，德国颁布《疾病保险成本控制法》，试图来减少德国政府在医疗保险上的压力，但是效果甚微。1988年，德国政府又颁布《疾病保险体系结构调整法》，希望强化个人在疾病保险中的责任，巩固疾病保险基金的财政基础，削减不必要开支，如削减牙齿矫正方面的支出。由于该法案直接影响到德国人民的医疗利益，遭到强烈反对，未能长期发挥作用。1993年，德国实施《卫生保健改革法》，鼓励发展各种疾病保险基金，严格控制医院、医生和医药业，希望能够维持疾病保险预算平衡。养老金改革也是科尔政府时期的重要社会保障改革举措，主要是通过改革措施减少养老金支出，如养老金津贴标准由与工资毛收入挂钩，改为与净收入挂钩，提高退休年龄。失业保险改革方面，科尔政府通过一系列措施，提高失业保险费率，降低失业救济标准，停发部分收入损失补贴；1992年实行卫生保险体系改革，缓解了德国日益增长的疾病保险支出；1995年7月开始停发长期生活补助，1996年又规定将病假工资削减为标准工资的80%①。科尔政府在社会保障制度改革上取得一定成效，缓解了德国政府的社会保障压力，但其改革原则强调个人责任，改革措施也损害了民众的社会福利水平，这些都是让社会民主党赢得1998年选举的重要原因。

社会民主党上台执政后，施罗德政府与绿党联合发布《觉醒与革新：德国通向21世纪之路》，确定了德国社会保障改革的基本原则。施罗德政府推行的社会保障制度改革总体上以2003年为时间界限分为两个阶段，2003年之前的改革较为温和，而2003年之后的改革则较为激进。

施罗德政府第一阶段的改革主要从调整和削减社会保障项目津贴出发。1999年实施《养老保险改革法》，该法规定用分等级的工作能力下降养老金取代无职业能力和无工作能力养老金。② 同时规定，2000年和2001年这两年养老金不与最后工资挂钩，而与通货膨胀挂钩，改革失业救济制度，规定只有领

① 和春雷．当代德国社会保障制度［M］．法律出版社，2001：197－200．

② 和春雷．当代德国社会保障制度［M］．法律出版社，2001：117．

过失业保险津贴者才有资格领取失业救济金。① 在削减部分政府社会保障支出的同时，施罗德政府提高部分社会保障项目津贴标准，如提高子女津贴费标准、提高照看16岁以下子女的免税金额标准、提高雇员生病期间的工资标准。此外，施罗德政府还积极实施社会就业促进政策，鼓励创业、创新，加大失业人员再就业能力培训。施罗德政府第一阶段的社会保障改革取得一定成效，在此期间，国家的财政赤字得到极大缓解，经济得以恢复，社会就业率大幅提升，物价也相对稳定。

2003年3月，施罗德政府提出"2010年议程"改革计划，内容包括社会保险制度改革、社会福利制度改革、社会救济制度改革以及福利补贴制度改革，标志着该政府的社会保障制度改革进入第二阶段。失业保险方面："2010年议程"提出，根据不同的年龄段分别减少失业保险金的发放时间；降低失业救济金标准，最终将失业救济金与社会救济金合并。② 养老保险方面：降低养老金津贴标准，由占税前工资的48%降低到40%；将养老金缴费率从19.5%上调到22%；③ 2011年将德国的退休年龄提高到67岁；扩大私人养老保险，并扩大私人养老保险市场占整个养老保险市场的比例。医疗保险方面：增加医疗保险参加者自身承担的费用，如将免费就医改为每次看病付费10欧元；住院治疗费以及药费个人承担10%；非处方药费用个人全部承担等。④ 施罗德政府第二阶段的社会保障改革由于过于激进，遭到严重阻力，社会民主党的支持率急剧下降，最终导致改革举步维艰。

4.3.3 德国社会保障制度的现状

2005年，默克尔上台执政之后，在社会保障领域的改革基本上延续了"2010年议程"，其中最典型的是在医疗保险领域引入医保基金来缓解政府的医保负担。2007年，德国通过并实施《法定疾病保险——强化竞争法》。该法

---

① 丁建定．社保改革：施罗德在反对声中蹚水而行［J］．中国社会保障，2005（5）：32-34.

② 张文红．维持传统价值抑或改革——德国社民党内关于福利国家改革计划的争论［J］．当代世界与社会主义，2003（4）：57-60.

③ 丁建定．西方国家社会保障制度史［M］．高等教育出版社，2010：316.

④ 丁建定．西方国家社会保障制度史［M］．高等教育出版社，2010：317.

从废除体制障碍方面着手，引入医疗机构之间的相互竞争，提高了医疗机构的服务效率。值得一提的是，该法实现了德国有史以来第一次医疗保险全民覆盖。养老金改革方面：2004年颁布《法定养老保险可持续发展法》，以自动适应德国人口结构的变动，减轻政府养老负担。2007年，德国颁布《法定养老保险退休年龄调整法》，规定退休年龄从65岁延长到67岁。默克尔政府还通过补贴和减免税来积极推动建立作用均等的三层养老保险体系，保障养老金总体水平。失业救济改革方面：默克尔政府规定失业救济金不再与工资挂钩，同时降低了失业救济金额并缩短了失业救济金领取时间，实行强制性就业原则等措施来奖勤罚懒，降低政府失业救济支出。①

4.3.4 德国社会保障水平与经济社会发展演进

图4-5表明，从德国社会保障宏观水平和人均GDP增速来看，德国社会保障水平总体上处于刚性增加趋势，20世纪80年代增速放缓，走势较为平稳，90年代之后又有一定程度的上升。人均GDP波动幅度较大，德国人均GDP的高增速持续到70年代左右。70~80年代是德国社会保障增速最快的十年，相反德国人均GDP增速表现却相对滞后。德国社会保障水平在80年代增速放缓，德国人均GDP在同一时期则呈现下降趋势；90年代至2005年，德国社会保障宏观水平又呈现出上升趋势，但人均GDP增速却在同一时期整体上处于下降趋势。这说明德国社会保障水平的增加并没有以经济的发展为基础，与经济发展出现了不适应现象。这一时期德国的高福利滋生了德国的“福利病”。例如，餐饮业从业人员与社会救济对象的收入状况相比，如果有一个子女后者收入比前者高41马克，如果有两个子女，后者收入比前者多276马克。② 此外，这一时期的高福利还导致社会保障缴费率持续以10%以上的增速上升，③ 政府巨大的财政负担，降低了德国劳动者的劳动积极性，失业现象严

① 丁纯，李君扬．未雨绸缪的德国社会保障制度改革——金融危机中德国经济一枝独秀的主因［J］．当代世界与社会主义，2012（5）：33-39．

② 沈琴琴．德国社会保障状况及其对劳动力市场的影响［J］．欧洲研究，1999（4）：89-93．

③ 和春雷等．当代德国社会保障制度［M］．法律出版社，2001：187．

重。值得关注的是，这一时期内，科尔政府的社会保障制度改革成效甚微，也在一定程度上没能抑制德国社会保障水平持续上升的趋势。①

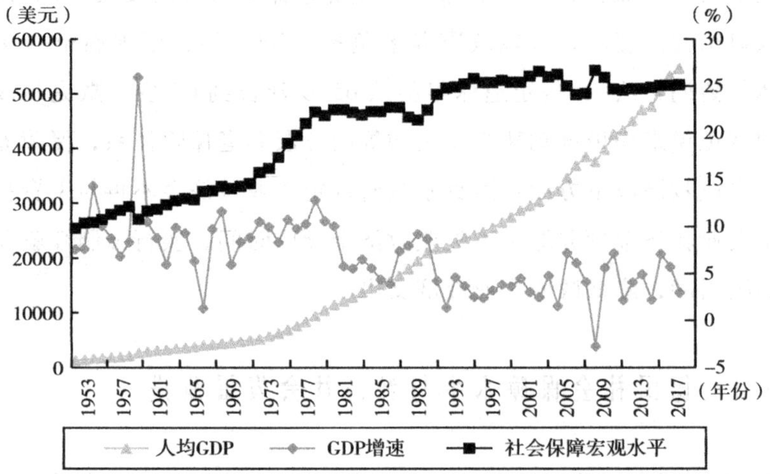

图4-5　德国社会保障水平与经济增长趋势

注：数据来源世界银行数据库、《联合国国民账户统计年鉴》（*Yearbook of National Accounts Statistics*）、《OECD国民账户统计年鉴》（*National Accounts of OECD Countries*），并经作者整理得出。

德国人均GDP增速的波动较为剧烈。从图4-5还可发现，约20世纪70年代以前，德国社会保障水平与人均GDP增速趋势较为一致；70年代以后，两者在一定时间区间呈现一定反向波动趋势，如1972~1974年、1986~1990年以及1994~1998年。这一现象表明，德国社会保障水平达到一定水平后在一定程度上会对德国经济增长产生一定的负面影响。

图4-6表明，德国失业率波动较大，老年化人口呈现持续稳步增加趋势，宏观和中观社会保障水平与失业率的变动趋势基本保持一致，宏观水平与失业率波动幅度较为相似。这表明德国政府社会保障支出是缓解社会失业压力的重要途径，同时社会保障用于失业的支出可能过大，或者政府承担失业保障以外的社会保障支出压力可能较大。德国老年人口占比稳步上升，与德国社会保障水平之间的联动关系较弱，但是老年人口增多而带来的养老金支出增多会大幅

① 丁建定．西方国家社会保障制度史［M］．高等教育出版社，2010：313.

提高德国的社会保障水平，同时德国社会保障水平的提升，为老龄人口创造了更好的医疗条件，从而提高德国人口的平均寿命，伴随着德国生育率的持续下降，会导致德国老年人口占总人口比重持续上升，青壮年劳动力越来越少，这将对德国的社会保障可持续性造成重要的负面影响。

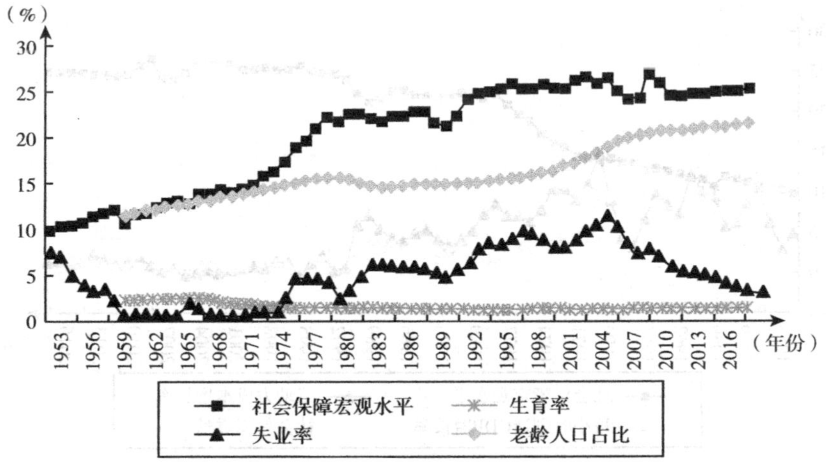

图4-6　德国社会保障水平与劳动供给趋势

注：数据来源世界银行数据库、国际劳工组织数据库和《联合国国民账户统计年鉴》(*Yearbook of National Accounts Statistics*)、《OECD 国民账户统计年鉴》(*National Accounts of OECD Countries*)，并经作者整理得出。

值得重点关注的是，德国社会保障水平与失业率，老年化人口与生育率占比在一定程度上都呈现出“K”形走势。从失业率方面来看，“K”形走势约在2005年后变得较为明显，2005年之前德国失业率与社会保障水平的总体走势较为一致，表明默克尔上台后实施的社会保障政策的确对缓解德国的失业问题起到明显作用，在一定程度上通过降低失业率提高了劳动供给；从人口结构上来讲，老年人口和新生儿之间的“K”形关系有逐步扩大的趋势，从而对劳动力的持续增长造成负面影响。

图4-7表明，德国社会保障水平的上升与全行业增加值增长率在20世纪70年代中期以前总体上都保持协同上升趋势，70年代中期以后，两者走势存在一定程度的负相关关系。70年代中期至80年代末，全行业增加值增长率整体上处于下降趋势，基本上与社会保障水平的变化趋势相反，70年代中后期

社会保障水平上升，全行业增加值增长率下降。90 年代至 2008 年金融危机前，德国社会保障水平整体呈上升趋势，但全行业增加值增长率整体呈现下降趋势；金融危机后，社会保障水平变化较为稳定，但全行业增加值增长率趋势变化仍然存在一定起伏。

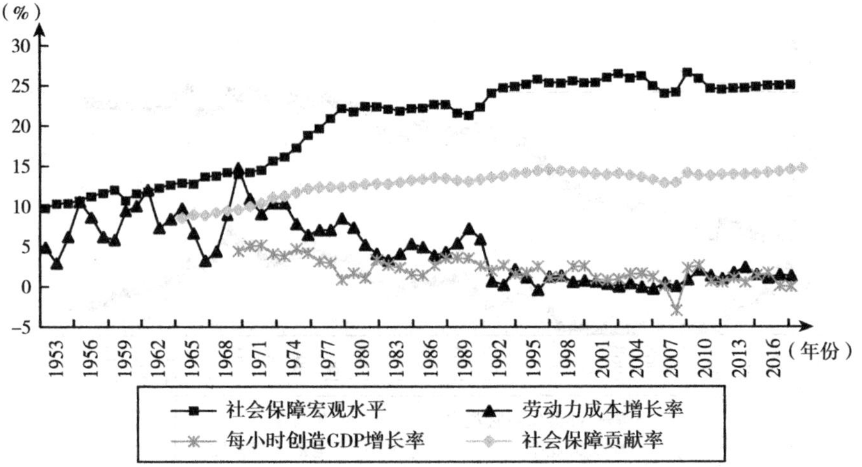

图 4－7 德国社会保障水平与企业意愿趋势

注：数据来源于《联合国国民账户统计年鉴》(*Yearbook of National Accounts Statistics*)、《OECD 数据库》(*National Accounts of OECD Countries*)，并经作者整理得出。

从劳动者时间来看，德国劳动者的每周劳动时间与社会保障水平的走势相反，德国社会保障总体水平呈现刚性增加趋势，德国劳动者每周劳动时间呈现缓慢下降趋势。20 世纪 60～80 年代初社会保障水平相对较低，德国劳动者的每周劳动时间较长，每周工作时间在 38 小时以上；90 年代之后，德国社会保障水平相对较高，占 GDP 比重达到 25% 左右，德国劳动者的每周劳动时间降至 30 小时左右，21 世纪甚至下降到 30 小时以下。从这个角度来看，德国社会保障水平可能对德国劳动者的积极性产生了一定程度的负向影响。

图 4－8 表明，德国是一个罢工较为频繁的国家，20 世纪 50～60 年代德国很少出现社会罢工事件，60 年代之后德国开始出现周期性的频繁罢工，并且每次大规模的罢工都出现在社会保障水平降低的时期。社会保障水平上升时期，罢工的规模较小。值得注意的是，1990～1994 年，政府社会保障支出达到历史峰值之后，降低社会保障水平，引发了规模最大的一次罢工，这种现象

表明德国民众对社会保障水平具有很强的敏感性，政府社会保障支出的刚性增长在德国表现得较明显。

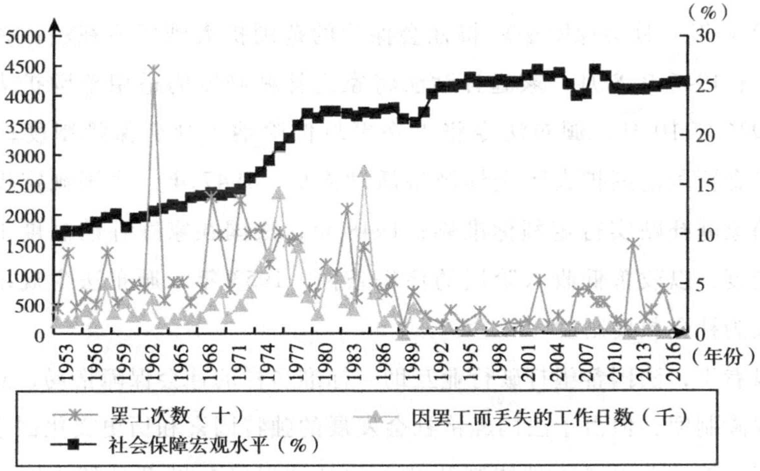

图 4-8　德国社会保障水平与社会稳定趋势

注：数据来源于《联合国国民账户统计年鉴》（*Yearbook of National Accounts Statistics*）、《OECD 国民账户统计年鉴》（*National Accounts of OECD Countries*）和国际劳工组织数据库，并经作者整理得出。

4.4　法国社会保障制度及总体水平演变

法国是启蒙运动的发源地，自由和民主的思想在国内两个世纪的革命斗争的洗礼下深入人心。相比其他主要资本主义大国，法国的发达进程缓慢，农业和手工业长期以来在法国经济社会发展中作用显著，使法国的社会群体相对分散和复杂。这两个方面的原因都使建立综合性、统一标准的社会保障制度面临强大阻力，而以突出各地区自治性和全国综合统一标准为特征的混合型社会保障制度更符合法国实际国情。

4.4.1　法国混合型社会保障制度的形成与发展

1945 年 10 月，法国政府颁布《社会保障法》，建立了社会保障制度。该法令规定，社会保障制度的目的是确保劳动者及其家庭免受所有足以削弱其收入能力的风险影响，也为了减轻劳动者的生育与家庭负担，社会保障的范围应该扩大到还没有享受社会保障制度的群体，社会保障基金来源于雇主和雇工的缴费。1946 年《社会保险法》将社会保险的范围扩大到居住在法国领土上的所有公民；1946 年 8 月，家庭补贴法将家庭补贴制度的适用范围扩大到全体人口；1946 年 10 月，颁布法令将工伤事故保险纳入社会保障制度；1947 年起，养老金覆盖范围扩大到全体经济活动人口。1947 年，法国规定巴黎重工业工人的家庭补贴实行定额标准制；1948 年，法国在家庭补贴制度下实行住房补贴制度，以改善低收入阶层的住房条件。1953 年，颁布法令规定公共救助制度成为社会救助制度。

可以看出，法国希望打破行业互助、标准多样的社会保障格局，建立统一的社会保障制度，但由于法国经济社会发展的独特因素和历史文化因素，在法国实行统一的社会保障管理体制和统一的社会保障标准都受到不同程度的抵制，社会保障的混合型仍然占据重要地位。

法国社会各大行业之间的利益诉求各不相同，综合性的社会保障制度难以调和行业之间、不同收入阶层之间的利益需求。1948 年 1 月，法国为自我雇佣者建立起自治性养老保险制度，此后其他行业纷纷效仿，法国相继为工商业工人、手工业工人、农业从业者建立有针对性的养老保险制度；对学生、职业军人、战争残疾人、寡妇、孤儿等社会群体则实行统一化的社会保障制度。法国政府保留了公共服务人员、国家雇佣人员、社区管理人员、歌剧演员和戏剧演员等人群的特种社会保障制度。此外，1947 年，法国承认了管理者群体的补充养老金权利，而后其他社会群体，也相应建立起自己的补充养老金。

1958 年以后的法国被称为法兰西第五共和国，在这一时期，实行失业保险制度，颁布实施《失业保障法》，扩大疾病和生育保险以及工伤事故保险的适用范围，强化政府对社会保障管理的控制，法国社会保障事业得到全面发展。

戴高乐政府颁布法令，实行失业保险制度。失业保险基金为企业工资总数的 1%，缴费由雇主分担 80%，雇员承担 20%，失业保险津贴为失业工人工资的 35%，领取最高时限为 270 天。1972 年失业保险法规定对 60 岁以上的失业者提供其工资70%的收入保障。1974年失业保险法将农业工人的失业保障也纳入其中。1979年，法国颁布《失业保障法》，实行统一的失业保险津贴制度。失业救济包括基础救济、特别失业救济、权益末期救济、针对60岁及以上的老年失业者提供的收入保障等五种类型，对不同条件的津贴发放对象提供不同的津贴标准，每种救济类型对领取人标准、津贴的组成金额以及领取时限都做出明确规定。法国扩大了疾病和生育保险的适用范围，1961年，法国建立农场主疾病和生育保险制度，绝大部分农场工作参与者及其家属都获得了疾病和生育保险。1966年法国建立了从事工商业的自我雇佣者、手工业者以及自由职业者的疾病和生育保险制度，减轻了自我雇佣者的缴费责任。工商事故保险制度的适用范围逐步扩大。1966年，法国保险法令规定工商事故保险制度扩大到农场主，农场主必须强制性参加工商事故保险制度。1972年的保险法令将农业雇佣人员的事故伤害保险制度也包含在内，并享受综合性社会保险制度的全部待遇。

法兰西第五共和国时期，法国的补充社会保障制度获得进一步发展。1961年法令规定，将原来只适用于管理者群体的补充养老金制度扩大到全体雇佣人人员。另外，1975年颁布法令重新规定了残疾人标准，并将其纳入社会保障制度和社会救助制度之中，特殊教育补助与成年人残疾人补贴也被纳入家庭补贴制度之中。

4.4.2　法国社会保障制度的改革与调整

20世纪70年代后期，法国社会保障支出的高水平刚性增长与经济增速放缓之间出现严重失调，严重的失业率极大地增加了法国政府的失业救济支出负担，老年人口数量不断增长，造成就业人口与退休人口之比不断下降，法国面临严重的养老负担和就业人口压力。主要由于上述原因，综合性社会保障基金连续14年保持赤字状态，疾病保险基金多年入不敷出，养老保险有18年处于赤字状态，法国社会保障制度陷入严重困境，政府开始展开了社会保障制度的改革历程。

家庭补贴制度改革。1983年和1984年，法国政府规定向“全国家庭补助基金”缴纳1%的自然人所得税的特殊税负，占整个家庭补贴的40%的收入调查型家庭补助将不再由雇主分摊，用家庭税代替。1985年，法国规定：家庭补贴仅向有3个孩子以上的家庭提供；设立父母教育补贴，向因第三个孩子出生而部分或全部失去工作、丧失收入的父母提供补贴，同时提供幼童补贴。1986年，法国政府停止了家庭补充补贴的发放，同时设立孩子看护补贴，提供家庭搬家援助费，并对其他各项家庭补贴进行了融合。① 1988年，法国政府又分情况免除或削减收入低于法定工资人群的家庭补贴缴费。1993年7月1日，法国政府将家庭补贴基金的社会捐税率提高到2.4%。② 1994年，设立收养补贴和残疾人常年补充补贴。

1982年，法国对养老金制度进行改革，从工资百分比、年平均工资③、养老保险缴费期限④等三个方面来计算养老金，并根据缴费期限和不同的个人情况，采取不同形式养老金，如全额养老金、比例养老金和预备养老金。1986年，法国建立了向“全国养老保险基金”缴纳0.4%的自然人所得税特殊税赋。1993年，法国政府出台《养老金计划》，规定从1994年起，养老金缴费资格每年增加一季度，全额养老金的缴费资格从160个季度过渡到2004年的170个季度，为节约养老金支出，养老金五年内按照通货膨胀率与物价指数挂钩。⑤

1983年，法国颁布《医疗保障改革法》，规定在全部公营医院和部分非营利性私营医院实行整体缴费制度。20世纪90年代后，法国政府进一步改革医疗保障制度，以减少政府医疗费用负担，如鼓励全科医生降低药品剂量，严格监管私立医院医疗费用，从制药业与药品批发商的营业额中提取一定费用纳入疾病保险基金，降低门诊治疗与医疗设备报销率。法国失业保障制度改革同样始于80年代，主要是降低失业保险津贴领取人数，减少失业保险津贴项目。

20世纪90年代中期以后，法国政府加快了社会保障制度改革的步伐。1995年，法国总理朱佩提出社会保障制度改革计划，建议扩大议会对社会保

---

① 丁建定．西方国家社会保障制度史［M］．高等教育出版社，2016：332.

② 米尔丝，郑秉文译．社会保障经济学［M］．法律出版社，2003：193.

③ 改革后，根据法令，养老金将由依据最高10年工资的平均数到最高工资25年平均数计算。

④ 养老保险缴费期限逐步由150个季度过渡到160个季度。

⑤ 米尔丝，郑秉文译．社会保障经济学［M］．法律出版社，2003：197－198.

障的监督，并对社会保障基金投资做出决议；建立全面的医疗保险制度，推进医院改革，加强对医疗费用的控制等。

医疗保障制度改革旨在提高医疗服务的效率，强化对医疗机构的监督和评价，在提高医疗服务质量的基础上控制医疗费用。1997年7月，法国通过《普遍医疗保险法》，明确规定不同收入水平和规模家庭享受医疗保障的标准。养老保险方面：主要是分阶段延长养老保险缴费年限；为保障养老基金长期收支平衡，将养老金支出缴费资格年限与养老金领取平均年限的比率控制在2003年水平；采取多种渠道保证不同社会群体在养老保障制度中得到公平的待遇；提倡个人自愿储蓄养老。①

4.4.3 法国社会保障制度现状

2003年，拉法兰政府提出的退休金改革计划引发社会多国行业的大规模罢工运动，导致法国政府重组，搁置退休金改革制度。2006年，德维尔潘政府推出《首次雇佣合同法案》，导致青年学生罢课，数百万工人抗议，持续时间长达3个月，导致政府重组，改革法案夭折。2007年11月，菲永政府推出废除特殊行业退休金和国营工人养老金的改革法案再次引发大规模社会抗议。2010年，萨科齐推出《新退休制度法案》也导致法国抗议不断。2016年，奥朗德强制推行的《劳动法改革法案》同样导致其支持百万工人长达3个月的罢工；奥朗德政府创立的“代际合同”和“未来就业合同”对法国居高不下的失业率也只是杯水车薪，最终民调支持率低至8%，奥朗德也被迫放弃大选。当前，马克龙用“全面退休制”合并42个养老金计划等削减法国整体福利的改革举措仍然引发了波及全国的“黄马甲”事件。

总体而言，当前法国政府的福利紧缩措施大多引发法国民众的抗议，政府最终妥协。法国如今面临的问题是经济增速低于绝大多数OECD国家，社会保障水平、政府债务、实际税率却几乎都位于OECD国家前列，社会保障收支常年保持巨额赤字，失业率居高不下。法国极度慷慨的社会保障支出与自身经济

---

① 丁建定，郭林．战后法国混合型社会保障制度特征的形成及其影响——兼论法国社会保障改革缓进及罢工频发的原因［J］．法国研究，2011（4）：72－80.

环境和财政能力形成了巨大反差，造成福利失衡，福利资源的重新分配问题迫在眉睫，但法国的困境也正在于它既是最需要进行福利制度改革的国家，同时也是最难实施改革的国家。

4.4.4 法国社会保障水平与经济社会发展演进

图4－9表明，法国宏观和中观社会保障水平都呈现一定的波动趋势，但波动较为平缓，人均GDP增速波动较为剧烈，人均GDP呈现波动增长趋势。我们可以发现，20世纪80年代之前法国的社会保障水平与法国的人均GDP增速呈现正向波动关系，法国社会保障水平与法国的人均GDP增速之间存在正向关联，法国人均GDP也在这一时期呈现稳步向上的趋势，社会保障水平、人均GDP及其增速之间都呈现出良好的正向联动关系。80年代至20世纪末，法国社会保障水平开始对人均GDP及其增速产生负效应，表现为社会保障水平上升与人均GDP增速和人均GDP增长呈现阶段性反向波动。因此，这一时期是法国政府社会保障制度漫长的改革时期，如法国政府对家庭补贴制度、养

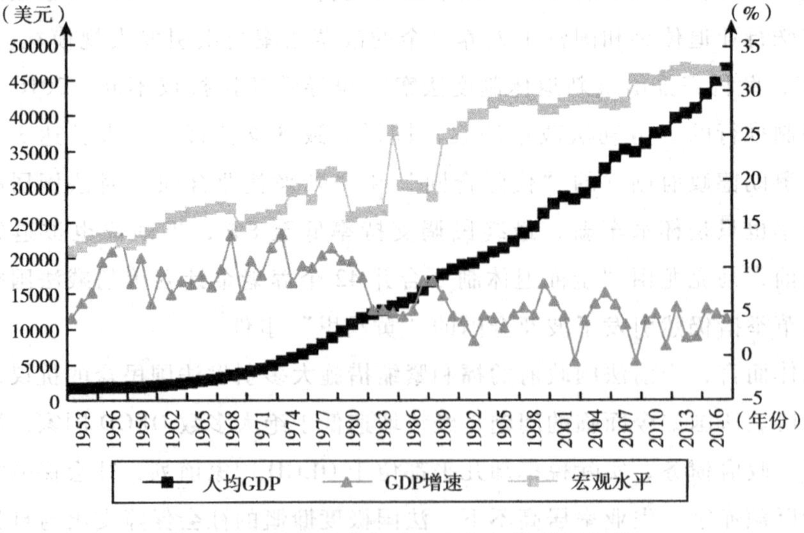

图4－9　法国社会保障水平与经济增长趋势

注：数据来源于世界银行、《联合国国民账户统计年鉴》（*Yearbook of National Accounts Statistics*），并经作者整理得出。

老金制度以及失业保障制度等都进行了大幅度改革，直至朱佩政府时期，法国社会保障制度改革取得一定成效。但进入 21 世纪后，法国社会保障水平又呈现上升趋势，特别是 2008 年法国提高社会保障水平以缓和经济危机对经济社会发展带来的负面影响，让法国政府又面临严峻的社会保障压力。

图 4－10 表明，法国老年人口持续上升走势，法国面临的老年化压力越来越大。失业率自 20 世纪 70 年代之后持续上升，并一直维持在相对较高的水平。从图 4－10 中可以看出，70 年代以前，法国社会保障水平相对较低，尽管呈现一定波动趋势，但法国失业率始终处于低水平波动，两者之间的联动性较弱。70 年代中后期至 80 年代初，由于第一次石油危机的影响，造成法国失业率飙升。1979 年，法国再次实施失业保障法，实施全面细致的失业补偿计划和失业保险津贴制度,① 以应对经济危机期间的各种经济社会问题，因而社会保障水平出现了较大幅度波动。70 年代至 80 年代中期，法国扩大失业保险、疾病和生育保险以及工伤事故保险制度的范围,② 社会保障支出急剧膨胀，

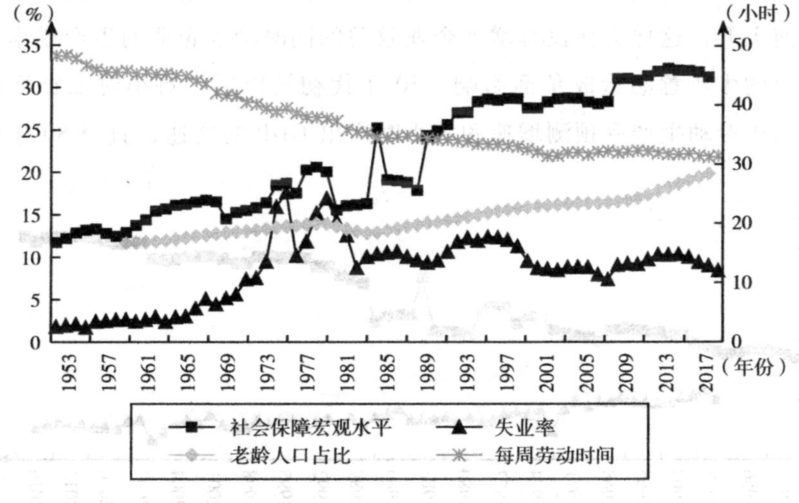

图 4－10　法国社会保障水平与劳动供给趋势

注：数据来源于国际劳工组织数据库、国际金融年鉴、世界银行数据库以及《联合国国民账户统计年鉴》（*Yearbook of National Accounts Statistics*），并经作者整理得出。

① 赵立人．各国社会保险与福利［M］．四川人民出版社，1992：307－308.

② 丁建定．西方国家社会保障制度史［M］．高等教育出版社，2016：332.

这是法国社会保障支出大幅扩张时期。第一次石油危机之后，法国社会保障水平与失业率变动趋势保持大致相同走势，表明法国社会保障支出是解决失业问题的重要措施之一；法国社会保障水平与人口老年化的相互关系在图4－10中显示不太明显，但老年人口增多会推高法国的社会保障水平，同时由于生育率持续下降，老年人口上升会造成法国潜在的实际劳动力供给不足。从每周工作时间上看，法国公民每周工作时间下降明显，从每周工作50小时左右降至每周工作30小时左右，降幅高达40%，这在一定程度上说明法国就业人口的劳动供给不足。综合法国高居不下的失业率和持续下降的每周工作时间以及不断加深的人口老年化率，可以认为法国可能出现劳动供给不足现象。

图4－11表明，法国单位劳动成本增长率整体上波动较大，1976年左右达到峰值，随后20世纪80年代中期逐渐下降，约于1986年开始与每小时创造GDP和劳动生产率预测增速保持在同一增速运行，三者增速较为稳定。值得注意的是，70年代至80年代中期，单位劳动成本大幅高于单位劳动成本增速和劳动生产率预测增速，但在没有增加劳动生产率的情况下，同期社会保障水平快速上升，这样会在没有增加企业效益的同时增加企业的生产成本，可能会对企业的生产意愿造成负面影响。70年代初期以后，每小时工资增长率依然明显高于劳动生产率预测增速和每小时产出GDP的增速，直至80年代中后

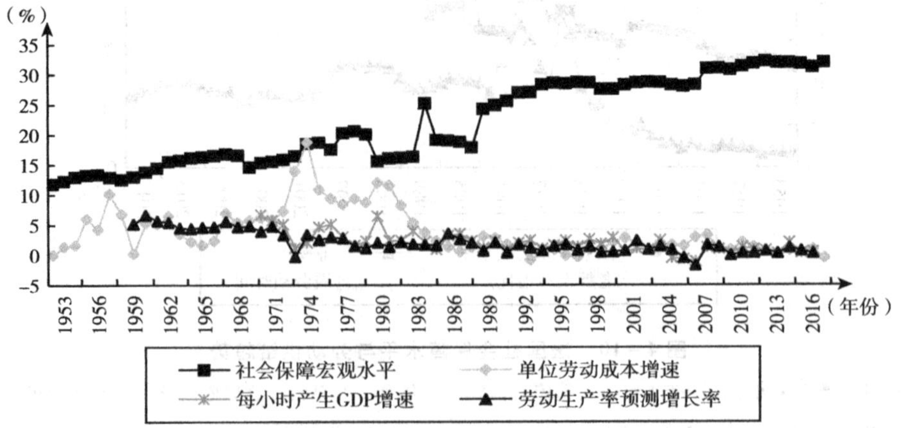

图4－11　法国社会保障水平与企业生产意愿趋势

注：数据来源于《联合国国民账户统计年鉴》（*Yearbook of National Accounts Statistics*），并经作者整理得出。

期，与劳动生产率预测增速及每小时创造的 GDP 保持较为同步的波动趋势和波动幅度，但这一时期每小时工资增长率增速总体上保持下降趋势，表明这一时期法国企业已经难以承受劳动力成本的持续上升，同时社会保障水平在 1986 年左右达到峰值，维持在占 GDP 总量 25% 左右的稳定水平，表明企业对直接的劳动力成本上升的敏感程度可能要高于社会保障水平的上升，才会出现劳动力成本增速比社会保障水平先回落。80 年代后期开始，法国社会保障水平依然持续上升至今，劳动力成本与劳动生产率预测增速和每小时产出 GDP 的增速维持在同一水平的波动范围，并保持同样的发展轨迹，在没有相应劳动生产率提高的前提下，这样的社会保障水平上升必将给企业带来沉重的负担。

从图 4 – 12 中可以看出，法国是一个罢工频发的国家，罢工人数、天数和罢工次数之间呈现出明显的正相关关系，罢工峰值的出现大多与法国社会保障水平阶段性的高点或者地点相契合，同时罢工多出现在法国社会保障水平的下降趋势中。社会保障水平位于高点，政府降低社会保障水平，会引发社会不满情绪；社会保障水平过低同样会激发社会罢工，如 1952 ~ 1955 年、1973 ~ 1976 年的两次罢工峰值都处于社会保障水平阶段性低点。因此，我们从图 4 – 12 描述的社会保障水平与社会稳定的关系来看，法国的社会保障水平的下降或者社会保

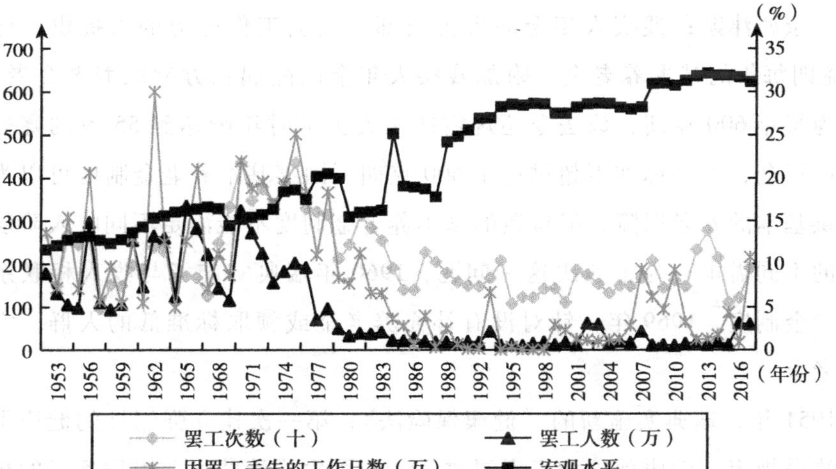

图 4 – 12　法国社会保障水平与社会稳定趋势

注：数据来源于联合国劳工组织数据库以及《联合国国民账户统计年鉴》（*Yearbook of National Accounts Statistics*），并经作者整理得出。

障水平过低是引发社会罢工等不稳定因素的重要原因。

4.5 瑞典社会保障制度及总体水平的历史演变

瑞典是北欧福利国家的典型代表，第二次世界大战后，瑞典全面完善社会保障制度，主要包括推进养老金制度的发展、完善公共服务政策、扩大社会保障覆盖面以及提高社会保障津贴水平。瑞典社会保障制度同样随着社会保障水平从适度到过度的演变经历了恢复与发展再到不断改革与调整的过程。

4.5.1 瑞典社会保障制度恢复与发展

1946 年，瑞典议会通过新的《养老金法》，并于 1948 年开始实施，该法在瑞典养老保险制度上具有重要意义。首先，该法在瑞典建立了同一标准的基本的国家养老金制度，提高了瑞典养老津贴标准。该法规定单身老人每年的津贴标准为 1000 克朗，每对夫妇每年 1600 克朗；养老金领取者还可得到特别的住房与亲属津贴；残疾人年金向失去或部分失去工作能力的人提供，标准为 200 克朗每年的基本养老金，附加残疾人年金向配偶乙方领取养老金者发放，标准为每年 600 克朗；该法令还规定向丈夫去世时年龄达到 55 岁的寡妇，提供寡妇年金，最高标准不超过每年 600 克朗。国家基本养老金制度可以为领取者提供基本的养老保障，但瑞典的基本养老金制度不能满足不同收入阶层对养老金的不同需求，为了解决这一问题，1960 年瑞典实施了与收入相联系的补充养老金制度，1969 年，针对没有补充养老金或领取标准低的人群，实行特殊养老金。

1951 年，瑞典实施新的《健康保险法》，第一次建立强制性的健康保险制度。法令规定，健康保险为患者提供 3/4 的医生诊治费，向因病务工的患者提供日现金补贴。另外，《健康保险法》还规定，依据被保险人参加自愿健康保险缴费额度，相应提供额外自愿保险津贴，其中主要是提高日现金补贴标准和产妇保险津贴标准。1955 年，瑞典再次强调实施强制性健康保险制度，1959

年提高增加日现金津贴标准，改进其他保险津贴，增加健康保险津贴种类；1962年，颁布国民保险法，合并健康保险制度和其他社会保险制度，提高保险日现金补贴标准，并将自营就业者纳入领取健康保险补充日现金补贴范围，提高产妇补贴标准，取消住院与领取日现金补贴的时间限制。

1957年，瑞典通过社会福利与社会救助法，建立了新的社会救助制度。新的社会救助制度取代了以往的济贫救济，体现了人道主义原则，强调了公民的权利意识。中央政府开始负担社会救助支出，救助形式改为现金救济。

4.5.2 瑞典社会保障制度的改革与调整

20世纪70年代后，瑞典受到世界经济危机的影响，工业生产率明显下降，失业问题变得越来越紧迫，政治环境发生消极变化，瑞典民众对社会保障制度的看法也褒贬不一，社会保障制度开始制约瑞典的经济社会发展，瑞典陷入了福利危机，人民对社会保障制度改革的呼声与日俱增。

1980年，瑞典政府提出《社会保障支出紧缩法案》，提出每年对社会保障津贴标准进行变动，并且不考虑物价、间接税的变化。1981年，瑞典政府降低养老津贴标准，削减养老金领取人数。1982年，瑞典改革健康保险津贴领取制度、失业保险制度，并且废除了养老金领取者的住房补贴。[①] 改革健康保险制度，限制健康保险支出。社会民主党于1989年提出按月发放健康保险津贴，让雇主分担前14天的疾病保险津贴责任，增加健康保险津贴的领取限制条件。1991年，瑞典政府通过增加健康保险津贴等待时间，分梯度降低养老保险津贴标准来削减健康保险津贴支出。1993年，再次分梯度削减健康保险津贴。[②] 改革养老保险制度，减少养老保险开支。1993年，瑞典将退休年龄提高到65~66岁，1994年，瑞典议会提出，用工资指数代替物价指数作为确定补充养老金标准的依据，将养老保险领取最低年龄提高到61岁，将养老津贴标

① 丁建定．瑞典社会保障制度的发展［M］．中国劳动社会保障出版社，2004：162.

② Frericks P, Maier R. Introduction and Overview: Capitalist Welfare Societies［M］. European Capitalist Welfare Societies, 2012.

准从相当于工资65%降低到55%。[①] 降低失业保险津贴标准，增加失业保险领取时间限制。1993年，瑞典将失业保险津贴领取标准从相当于工资的90%降低到80%，并规定失业保险津贴领取日需要从失业后第六天开始领取。[②] 削减父母保险津贴。1994年，瑞典废除90天固定父母保险津贴，并降低父母保险津贴领取标准，从占工资收入的90%削减至75%。[③]

实施社会保障地方化改革，提高社会服务效率。瑞典20世纪90年代之前，一般由中央政府按照社会救济和社会服务的项目给地方政府划拨财政资金，降低了地方政府在提供社会服务上的积极性，社会服务的实际效益低下。瑞典在1983年实施的《瑞典保健法》中宣布，各郡应该承担所在区域内保健服务的主要职责，通过个人协议确定私人医生年度病人数量方式限制提供保健服务的数量，并且提倡各郡规范和管控私人医疗保健市场。该法案形成以郡为单位的综合保健服务模式。1992年1月瑞典实施法案，要求地方政府承担各种老年和残疾人长期关怀与服务的责任，激发地方政府因地制宜地制定各种政策措施来提高各种社会服务资源的利用效率，提高地方社会服务质量，降低社会服务支出。1993年，瑞典中央政府根据各郡人口结构、税收情况等综合性因素来进行财政资金分配，并放权让地方政府自行决定资金用途。瑞典通过以上社会保障地方化改革有效降低了老年病治疗人数约60%，减少了与老年病相关医疗床位约13%，削减了地方政府用于老年保健服务方面的开支，约4.35亿克朗。[④]

实施"个人名义账户"来减轻政府养老津贴支出压力。随着瑞典人口老年化问题日益严重，[⑤] 为了减轻政府养老津贴支出压力，瑞典政府对养老保险制度实施重大改革。20世纪90年代中期实行"个人名义账户"，将个人缴费与养老保险津贴标准和个人养老金缴费的回报率相联系，表明瑞典养老保险的

① 丁建定．瑞典社会保障制度的发展［M］．中国劳动社会保障出版社，2004：162.

② 丁建定．瑞典社会保障制度的发展［M］．中国劳动社会保障出版社，2004：163 - 164.

③ Haveman R. The Welfare State in Transition：Reforming the Swedish Model［J］. by Richard B. Freeman；Robert Topel；Birgitta Swedenborg.

④ Tommy Bengtsson. Population，Economy，and Welfare in Sweden［J］. New York/Berlin，Germany，Springer - Verlag，1994：149 - 151.

⑤ 1960～1985年，瑞典65岁及以上人口比例由12%增加到17%，老年人口抚养比由18%提高到28%。

筹资模式开始由现收现付模式逐步过渡到现收现付与个人账户相结合的部分积累型养老金筹资模式，对缓解瑞典政府养老金支出压力起到重要作用。1998年，瑞典正式推行三支柱养老保险制度，即国家养老保险、职业养老保险和私人养老保险制度，其中，国家养老保险由法律规定强制参加，其余两支柱则分别由个人与工会协商和个人意愿决定，不具有法律强制性。国家养老保险分为“担保养老金”“收入养老金”和“缴费养老金”三个层次，其中“担保养老金”以家计调查为基础，65岁开始领取，所需资金由国家财政统一负担，以满足低收入者的养老需求。担保养老金2012年的标准是：单身老人每月约可领取1140美元，老年夫妇每月可领取1017美元。瑞典通过实行养老保险名义账户制度来记录养老保险参保人的养老保险资金情况。社会保险缴费、继承收益和孳生利息是名义账户的主要受益来源。瑞典居民个人收入的18.5%进入养老保险名义账户，其中16%进入名义账户，均等划入四家国民养老基金公司，实行市场化投资运营，确保收益稳健，2.5%进入缴费养老金计划的积累制账户①。继承收益主要是对实际寿命低于预期寿命参保人的个人养老金账户余额进行重新分配，孳生利息主要反映的是名义账户的记账利率要与收入增长指数增长率和平衡指数增长率挂钩。此外，名义个人账户还需要缴纳管理费，2010年管理费的缴纳标准约为账户资产的0.034%。瑞典还根据名义账户养老保险制度自残与负债的具体情况，对名义账户的记账利率做出自动调整，不受外界因素的影响，确保名义账户财务自求平衡。

4.5.3 瑞典社会保障制度的现状

瑞典的社会保障紧缩政策以及社会保障地方化改革措施都在缓解政府社会保障支出方面起到一定成效，但随着以佩尔松为代表的瑞典社会民主党2006年选举中失败，以赖因费尔特为首的温和党，联合基督教民主党、中央党与自由党组建联合政府，摒弃了社会民主党的改革思路，努力拉近与中间选民的距离，对瑞典的福利制度进行小幅调整、减少中低收入家庭的所得税及鼓励就业

① 瑞典社会保障制度概况［J］．预算管理与会计，2014（10）：49－54．

等一系列主张，中层开启了通过减税，降低雇佣成本以及提供更多就业机会为承诺的福利改革路径。当前欧洲难民大量涌入瑞典，本已经过多次“瘦身”的福利体制进一步被移民挤占，瑞典国民养老金日趋减少、教育医疗等公共资源告急，国内犯罪率攀升。“瑞典模式”受到冲击，但当前执政斯特凡·勒文政府不仅未能做出有效的福利改革措施，还陷入极右势力抬头的政治困境，因而瑞典福利制度的未来走向尚不明确。

4.5.4 瑞典社会保障水平与经济社会发展演进

图4－13表明，瑞典社会保障水平从GDP和政府支出两个维度来看都呈现出较为大幅的波动趋势，瑞典人均GDP增长速度波幅剧烈，人均GDP呈现波动上行走势。20世纪80年代之前，瑞典社会保障水平与人均GDP增速呈正相关关系波动，如瑞典社会保障水平和人均GDP增速在1971～1974年都达到了阶段性的历史最高水平，此时社会保障对经济发展的正向效应作用明显。80年代中期之后，瑞典社会保障水平与人均GDP增速呈现一定的反向波动，如社会保障水平在1986～1992年达到阶段性峰值，但人均GDP增速却降至阶段

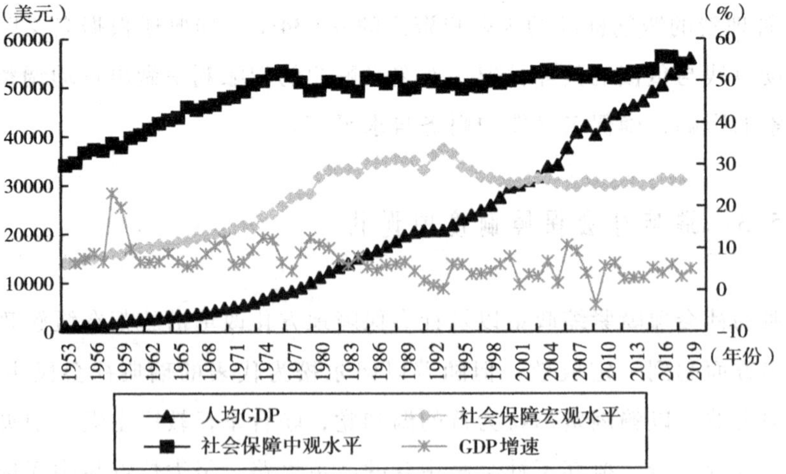

图4－13　瑞典社会保障水平与经济增长趋势

注：数据来源于世界银行数据库以及《联合国国民账户统计年鉴》（*Yearbook of National Accounts Statistics*），并经作者整理得出。

性最低点，人均 GDP 也在此期间大幅下降，这一时期社会保障对经济的负向效应相对明显。2008 年金融危机之后，尽管瑞典在一定程度上提高了社会保障水平，但经济复苏依然乏力。

图 4－14 表明，瑞典的失业率从 20 世纪 50～80 年代末都处于低水平波动，1989～2009 年呈现出较为大幅波动，老年人口自 50 年代以来一直保持持续上升。社会保障水平与失业率走势大致相同，如 1989～2009 年，社会保障水平变化趋势与失业率波动趋势几乎完全一致，表明瑞典社会保障支出可能是解决失业问题的重要手段。但 90 年代以来瑞典出现了 80 年代同样的社会保障水平，失业率却明显高于 80 年代的现象，说明瑞典的失业率在 90 年代之后可能不完全是由于市场原因，而可能存在由于稳定的社会保障支出而带来的“自愿失业”现象。50～70 年代中期，瑞典的每周工作时间呈不断下降趋势，然后维持在相对稳定水平，前期与社会保障水平的增加趋势相反，后期与社会保障水平增减的走势联动关系较弱，这估计是每周不足 30 小时的工作时间已经不太具备下降空间。瑞典的人口老龄化程度持续加深，与老年化人口趋势存在一定的同向波动，即 20 世纪 60～80 年代后期都处于不断上升趋势，90 年代经历了一定水平的下降，但进入 21 世纪后老龄人口又呈现出增加趋势。

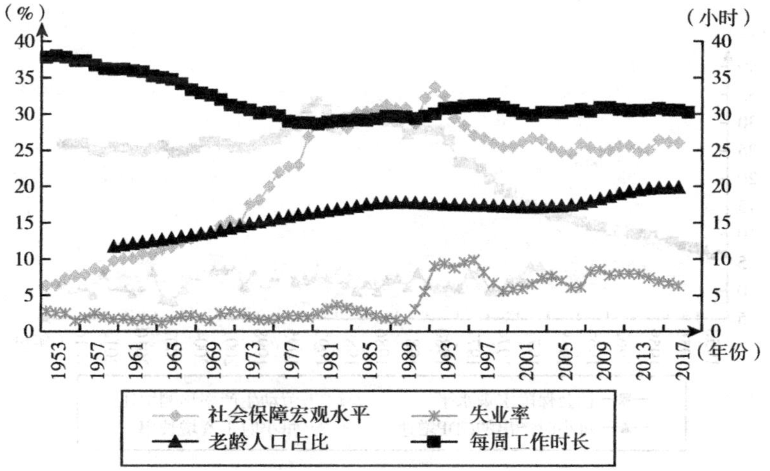

图 4－14　瑞典社会保障水平与劳动供给趋势

注：数据来源于《联合国国民账户统计年鉴》（*Yearbook of National Accounts Statistics*），并经作者整理得出。

图 4－15 表明，瑞典每小时工资增长率从 20 世纪 50 年代开始一直处于向上波动直至 70 年代中期，同时明显高于劳动生产率增速，这一时期同样是瑞典社会保障水平增长最快的时期，但劳动生产率增速和每小时创造的 GDP 同期增速却保持相对低水平，这样的劳动力成本和社会保障水平的快速上升势必对增加企业生产成本，同时没能相应增加企业利润，可能会在一定程度上抑制企业生产意愿。70 年代中期以后，每小时工资增长率依然明显高于劳动生产率预测增速和每小时产出 GDP 的增速，直至 90 年代初，与劳动生产率预测增速及每小时创造的 GDP 保持较为同步的波动趋势和波动幅度，但这一时期每小时工资增长率增速总体上保持下降趋势，表明这一时期瑞典企业已经难以承受劳动力成本的持续上升，同时社会保障水平在 80 年代后也达到峰值，维持在占 GDP 总量 30% 左右的稳定水平，表明企业对直接的劳动力成本上升的敏感程度可能要高于社会保障水平的上升，才会出现劳动力成本增速比社会保障水平先回落。90 年代之后，瑞典社会保障水平在短暂上升到占 GDP 总量的 35% 左右后出现回落，并稳定维持在 25% 左右的水平至今，劳动力成本与劳动生产率预测增速和每小时产出 GDP 的增速维持在同一水平的波动范围，并保持同样的发展轨迹。

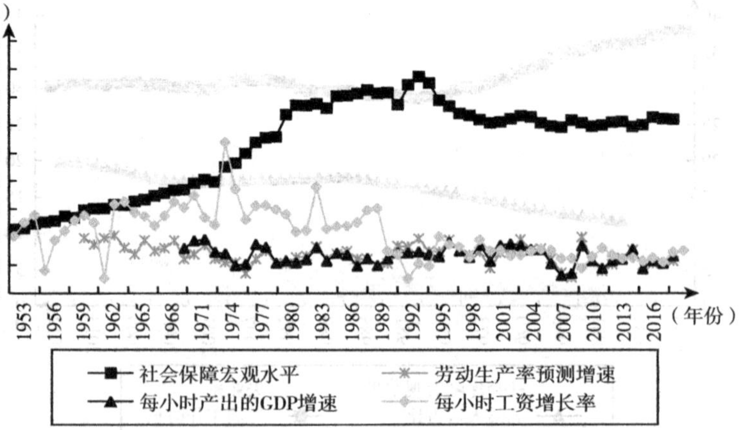

图 4－15 瑞典社会保障水平与企业生产意愿趋势

注：数据来源于《联合国国民账户统计年鉴》(*Yearbook of National Accounts Statistics*)，并经作者整理得出。

图4-16表明，瑞典是一个罢工相对频繁的国家，从图4-16中可以明显看出1978~1982年罢工处于历史峰值，显然是受到第二次石油危机影响，瑞典经济增速大幅下降，失业率飙升，政府又大幅削减社会保障支出所致。达到20世纪50年代以来的历史峰值，此后罢工现象一直延续到90年代中期，其主要原因之一是受第二次、第三次石油危机影响而带来的经济衰退。从图4-16中我们可以看出，罢工发生的峰值大多处于社会保障水平下降的时期，如1978~1982年、1994~1996年，两次社会保障水平下降，都带来了大规模罢工出现。因此瑞典的社会保障水平与社会稳定呈现一定程度的反向波动趋势。近年来，难民大量涌入瑞典也给瑞典的福利分配制度带来巨大挑战，瑞典的社会罢工问题依然较为严峻。

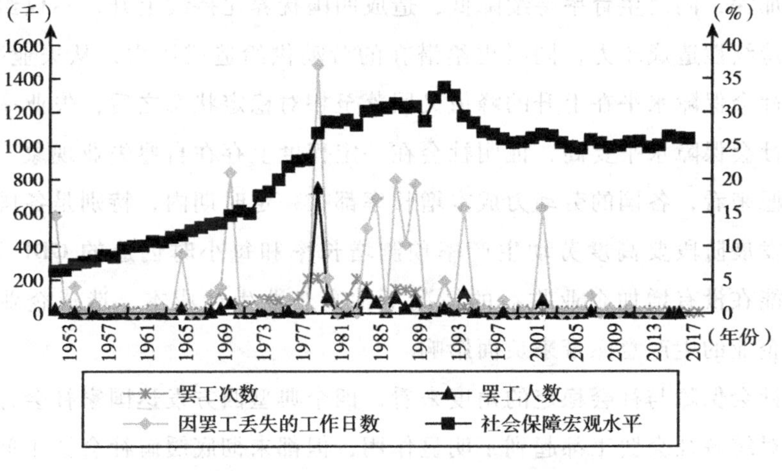

图4-16 瑞典社会保障水平与社会稳定趋势

注：数据来源于国际劳工组织数据库以及《联合国国民账户统计年鉴》（*Yearbook of National Accounts Statistics*），并经作者整理得出。

4.6 本章小结

本章通过对1960~2017年英、德、法、瑞典等欧洲四大典型福利国家社会保障制度变迁的梳理，发现四国都先后经历了社会保障制度发展阶段，该阶段社会保障支出总体水平与经济社会发展水平相适应，社会保障支出对四国经济社会发展的正向促进作用较强；社会保障制度的快速发展阶段，该阶段社会保障支出总体水平逐渐超过与经济社会相适应的水平，社会保障支出对四国经济社会发展的负效应开始凸显；社会保障制度的改革阶段，该阶段四国先后受到石油危机的影响，经济发展大幅衰退，失业人数急剧上升，社会保障支出却保持刚性增长，社会保障总体水平严重超出经济社会发展水平，出现严重的“福利病”。直至目前，由于社会保障支出刚性增长与四国各自政党之间的竞选博弈，四国一直处于社会保障制度的修补之中，无法进行彻底社会保障制度改革。

就劳动供给而言，四个西方典型发达国家的社会保障支出的每周工作时间都呈现出明显的下降趋势，表明就业人数的劳动供给时间不断减少；人口老龄化程度加深，同时生育率持续降低，造成四国抚养比持续上升，不仅给社会保障的可持续性造成压力，同时也给潜在的劳动供给造成压力；从失业率来看，四国的社会保障水平在上升的峰值又回落至相对稳定状态之后，失业率比峰值前同一社会保障水平要高，证明社会在一定程度上存在自愿失业现象。从企业生产意愿来看，各国的劳动力成本增长率都在一定时期内，特别是各国社会保障快速发展阶段要高度劳动生产率预测增长率和每小时创造的 GDP 增长率，这样可能在没有增加企业收益的情况下抬高企业生产成本，造成企业利润下降，给企业的生产意愿带来负面影响。

从社会保障与社会稳定的角度来看，四个典型西方发达国家社会保障水平的提高对缓解社会罢工都起到了明显作用，但都未彻底缓解社会罢工问题，近年来四国都出现了频繁的罢工活动，民粹主义思潮蔓延，这不仅与社会保障水平相关，也与西方政治体制紧密相关，执政党的交替更迭容易提高福利水平，但政府财力不足又无法满足选民的社会保障需求，助推福利问题成为西方发达国家社会问题的一大症结。

本章通过对英、德、法以及瑞典四国社会保障总体支出水平与经济和社会发展相关变量的数据对比分析，发现社会保障支出占 GDP 的比重与占政府收入的比重的走势大致相同，但由于政府的社会保障支出还受政治因素影响，因而与占 GDP 比重相比具有一定时滞性。社会保障总体水平与失业率的波动趋势大致相同，表明社会保障支出是缓解失业问题的有效措施，失业问题对社会保障的依赖程度也很明显。由于老年人口一直处于刚性向上增长，社会保障水平与老年人口占比的变动趋势没有呈现明显的关联性，但可以设想社会保障与退休金的变动趋势之间应该存在关联性。社会保障水平与劳动力成本以及每周工作时间，存在阶段性正向和负向相关，证明社会保障水平的变化对两者的影响较大。最后，社会保障水平较低或者社会保障水平下降的年份，四国的罢工次数、人数以及天数都明显增多，表明社会保障水平与罢工之间的负向关系明显。

第5章

西方发达国家社会保障水平经济社会效应分阶段实证分析

本书第4章以英国、德国、法国和瑞典等四个代表性西方发达国家社会保障制度演变作为研究背景，客观描述了四国社会保障水平变化与经济增长、企业生产效率和劳动供给以及社会稳定相关变量的历史变化过程，初步发现社会保障水平变化会相应导致经济增长、企业生产效率和劳动供给以及社会稳定情况变化，并在不同时间段形成差异性经济社会效应。为了进一步研究社会保障水平与以上反映经济社会发展四个关键变量之间的关系，本章拟对社会保障水平与经济增长、企业生产效率和劳动供给以及社会稳定进行实证分析，以具体得出社会保障支出与上述四个变量之间的关系，并针对不同历史时期，分阶段讨论社会保障水平对四个变量的影响效应，以期探索出社会保障水平对经济社会发展效应的演变过程。

5.1 社会保障水平对经济增长效应的分阶段分析

学术界关于社会保障与经济增长的讨论由来已久，尽管已有研究已经识别出社会保障影响经济增长的两大渠道（物质资本积累和人力资本积累），但关于社会保障对经济增长的具体影响及影响因素，目前研究仍未形成统一结论，这促使学者们更多转向经验研究。一部分学者试图通过分析某一国家（地区）

较长时期内社会保障对储蓄的影响揭示原因。例如，Feldstein（1974）①通过分析美国1927～1971年（1941～1946年除外）的数据，认为养老金会挤出私人储蓄，因此可能会抑制国家投资和经济增长，也可能会导致个人提前退休。另一部分学者试图通过跨国分析寻找社会保障影响经济增长的一般规律。例如，Bellettini和Ceroni（2000）② 基于61个国家1970～1985年的数据和21个发达国家1960～1990年的数据，分析了社会保障支出与经济增长的关系，发现社会保障支出与经济增长显著正相关，这一统计关系在社会保障水平较低的贫穷国家更为显著，就传导路径而言，其研究认为社会保障通过促进人力资本积累进而促进经济增长。此外，成新轩和柳佳龙（2014）③从就业、储蓄与消费、经济增长三个方面分析了1990～2013年北欧国家社保制度改革的经济效应，认为改革有效降低了失业率，提高了国民储蓄率并增加了最终消费支出，成功实现了经济的稳定增长。贾俊雪、李紫霄和秦聪（2018）④ 对社会保障制度的经济影响进行拟自然实验分析，其研究表明，社会保障制度对经济增长具有显著的负效应，且负效应主要通过物质资本积累机制发挥作用。

综上所述，已有研究虽然较为深入地讨论了社会保障的经济效应，但对老龄化是否会改变社会保障对经济增长的影响，目前并未取得共识。此外，一国社会保障制度的建立、实施并非完全外生，而是在文化、制度、社会事件等作用下的自选择过程，可能会存在内生性，但内生性问题的妥善处理仍未达成共识，不同研究选择样本国家及时期的不同，也使结论的普适性和说服力面临挑战。从理论上讲，社会保障对经济增长的影响，在不同阶段、不同国家之间可能存在差异。因此，本节结合《联合国国民账户统计年鉴》和经合组织（OECD）数据库中的可得数据，基于《国际金融年鉴》统计的20个西方发达

① Feldstein, Martin. Social Security, Induced Retirement, and Aggregate Capital Accumulation [J]. Journal of Political Economy, 1974, 82 (5): 905-926.

② Bellettini G, Ceroni C B. Social Security Expenditure and Economic Growth: An Empirical Assessment [J]. Research in Economics, 2000, 54 (3): 249-275.

③ 成新轩，柳佳龙．北欧国家社会保障制度改革的经济效应研究［J］．社会保障研究，2014（6）：69-79.

④ 贾俊雪，李紫霄，秦聪．社会保障与经济增长：基于拟自然实验的分析［J］．中国工业经济，2018，368（11）：44-62.

国家①，考察1960～2018年社会保障制度对经济增长的影响。考虑到西方发达国家20世纪80年代开始不断加速的老龄化进程，以及20世纪90年代进行社会保障的再商品化改革，本节还将重点探讨社会保障制度对经济增长的影响是否发生变化。本节的结构如下：首先，介绍模型选择和数据概况；其次，考察1980～2018年社会保障与经济增长之间的关系；再次，分别对1960～1979年和1990～2018年数据进行异质性检验；最后，为小结部分，对本节的社会保障水平与经济增长的效应关系进行总结。

5.1.1 模型构建与变量选择

鉴于社会保障和经济增长的关系仍有一定争议，以及可能存在内生性的情况，本节通过面板向量自回归模型考察社会保障与经济增长的关系。面板向量自回归模型将所有变量均视为内生，无须事先设定变量间的因果关系，能够有效估计联合内生变量的动态关系。②

选取人均实际GDP增长率表示经济增长，社会保障支出占GDP的比重表示社会保障水平，65岁及老人占总人口的比重衡量老龄化水平。人均实际GDP增速以*Agdprate*表示，社会保障支出占GDP的比重以*Sse*表示，老龄化水平以*Old*表示。

在数据来源方面，为保障涉及时间跨度较长情况下对数据一致性和连贯性的要求，本书从《联合国国民账户统计年鉴》和数据库录入数据后，对数据口径做了严格比对。1960～2018年人均实际GDP增长率数据来自世界银行数据库，1970年之前的人均实际GDP增长率通过人均名义GDP增长率减去该国当年CPI指数估算。其中，人均名义GDP增长率根据联合国国民账户统计年鉴报告的名义GDP总额和人口数据，算出人均名义GDP后求其增长率得到，CPI指数来自OECD数据库。1960～1979年社会保障支出占比来自联合国国民账

① 限于部分国家数据大量缺失，有关既往文献较多选择属于OECD中典型的20个国家，这些国家数据缺失较少，有助于缓解数据缺失负面影响。20个国家分别是：澳大利亚、奥地利、比利时、加拿大、瑞士、德国、丹麦、西班牙、芬兰、法国、英国、希腊、爱尔兰、意大利、卢森堡、荷兰、挪威、葡萄牙、瑞典、美国。

② 考虑到被解释变量的动态滞后项与随机误差组成部分中的个体效应相关，可能造成估计的内生性，后面亦采用动态面板模型。

户统计年鉴，1980~2018年社会保障支出占比来自OECD数据库，两者对社会保障的定义和数据统计口径都具有高度的一致性①，同时，两种统计渠道对20个西方发达国家1980年社会保障水平统计差别几乎都在1%以内，数据统计具有很强的连贯性。老龄化数据来自OECD数据库，部分缺失值运用插值法补充。

描述性统计结果见表5－1。由该表可知，1960~1979年20个西方发达国家人均实际GDP增长率均值高于1980~2018年平均水平，而社会保障水平和老龄化率普遍低于1980~2018年水平。

表5－1　　描述性统计

变量符号	时间段	样本数	均值	标准差	最小值	最大值
Agdprate	1960~1979	390.00	4.10	3.54	－7.91	16.20
	1980~2018	780.00	1.69	2.45	－9.00	23.99
Old	1960~1979	390.00	11.32	2.06	7.30	16.09
	1980~2018	780.00	15.22	2.60	9.41	22.68

① 联合国国民账户统计年鉴中社会保障主要包括社会保障福利费、社会援助福利金以及政府补贴三个方面。社会保障福利费是向缴纳社会保障金的个人支付的款项。付款通常由特别基金支付，与个人从就业或社会保障金账户的缴款有关。例如，失业保险福利、老年、残疾和遗属抚恤金、家庭津贴、医疗和医院费用的报销。社会援助补助金由公共机关、私营非营利机构和企业及准法人企业向个人和家庭提供的补助金，如对遗孀、监护人和家庭津贴以及不属于社会保险计划内的一部分医疗费用和牙科费用支付；战争奖金、养老金和服务补助金；以及其他以社会公平为目的生活津贴，还包括公共当局对工业和私人非营利机构直接和个人向个人提供服务的付款，这些款项支付给个人或直接支付给服务提供者，包括转移给家庭和个人，特别是洪水、战争和类似灾害期间的财产损失。政府补贴是指由于政府宏观经济社会政策带来的物价上涨或间接性人民财产受损或生活水平下降提供的补贴。OECD数据库对社会保障支出的定义为：社会支出包括，社会支出，养老金支出，公共失业支出，家庭福利及公共开支，对家庭的社会福利、残疾人公共支出，劳动力市场公共支出。包括现金福利、直接实物提供商品和服务以及出于社会目的的税收减免。福利可针对低收入家庭、老年人、残疾人、病人、失业者或年轻人。要被视为“社会性”，方案必须涉及在家庭之间重新分配资源或强制参与。当一般政府（即中央、州和地方政府，包括社会保障基金）控制相关资金流动时，社会福利被归类为公共福利。一般政府不提供的所有社会福利都被视为私人福利。家庭之间的私人转移不被视为“社会性”，不包括在这里。社会总支出净额包括公共开支和私人开支。它还说明了税收制度的影响，通过直接和间接征税以及为社会目的的减税。这一指标以人均国内生产总值或美元的百分比来衡量。

此外，联合国国民账户统计年鉴1980年社会保障总体支出占GDP比重与OECD数据库比较：澳大利亚（9.41%，10.26%）、奥地利（24.74%，21.91%）、比利时（21.21%，23.08%）、加拿大（11.23%，13.31%）、瑞士（13.51%，12.74%）、德国（21.78%，21.79%）、丹麦（21.96%，20.26%）、西班牙（13.82%，14.98%）、芬兰（18.09，20.07%）、法国（21.08%，20.07%）、英国（14.56%，12.84）、希腊（11.74%，9.86%）、爱尔兰（16.66%，15.66%）、意大利（16.07%，17.38%）、卢森堡（21.8%，19.41%）、荷兰（25.76%，23.26%）、挪威（14.65%，16.12%）、葡萄牙（10.15%，9.51%）、瑞典（23.19%，24.84%）、美国（11.37%，12.84%）。

续表

变量符号	时间段	样本数	均值	标准差	最小值	最大值
Sse	1960～1979	390.00	12.05	5.15	1.97	25.30
	1980～2018	780.00	21.00	5.02	9.51	34.00

5.1.2 实证分析

(1) 平稳性检验。

通过 Stata 命令 xtunitroot 实现面板数据的单位根检验。考虑面板自回归模型：

$$y_{it} = \rho_i y_{i,t-1} + z_{it}'\gamma_i + \varepsilon_{it} \tag{5-1}$$

其中，i=1，…，n 表示国家，t=1，…，T_i 表示年份，ε_{it} 为扰动项，$z_{it}'\gamma_i$ 表示个体的固定效应。当在命令中加入选择项“trend”时，$z_{it}'\gamma_i$ 表示个体的固定效应和时间趋势；加入选择项“noconstant”时，不考虑常数项，即忽略 $z_{it}'\gamma_i$。

由于部分年份部分国家的数据缺失，数据是非平衡面板数据，不满足 LLC 检验和 HT 检验平衡面板的前提条件，因此采用适用性更强的 IPS、费雪方程式检验两种允许非平衡面板的方法检验平稳性。在两种方法中，IPS 检验放宽了所有个体自回归系数相等的假设，允许自回归系数不同；费雪方程式检验假定 T 趋于无穷时，n 有限或趋于无穷。检验结果见表 5-2。由该表可知，人均 GDP 增长率（*Agdprate*）IPS 检验法所得 P 值为 0.0000，费雪式检验的 P 值为 0.0000，因此在 1% 显著性水平上拒绝人均 GDP 增长率存在单位根的原假设，认为人均 GDP 增长率序列平稳；社会保障支出占比（*Sse*）IPS 检验的 P 值为 0.0031，费雪式平稳性检验获得的 P 值为 0.0000，因此在 1% 的显著性水平上拒绝存在面板单位根的原假设，接受社会保障支出占比平稳的备择假设；老龄化率（*Old*）的 IPS 检验所得 P 值为 0.0503，因此拒绝存在面板单位根的原假设，认为在 10% 的显著性水平上老龄化率平稳。

表 5-2　　平稳性检验结果

变量	滞后阶数	IPS 检验				费雪式检验			
		是否有 trend 项	是否有 demean 项	P 值	结论	是否有 drift 项	是否有 demean 项	P 值	结论
Agdprate	3	是	是	0.0000	平稳	是	是	0.0000	平稳
Sse	1	是	否	0.0031	平稳	是	是	0.0000	平稳
Old	1	是	是	0.0503	平稳	是	是	0.0000	平稳

(2) 确定滞后阶数。

在确定滞后阶数方面，首先以1~4阶滞后变量作为工具变量，根据MBIC(MMSC - Bayesian information criterion, MBIC)、MAIC (MMSC - Akaike information criterion, MAIC)、MQIC (MMSC - Hannan and Quinn information criterion, MQIC)三个信息量准则，选取使信息量准则值最小的阶数，最终选择滞后阶数为1阶（见表5-3）。

表5-3 滞后阶数的选择

Lag	CD	J	J pvalue	MBIC	MAIC	MQIC
1	0.9786	17.0577	0.1474	-60.8128*	-6.9424*	-27.8257*
2	0.9785	10.1329	0.2558	-41.7808	-5.8671	-19.7894
3	0.9793	3.4319	0.4883	-22.5250	-4.5681	-11.5293

注：*代表在1%水平上显著。

(3) 估计分析。

在估计之前，为消除固定效应方法带来的有偏估计问题，依据前向均值差分法（helmert转换）消除个体固定效应，以确保变换变量和滞后回归子间的正交性，采用去除组内均值法消除时间效应。以1阶滞后项为工具变量，利用GMM法估计PVAR模型，结果见表5-4。从回归结果可知，当以社会保障水平为响应变量时，滞后一期的社会保障水平对其有显著的正向影响，表明社会保障支出存在刚性，滞后期的人均GDP增长率对其有显著负向影响，表明人均GDP增长率的提高对降低社会保障支出有一定积极作用；滞后期的老龄化率对其产生显著正向影响，说明伴随老龄化率的提升，社会保障支出占比随之发生显著增加；当以人均GDP增长率为响应变量时，滞后一期人均GDP增长率对其有负向影响，但并不显著，滞后期的人均GDP增长率对其有显著正向影响，表明人均GDP增长率具有时滞效应，滞后期的老龄化率对人均GDP增长率有显著负向影响，表明较高的老龄化率将引发人均GDP增速的放缓。

表5-4 三变量PVAR模型GMM估计结果

	h_sse2	*h_agdprate2*
L. h_sse2	0.9223*** (25.13)	-1.1041*** (-1.98)
L. h_agdprate2	-0.1032*** (-4.06)	0.3952*** (5.37)

续表

	h_sse2	h_agdprate2
L. h_old2	0.0832*** (2.96)	-0.1642*** (-3.49)
adj. R^2	0.3722	0.3687

注：*** 代表在1%水平上显著。T值报告在括号内。

（4）稳定性分析。

面板VAR模型稳定的条件是所有特征多项式根的模的倒数小于1，即都在单位圆内。由图5-1可知，模型中所有根的模的倒数均小于1，因此认为模型稳定。

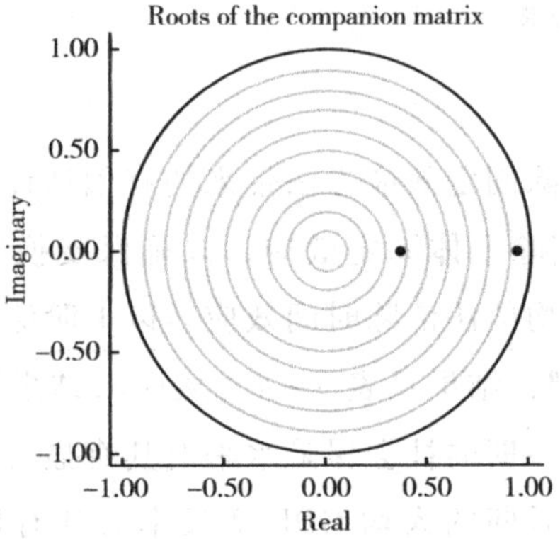

图5-1　稳定性检验结果

（5）脉冲响应分析。

两变量PVAR模型反映了变量间的直接关系，根据脉冲响应方法进一步考察各变量对系统内其他变量冲击的反应。依据蒙卡特罗随机模拟方法，设置模拟次数为200次，结果如图5-2所示。

由图5-2可知，人均GDP增长率冲击对人均GDP增长率的影响显著为正，但影响程度随着时间快速衰减，表明经济增长率的短暂上升仅对短期经济增长率施以正向影响，对长期经济增长率的影响微乎其微；人均GDP增长率冲击对社会保障支出占比的影响为负，意味着经济增长率的提高有助于减少社会保障支出，其影响呈先增强后减弱的趋势，在第二期达到最大值后快速衰

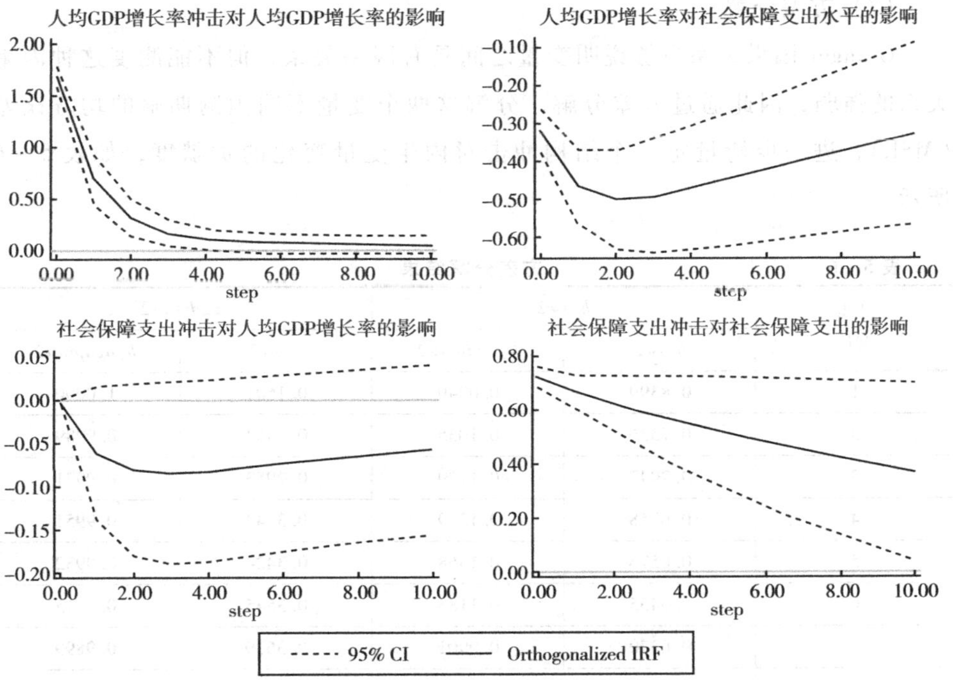

图5-2 社会保障老龄化与经济增长脉冲响应函数（1980~2018年）

减；社会保障支出增加对人均GDP增长率的影响为负，但负向影响在第二期达到最大值后持续衰减；社会保障支出冲击对社会保障支出自身的影响显著为正，但影响程度不断减弱，表明某一期社会保障水平的增加仅在短期内对社会保障支出产生正向影响，长期影响较微弱。

（6）格兰杰因果检验。

表5-5汇报了格兰杰因果检验的结果。由此可知，接受社会保障支出占比不是人均GDP增长率的Granger原因的原假设。但在1%的显著性水平上，拒绝人均GDP增长率不是社会保障支出占比的Granger原因的原假设，接受人均GDP增长率是社会保障支出占比的Granger原因的备择假设。

表5-5 格兰杰检验结果

原假设	P值
h_sse2 不是 *h_ agdprate2* 的格兰杰原因	0.117
h_ agdprate2 不是 *h_sse2* 的格兰杰原因	0.000

（7）方差分解。

Granger 因果关系只够说明变量之间具有因果关系，但不能测度这种因果关系的强弱，因此通过方差分解，分解这两个变量不同预测期限的均方误差（MSE），进一步衡量每一个结构冲击对内生变量变化的贡献度，如表 5-6 所示。

表 5-6　　方差分解结果

冲击 响应	h_sse2		agdprate2	
	h_sse2	h_agdprate2	h_sse2	h_agdprate2
1	0.8399	0.0940	0.1601	1.0000
2	0.7536	0.1035	0.2464	0.9989
3	0.7047	0.1129	0.2953	0.9971
4	0.6758	0.1349	0.3242	0.9951
5	0.6576	0.1368	0.3424	0.9932
6	0.6455	0.1185	0.3545	0.9915
7	0.6370	0.0901	0.3630	0.9899
8	0.6308	0.0814	0.3692	0.9886
9	0.6262	0.0806	0.3738	0.9874
10	0.6226	0.0806	0.3774	0.9864

结果显示：①相比人均 GDP 增长，社会保障水平对自身变化的贡献度最高，但贡献度随时间递减。这说明某一期社会保障支出多少受到前期社会保障水平的影响，但前期社会保障的影响会随时间逐渐减弱。人均 GDP 增长对社会保障水平的贡献度随时间推移不断加大，但总体处于较低水平，第 10 期贡献度为 0.3774。②社会保障水平对人均 GDP 增长率的影响程度随时间推移先增后减，说明社会保障支出的增加会对后期人均 GDP 增长产生影响。人均 GDP 增长率对其自身的贡献度较高，前 10 期贡献度均在 98% 以上，但随时间推移贡献度持续下降。

5.1.3　异质性检验

已有研究普遍认为，20 世纪 60 年代至 70 年代初，西方主要发达国家的社会保障处于兴旺期，但 70 年代中后期和 80 年代初社会保障水平不再适度，形成了对经济发展的消极制约。① 为此，多数国家在 20 世纪 90 年代对社会保障制度进行“再商品化”改革，以提高政府福利和市场之间的结合程度，② 缓解社会保障对经济发展的负向影响。因此，研究单独考察 1960～1979 年、1980～2018 年社会保障与经济增长之间的关系，并将估计结果与 1980～2018 年结果比较。继续以滞后一期老龄化水平为外生变量，估计结果见表 5－7。

表 5－7　三变量 PVAR 模型 GMM 估计结果

变量	1960～1979 年		1980～2018 年		1990～2018 年	
	h_sse2	*h_agdprate2*	*h_sse2*	*h_agdprate2*	*h_sse2*	*h_agdprate2*
L. h_sse2	0.8869*** (10.04)	－0.0169 (－0.09)	0.9223*** (25.13)	－0.0841 (－1.57)	0.9171*** (34.69)	－0.1001 (－1.19)
L. h_agdprate2	－0.0340*** (－1.74)	0.2112*** (3.00)	－0.1032*** (－4.06)	0.3952*** (5.37)	－0.1262*** (－4.38)	0.4216*** (4.27)
L. h_old2	0.0444* (1.83)	－0.0997* (－1.68)	0.0632*** (2.67)	－0.1642*** (2.89)	0.0831*** (2.98)	－0.2451*** (3.22)
adj. R^2	0.4920	0.5433	0.3828	0.4827	0.5031	0.6303

注：***、* 分别代表在 1% 和 10% 水平上显著。T 值报告在括号内。

结果表明：

第一，20 世纪 80 年代之前，滞后一期社会保障支出对社会保障的影响系数为 0.8869，略小于 1980～2018 年模型估计的 0.9223，表明 20 世纪 80 年代之前社会保障支出刚性相较后一时期略低。但社会保障“再商品化”改革之前和“再商品化”改革之后，滞后一期社会保障支出对社会保障支出的影响系数几乎没有变化，表明“再商品化”改革对缓解社会保障支出刚性近乎没有实质影响。

第二，分阶段模型的估计结果都显示，人均 GDP 增长率对社会保障支出

① 穆怀中．社会保障适度水平研究［J］．经济研究，1997（2）：56－63．

② 郑秉文．OECD 国家社会保障制度改革及其比较［J］．经济社会体制比较，2004（5）：111－123．

的影响系数多数显著为负，表明以人均 GDP 增长率为表征的经济增长率的提高，对降低社会保障水平有显著的积极作用。分阶段看，20 世纪 80 年代之前，滞后一期人均 GDP 增长率对社会保障的影响系数为 -0.0340，其绝对值显著大于 1980~2018 年模型估计的 -0.1032，即 80 年代之前经济增长对降低社会保障支出的影响不及 80 年代后明显。出现这一情况的原因在于 80 年代之前是欧洲社会保障制度的快速发展时期，社会保障支出占比处于上升阶段。90 年代社会保障“再商品化”改革后，滞后一期人均 GDP 增长率对社会保障支出占比影响系数的绝对值略有上升，表明社会保障“再商品化”改革后经济增长对降低社会保障支出占比的作用略有增强，换言之，社会保障的“再商品化”改革的确降低了社会保障支出的扩张速度，但影响相对有限。

第三，在本模型中，滞后一期老龄化率对社会保障支出占比的影响系数于各阶段分别在 10% 和 1% 的水平上显著为正，且估计系数逐渐变大，表明从 20 世纪 60 年代开始，老龄化率的提升显著抬高了社会保障支出占比，且这一现象在 80 年代后，尤其是 90 年代之后更加明显。

第四，滞后一期社会保障水平对人均 GDP 增长率的影响系数为负，即西方发达国家社会保障对经济增长产生了负面影响。分阶段看，20 世纪 80 年代之前，社会保障水平的提高对人均 GDP 增长的负面影响比较微弱，但随着老龄化率的上升，社会保障支出对人均 GDP 增长的负面影响有所加剧。

第五，滞后一期人均 GDP 增长率对人均 GDP 增长率有显著的负向影响。老龄化对经济增长的影响在 20 世纪 90 年代前估计系数相对较小，但 90 年代后影响系数显著为负，且系数的绝对值更大，原因主要是随着老龄化率上升，老龄化对经济增长的负面影响越来越明显。

1960~1979 年、1990~2018 年社会保障和人均 GDP 的脉冲响应结果分别见图 5-3 和图 5-4。与图 5-2 相比，社会保障和人均 GDP 的脉冲响应结果并未发生方向性的变化。但也须注意到，20 世纪 80 年代之前社会保障支出冲击对经济增长的影响为负，但不显著，这与 80 年代之前大部分西方发达国家经济运行总体上处于经济高速增长期有关。

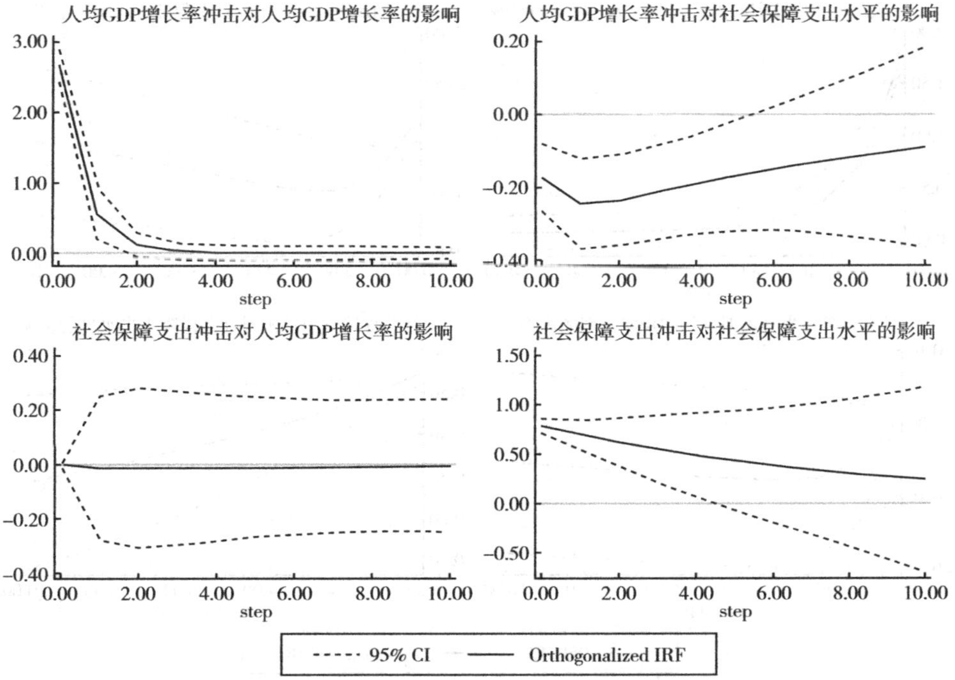

图 5-3 社会保障与人均 GDP 脉冲响应函数（1960~1979 年）

5.1.4 研究总结

基于 20 个西方发达国家的实证分析表明，人均 GDP 增长率的提高对降低社会保障水平有显著的积极作用，这一积极作用在社会保障的“再商品化”改革后愈发明显，这表明“再商品化”改革的确遏制了社会保障支出的扩张速度，但从影响系数看，遏制力度相对有限。此外，实证分析还表明，社会保障水平对人均 GDP 增长率的影响为负。具体而言，在 20 世纪 80 年代之前，社会保障支出对人均 GDP 增长率仅有微弱的负向影响，总体表现为适度，但受老龄化水平上升，以及西方发达国家国家社会保障制度改革不彻底拖累，社会保障对经济增长的影响在 80 年代后不再“适度”，提高社会保障水平对经济增长的负面影响逐渐显现；90 年代，西方发达国家社会保障的“再商品化”改革虽然取得了一定成效，但并未从根本上扭转这一局面。此外，模型结果还

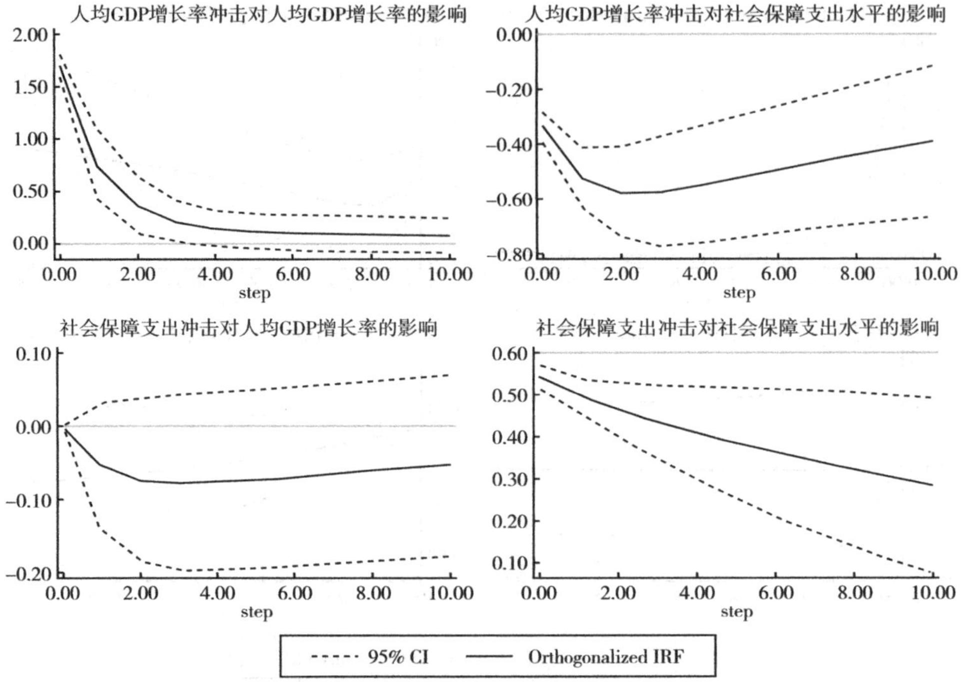

图 5-4　社会保障与人均 GDP 脉冲响应函数（1990～2018 年）

表明，相较滞后一期的社会保障支出和人均 GDP 增长率，老龄化对社会保障支出的影响总体较明显，且 20 世纪 80 年代后，特别是 90 年代以来，老龄化在提高社会保障水平方面起到的作用更加明显。

5.2　社会保障水平对劳动供给效应的分阶段实证分析

2008 年金融危机以来，随着欧洲主权债务危机不断发酵，欧洲社会保障制度再次引起各界广泛关注。多数研究认为，欧洲普遍存在福利病的问题①，不仅没有通过社会保障支出降低失业率、提高劳动参与率与劳动生产率促进劳动供给，反而成为福利国家财政赤字和政府债务日益积累的重要影

① 陈晓律．欧洲社会保障的历史与现状［J］．经济社会史评论，2015（1）：72－85，124．

响因素。①

国内外对社会保障的劳动供给效应虽有较多研究，但并未达成共识。国外学者大多认为社会保障会导致失业率上升，然而对具体传导路径的理解莫衷一是。部分观点认为提高社会保障水平会放松劳动者的预算约束，降低劳动和储蓄动机，进而挤出劳动供给。也有观点认为老龄化会提高社会保障水平，社会保障又从养老保险和失业保险两个角度推动工资水平的上升，最终导致失业率的上升。② 反对者认为，老龄化虽然提高了社会保障水平，但由于社会保障意味着劳动者未来的福利，反而会提高劳动供给。此外，还有部分学者从养老、医疗、失业等单个方面出发，考察社会保障的劳动供给效应，但也未得出统一结论。③

综上所述，研究普遍认同人口老龄化对社会保障的提升作用，但社会保障对劳动供给的影响，现有研究仍有深入空间。本书认为上述研究存在一定缺憾，一是主流观点普遍静态、片面地认为社会保障会提高用工成本，但这一论断能否成立还要考虑劳动力的供给弹性和需求弹性大小。如果劳动力的供给弹性大于需求弹性，那么社会保障负担更多由劳动者承担，对企业用工需求的影响有限但也会影响到劳动供给，反之，通过影响企业用工需求进而传导到劳动供给。二是没有动态分析社会保障改革的影响。部分学者认为，西方发达国家向劳动力市场灵活保障的模式的转变实现了劳动力市场效率与公平的统一，创造了就业奇迹。④

上述问题的关键在于社会保障究竟对劳动供给产生了何种影响。基于此，本节首先通过构建社会保障支出占比、老龄化率、失业率三者的面板 VAR 模型，考察三者间关系及影响机制；其次，增加生育率等指标进行四个变量的面板 VAR 分析；再次，考察样本国家 1960 ~ 1979 年、1980 ~ 2018 年两个阶段社会保障水平与失业率的关系；最后，以劳动参与率、劳动生产率分别代替失业

---

① 张士斌，何秋仙．欧洲福利国家扩张与公共财政赤字的关联性探讨［J］．浙江社会科学，2012（9）：74－82，157.

② Bräuninger M. Social Security，Unemployment and Growth［J］．International Tax & Public Finance，2005，12（4）：423－434.

③ 相关文献在本书文献综述部分已有详细提及，此处不再赘述。

④ 于艳芳．欧盟劳动力市场灵活保障模式概况及对我国的启示［N］．中国劳动保障报，2015－08－12（003）.

率衡量劳动供给，检验结果的稳健性。

5.2.1 模型构建与变量选择

鉴于 OCED 等数据库中各国就业人数缺失值较多，故以失业率衡量劳动供给，利用 20 个西方发达国家 1960～2018 年的可获得数据，考察社会保障和劳动供给的关系。选取社会保障支出占 GDP 的比重衡量社会保障水平，考虑老龄化对社会保障支出的影响，选取 65 岁及以上人口占总人口的比重衡量老龄化水平。其中，社会保障支出占 GDP 的比重以 *Sse* 表示，老龄化水平以 *Old* 表示，失业率以 *Un* 表示。1960～1979 年社会保障支出占比来自《联合国国民账户统计年鉴》，1980～2018 年社保支出占比来自 OCED 数据库，两者统计口径只有微小差异。老龄化数据全部来自 OECD 数据库。1960～1980 年失业率数据根据《国际劳工组织年鉴》和 OECD 数据库整理得到，1980 年之后的所有失业率数据均来自 OECD 数据库，部分缺失值运用插值法补充。

描述性统计结果见表 5-8，由表可知，在 20 世纪 80 年代前，OECD 国家失业率、老龄化率、社会保障支出占比均处于较低水平，20 个西方发达国家失业率的均值为 3.31%，老龄化率的均值为 11.32%，社会保障支出占比的均值为 12.05%。80 年代后，失业率、老龄化率、社会保障水平均有不同程度上升，失业率的波动较前一时期显著增大。

表 5-8　描述性统计结果

变量符号	时间段	样本数	均值	标准差	最小值	最大值
Un	1960～1979	390.00	3.37	2.47	0.01	12.30
	1980～2018	780.00	7.91	4.04	0.20	27.49
Old	1960～1979	390.00	11.32	2.06	7.30	16.09
	1980～2018	780.00	15.22	2.60	9.41	22.68
Sse	1960～1979	390.00	12.05	5.15	1.97	25.30
	1980～2018	780.00	21.00	5.02	9.51	34.18

5.2.2 实证分析

限于篇幅，本节重点考察1960~2018年样本国家社会保障水平与劳动供给的关系，在异质性检验时考察1980年前后社会保障保障与劳动供给的关系，并作比较。

（1）平稳性检验。

通过Stata命令xtunitroot实现面板数据的单位根检验。考虑面板自回归模型：

$$y_{it}=\rho_i y_{i,t-1}+z_{it}'\gamma_i+\varepsilon_{it} \tag{5-2}$$

其中，i=1，…，n表示横截面单位，t=1，…，T_i表示时间，ε_{it}为扰动项，$z_{it}'\gamma_i$表示个体的固定效应。当在命令中加入选择项“trend”时，$z_{it}'\gamma_i$表示个体的固定效应和时间趋势；加入选择项“noconstant”时，表示不考虑常数项，即忽略$z_{it}'\gamma_i$。

通过Stata命令xtunitroot实现面板数据的单位根检验。由于数据是非平衡面板数据，不满足LLC检验和HT检验平衡面板的前提条件，因而采用IPS检验法和费雪式检验法。IPS检验放宽了所有个体自回归系数相等的假设，允许扰动项存在异方差。费雪式检验思路与IPS检验类似，即分别对每个个体检验，再将信息综合起来。检验所得结果见表5-9。由表5-9可知，IPS检验的结果表明，当滞后阶数为1阶时，失业率和社会保障支出占比在1%水平上显著平稳，老龄化率在10%水平上显著平稳。费雪检验的结果表明，三个变量均在1%水平上平稳。综上所述，认为三个变量均是平稳的。

表5-9 平稳性检验结果

变量	滞后阶数	IPS检验				费雪式检验			
		是否有trend项	是否有demean项	P值	结论	是否有drift项	是否有demean项	P值	结论
Un	1	否	是	0.0001	平稳	是	是	0.0000	平稳
Sse	1	是	否	0.0027	平稳	是	是	0.0000	平稳
Old	1	是	是	0.0503	平稳	是	是	0.0000	平稳

（2）确定滞后阶数。

选取最大滞后阶数为3，以1~4阶滞后项为工具变量，确定滞后阶数。

根据 MBIC（MMSC - Bayesian information criterion，MBIC）、MAIC（MMSC - Akaike information criterion，MAIC）、MQIC（MMSC - Hannan and Quinn information criterion，MQIC）三个信息量准则，选取使信息量准则值最小的阶数，确定滞后阶数为 1 阶（见表 5 - 10）。

表 5 - 10　　滞后阶数选择

阶数	CD	J	Jpvalue	MBIC	MAIC	MQIC
1	0.999993	184.4916	0.0000	14.1238	-8.4916*	-41.0170*
2	0.999999	28.8438	0.0503	-84.7347*	-7.1562*	-37.4726*
3	0.999999	13.5491	0.1393	-43.2402	-4.4510	-19.6092

注：* 代表在 1% 的水平上显著。

（3）估计分析。

为消除固定效应方法带来的有偏估计问题，在估计之前，依据前向均值差分法（Helmert 转换）消除个体固定效应，以确保变换变量和滞后回归子间的正交性，采用去除组内均值法消除时间效应。利用 GMM 法估计 PVAR 模型，选择 1 阶滞后项为工具变量，得到表 5 - 11。

表 5 - 11　　三变量 PVAR 模型 GMM 估计结果

	(1)	(2)	(3)
	h_sse2	*h_old2*	*h_un2*
L. h_sse2	0.9929*** (28.86)	-0.0099*** (-4.64)	0.0832** (3.17)
L. h_old2	0.0660*** (2.88)	0.9945*** (144.93)	-0.1294** (-2.40)
L. h_un2	-0.0807*** (-3.67)	0.0093** (3.83)	0.9262*** (28.54)
adj. R^2	0.5042	0.5711	0.5483

注：***、** 分别代表在 1% 和 5% 水平上显著。T 值报告在括号内。

结果显示，当以社会保障支出占比为因变量时，滞后一期的社会保障支出对社会保障支出有显著正向影响，印证了社会保障支出存在刚性。滞后一期老龄化率对社会保障支出的影响为正且显著，表明老龄化是推高社会保障水平的重要因素；滞后一期失业率对社会保障支出的作用显著为负，且系数的绝对值高于滞后一期老龄化率对社会保障支出的影响系数，表明相较老龄化，失业率是更能促使社会保障支出增加的重要因素；此外，滞后一期社会保障支出占比对老龄化率有显著且正向的影响，表明随着社会保障支出占比的不断增加，使老龄化率不断攀升。滞后一期老龄化率对老龄化率的影响系数接近0.99，且在1%水平上显著，表明老龄化更多的是生老病死的自然规律作用的结果。而滞后期失业率亦在5%的水平上对老龄化率产生积极影响。以上表明，滞后期社会保障支出占比与滞后期失业率会在一定程度上影响老龄化率；当以失业率为因变量时，滞后一期社会保障支出对失业率的影响显著为正，表明样本国家滞后一期社会保障水平的上升反而推高了失业率，这与国外认为社会保障支出导致失业率上升的主流观点①②相符，老龄化对失业率有显著的负向影响，原因可能在于上述样本国家通过延长退休年龄应对老龄化带来的冲击。

（4）稳定性检验。

通过特征值的向量检验面板VAR估计的稳定性。Lutkepohl（2005）和Hamilton（1994）的研究都表明，如果所有的伴随矩阵的向量都严格小于1，则PVAR模型是稳定的。结果显示，所有特征值都在单位圆内，模型具有较好的稳定性（见图5－5）。

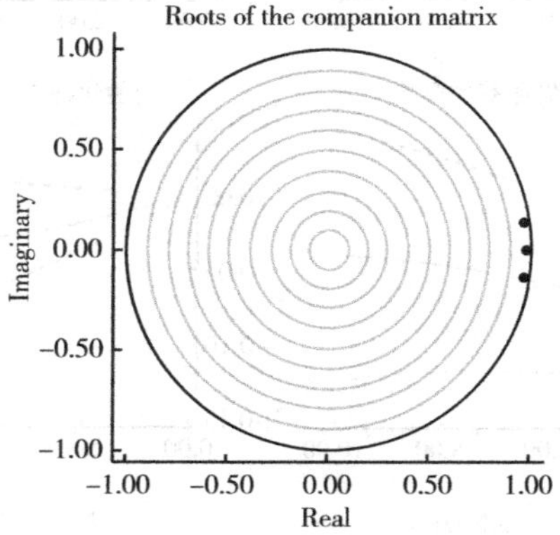

图5－5 稳定性检验结果

① Bräuninger M. Social Security, Unemployment and Growth [J]. International Tax & Public Finance, 2005, 12 (4): 423－434.

② Iturbe－ormaetxe I. Salience of Social Security Contributions and Employment [J]. International Tax & Public Finance, 2015, 22 (5): 741－759.

（5）脉冲响应分析。

上述结果反映了变量间的直接关系，根据脉冲响应方法进一步考察各变量对系统内其他变量冲击的反应。依据蒙卡特罗随机模拟方法，设置模拟次数为200次，得到图5-6。结果显示，社会保障支出增加对失业率会形成正向冲击，且影响呈现先快速增加后逐渐趋缓的特征，这在一定程度上也证实了西方发达国家高水平的社会保障支出的确产生了“社会保障的道德风险”。换言之，社会保障不仅没有抑制失业率，反而对失业形成了某种“促进效应”；失业率冲击对社会保障水平有负向影响，其原因可能是随着社会保障水平的上升，失业保障为失业者提供了比较完善的失业保障服务，其所得福利甚至超过从业者，造成“自愿失业”，极大地降低了劳动者的劳动积极性，从而促使政

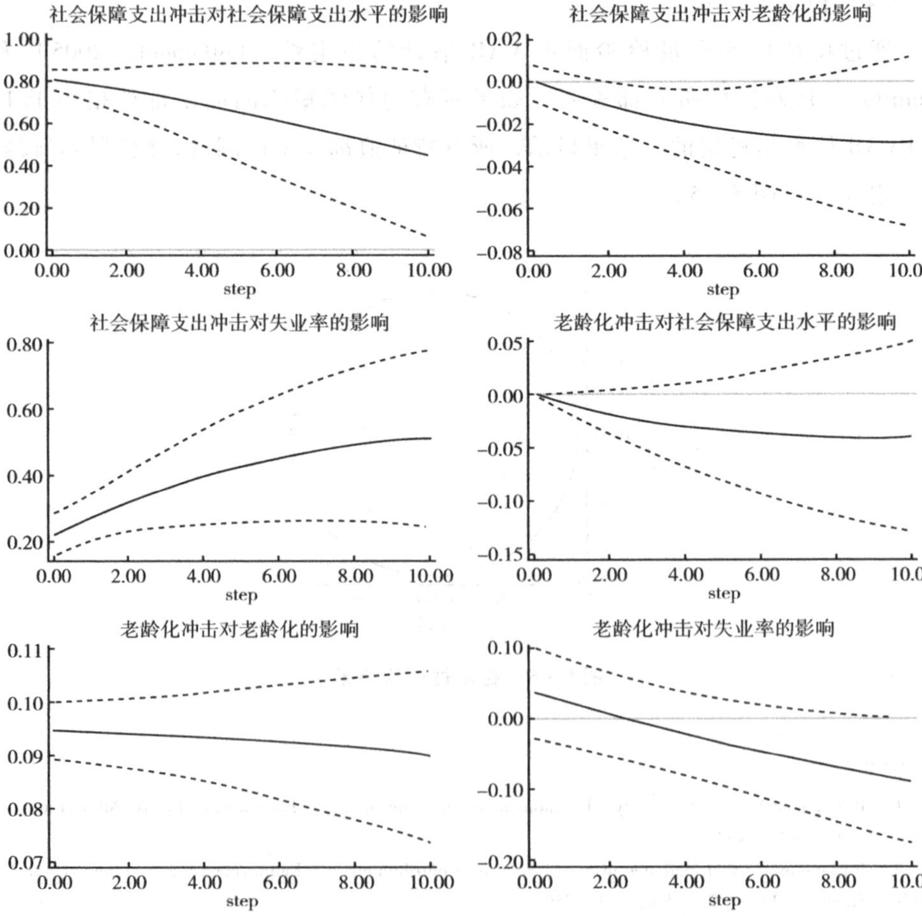

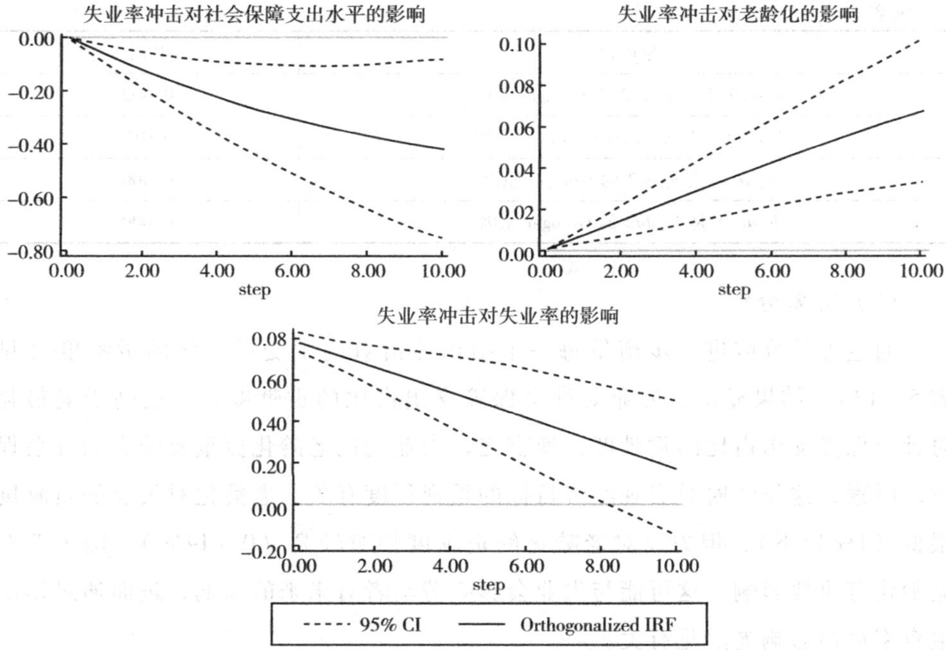

图5-6 社会保障水平、老龄化率、失业率的脉冲响应函数

府降低失业保障支出，降低社会保障水平，这与20世纪90年代社会保障“再商品化”改革的历史背景相契合。

（6）格兰杰因果检验。

表5-12汇报了格兰杰因果检验的结果。由此可知：①失业率和社会保障支出占比互为因果。具体而言，在1%水平上显著既拒绝了失业率不是社会保障支出的格兰杰原因的原假设，也拒绝了社会保障支出不是失业率的格兰杰原因的原假设。②拒绝失业率不是老龄化的格兰杰原因的原假设，同时拒绝老龄化不是失业率变化的格兰杰原因的原假设，即认为失业率和老龄化互为因果。③拒绝老龄化不是社会保障支出的格兰杰原因的原假设，但接受社会保障支出不是老龄化的格兰杰原因，即老龄化是提升社会保障支出的主要原因。

表5-12 格兰杰因果检验结果

原假设	P值
h_sse2 不是 *h_un2* 的 Granger 原因	0.002
h_sse2 不是 *h_old2* 的 Granger 原因	0.207

续表

原假设	P 值
h_old2 不是 h_sse2 的 Granger 原因	0.000
h_old2 不是 h_un2 的 Granger 原因	0.017
h_un 不是 h_sse2 的 Granger 原因	0.000
h_un 不是 h_old2 的 Granger 原因	0.000

（7）方差分解。

通过方差分解进一步衡量每一个结构冲击对内生变量变化的贡献度（见表 5－13）。结果显示，失业对社会保障支出占比的贡献度，要远高于老龄化对社会保障支出占比的贡献度，换言之，失业是比老龄化更重要的影响社会保障的因素，这与政府对宏观经济目标的重视程度有关；老龄化对失业的贡献度很低（1%以下），但失业对老龄化的贡献度相对较高（0～14%），即失业对老龄化有重要影响。这可能与失业会影响劳动者对未来的预期，进而通过影响生育率最终影响老龄化有关。

表 5－13　方差分解结果

冲击 响应	h_old2			h_sse2			h_un2		
	h_sse2	h_old2	h_un2	h_sse2	h_old2	h_un2	h_sse2	h_old2	h_un2
1	0.0000	0.9999	0.0020	1.0000	0.0001	0.0754	0.0000	0.0000	0.9225
2	0.0001	0.9947	0.0014	0.9968	0.0024	0.0993	0.0031	0.0029	0.8993
3	0.0002	0.9837	0.0010	0.9897	0.0067	0.1262	0.0100	0.0096	0.8727
4	0.0004	0.9680	0.0008	0.9792	0.0120	0.1559	0.0204	0.0200	0.8433
5	0.0006	0.9485	0.0009	0.9657	0.0179	0.1877	0.0337	0.0336	0.8114
6	0.0008	0.9261	0.0011	0.9497	0.0238	0.2212	0.0495	0.0501	0.7777
7	0.0011	0.9019	0.0016	0.9315	0.0293	0.2556	0.0674	0.0688	0.7428
8	0.0013	0.8764	0.0023	0.9118	0.0342	0.2904	0.0869	0.0894	0.7073
9	0.0015	0.8504	0.0033	0.8909	0.0383	0.3248	0.1076	0.1113	0.6719
10	0.0017	0.8244	0.0044	0.8691	0.0415	0.3583	0.1291	0.1341	0.6373

四变量 PVAR 模型结果。在上述模型的基础上分别增加经济增长、政府债务、生育率进行四变量面板 VAR 分析。结果表明，社会保障水平、失业率、老龄化水平三者间的关系基本没有变化；滞后一期社会保障水平上升会显著拉

低人均 GDP 增长率；滞后一期人均 GDP 增长率的上升对降低失业率有积极作用；滞后一期老龄化程度上升，或者失业率的上升都会显著加重政府债务负担；滞后一期失业率的提高对生育率有显著的负向影响，滞后一期社会保障支出虽然对提振生育率有积极作用，但影响并不显著。

总体而言，滞后一期社会保障支出增加会加剧失业，增加政府的债务负担，失业率升高在拉低生育率的同时也会拉低经济增长速度。提高社会保障水平反而会加剧失业，其重要原因可能在于社会保障制度的“道德风险”，即过度的保障削弱了公众的劳动积极性，抑制了劳动供给。基于此，考虑到大多 OECD 国家在 20 世纪 90 年代对社会保障制度进行“再商品化”改革，以强化社会保障对劳动供给的促进作用，因而研究单独考察“再商品化”改革后社会保障水平的劳动供给效应。

5.2.3 异质性检验

基于 1990~2018 年数据建立模型。三变量的面板 VAR 的结果显示，社会保障的“再商品化”改革并未从根本上扭转社会去保障的“道德风险”，滞后一期社会保障水平对失业率仍有显著的正向影响（见表 5-14）。

表 5-14　三变量 PVAR 模型 GMM 估计结果（1990~2018 年）

变量	(1)	(2)	(3)
	h_sse2	*h_old2*	*h_un2*
L. h_sse2	0.9729*** (31.38)	-0.0151*** (-5.99)	0.1194*** (3.75)
L. h_old2	0.0421** (2.35)	0.9795*** (105.43)	-0.2324*** (-3.63)
L. h_un2	-0.0601*** (-3.23)	0.0118*** (4.43)	0.9110*** (24.53)
adj. R^2	0.4712	0.3280	0.3854

注：***、** 分别代表在 1% 和 5% 水平上显著。T 值报告在括号内。

稳健性检验。以劳动参与率（15 岁以上人口），劳动生产率代替失业率，再次考察社会保障水平、劳动供给、老龄化之间的关系。三变量面板 VAR 模型的结果表明，滞后一期的社会保障支出增加会显著降低15岁以上人口的劳动参与率，劳动参与率的上升也会显著降低社会保障水平。四变量面板VAR模型表明，社会保障水平的上升会降低人均GDP增长率，但劳动参与率的上升会提高经济增长率；滞后一期社会保障水平的上升会减少政府赤字，但会导致政府债务水平上升；劳动参与率的提高能够降低财政赤字，也能减轻政府债务负担；滞后一期社会保障水平的上升会降低生育率，劳动参与率的上升会增加失业率，但两者均不显著。最后，研究还对1960～1980年三变量的VAR模型做了分析。结果表明，在20世纪80年代之前，增加社会保障支出对失业率虽然也存在一定的正影响，但影响程度相对较弱，且不显著，这从侧面说明20世纪80年代之前社会保障水平相对处于适度状态（见表5-15）。

表5-15　　三变量PVAR模型GMM估计结果（1960～1980年）

变量	(1)	(2)	(3)
	h_sse2	*h_old2*	*h_un2*
L. h_sse2	0.8424*** (7.95)	-0.0071*** (-3.07)	0.0206 (0.49)
L. h_old2	0.1888* (1.83)	1.0011*** (10.43)	0.2860*** (2.99)
L. h_un2	-0.0292*** (-3.28)	-0.0004* (-1.71)	1.0100*** (11.83)
adj. R^2	0.4107	0.3609	0.3844

注：***、*分别代表在1%和10%水平上显著。T值报告在括号内。

5.2.4　研究小结

基于西方发达国家的研究表明，西方发达国家社会保障并未达到促进劳动供给的作用，社会保障水平的上升反而推高了失业率。分阶段看，20世纪80年代之前，社会保障对劳动供给的负作用相对不明显，滞后一期社会保障水平对失业率的影响系数约为0.02，且不显著。20世纪80年代后，随着西方发达国家福利水平的不断提升，在造成严峻的社会保障支出压力的同时，较高的福利水平也造成了“自愿失业”的现象，极大地降低了劳动者积极性。模型结果还表明，西方发达国家“再商品化”的改革并未扭转这一趋势，老龄化和失业率都是影响社会保障水平刚性增加的重要因素。

5.3 社会保障水平对企业生产效率的分阶段实证分析

关于社会保障水平与企业生产效率之间关系的研究，国内外文献均较为匮乏。从国内看，部分学者认为社会保障会加重企业负担，导致企业生产效率下降。例如，李珍和王向红（1999）① 认为在其他因素一定的情况下，企业社会保障负担过高会提高企业的用工成本，导致企业产品价格上涨，降低企业利润，不利于企业再生产。但也有学者认为，社会保障并非必然会降低企业生产效率。程欣和邓大松等（2019）②、邓悦和王泽宇等（2018）③ 分别运用“中国企业—劳动力匹配调查”（CEES）数据，实证分析了社保投入对于企业创新和全要素生产率的影响效应和影响机制，其结果表明，社保投入对企业创新和全要素生产率都有积极作用，因此企业应该理性对待社保负担。国外文献主要从就业保护的角度分析社会保障对企业生产的影响。David 和 William（2007）④ 认为强制性的就业保护可能会扭曲生产选择，从而会降低生产率。综上所述，社会保障与企业生产效率的关系仍然未明确，本书基于企业生产效率的视角，建立面板 VAR 模型考察社会保障与企业生产积极性之间的关系。

5.3.1 模型构建与变量选择

一般而言，当企业生产效率较高时，劳动者往往会在单位时间内生产更多

---

① 李珍，王向红．减轻企业社会保险负担与提高企业竞争力［J］．经济评论，1999（5）：56－60．

② 程欣，邓大松，叶丹．更高的社保投入有利于企业创新吗——基于“中国企业—劳动力匹配调查”（CEES）的实证研究［J］．社会保障研究，2019（5）：101－111．

③ 邓悦，王泽宇，宁璐．企业社保投入提升了全要素生产率吗——来自中国的新证据［J］．江西财经大学学报，2018（6）：61－71．

④ David H. Autor，William R. Kerr，Adriana D. Kugler. Does Employment Protection Reduce Productivity? Evidence from US States *［J］．The Economic Journal，2007，117（521）．

产品和服务，表现为国民经济中企业的生产成果与相应的劳动消耗之间的比率提升。基于此，选择“国民经济劳动生产率指数”① 衡量企业生产效率。此外，选取社会保障支出占 GDP 的比重表示社会保障水平，选取 65 岁及以上老人占总人口的比重衡量老龄化水平，并考虑经济增速波动、税收负担的影响。企业生产效率标识为 *Efficiency*，社会保障支出占比依旧标识为 *Sse*，老龄人口占比标识为 *Old*，人均 GDP 增速标识为 *Agdprate*，企业税负以对公司净利润的征税占 GDP 的比重衡量，变量标识为 *Taxgdp*。相关数据均来自 OECD 数据库，包括 20 个国家 1960～2018 年的可获得数据，部分缺失值采用插值法补充。建立面板 VAR 模型讨论社会保障、老龄化与企业生产效率之间的关系：

$$y_{it} = \rho_i y_{i,t-1} + z_{it}'\gamma_i + \varepsilon_{it} \tag{5-3}$$

其中，$i=1, \cdots, n$ 表示横截面单位，$t=1, \cdots, T_i$ 表示时间，ε_{it} 为扰动项，$z_{it}'\gamma_i$ 表示个体的固定效应。当在命令中加入选择项“trend”时，$z_{it}'\gamma_i$ 表示个体的固定效应和时间趋势；加入选择项“noconstant”时，表示不考虑常数项，即忽略 $z_{it}'\gamma_i$。

描述性统计结果如表 5－16 所示。由此表可知，1960～2018 年，西方发达国家企业生产效率均值为 0.737%，标准差为 0.201。社会保障水平存在较大波动，标准差为 5.02，最大值和最小值相差约 24%。老龄化程度普遍较高，老龄化率均值为 14.59%。此外，西方发达国家的企业税负普遍较低，对公司净利润的征税占 GDP 的比重均值为 2.73%，最低为 1.13%，最高为 6.67%。

表 5－16　描述性统计

变量符号	样本数	均值	标准差	最小值	最大值
Efficiency	1170.00	0.737	0.201	0.250	1.149
Sse	1170.00	21.00	5.02	9.51	34.18
Old	1170.00	14.59	2.79	7.89	22.68
Taxgdp	1170.00	2.73	1.06	1.13	6.67

① 数据来源于 EPS 全球统计数据库，为简便起见，以下称企业生产效率。

5.3.2 实证分析

（1）平稳性检验。

采用IPS、费雪方程式检验两种允许非平衡面板的方法检验平稳性。检验结果如表5－17所示。其中，IPS检验结果表明，选择滞后阶数为1阶时，企业生产效率、社会保障支出占比、老龄化率均在1%水平上显著平稳，而企业税负在10%水平上显著平稳。费雪式检验结果表明，各变量均在1%水平上显著平稳。因此，可认为上述变量均通过了平稳性检验。

表5－17 平稳性检验结果

变量	阶数	IPS检验				费雪式检验			
		trend	Demean	P值	结论	drift	demean	P值	结论
Efficiency	1	是	否	0.0000	平稳	是	是	0.0000	平稳
Sse	1	是	否	0.0027	平稳	是	是	0.0000	平稳
Old	1	是	是	0.0072	平稳	是	是	0.0000	平稳
Taxgdp	1	是	否	0.0892	平稳	是	是	0.0000	平稳

（2）确定滞后阶数。

构建社会保障支出占比、老龄化水平、企业生产效率三者的面板VAR模型，以1～4阶滞后变量作为工具变量，根据MBIC（MMSC－Bayesian information criterion，MBIC）、MAIC（MMSC－Akaike information criterion，MAIC）、MQIC（MMSC－Hannan and Quinn information criterion，MQIC）三个信息量准则，选取使信息量准则值最小的阶数。结果显示，1阶情况下满足MBIC、MQIC、MAIC准则最多，因此确定最优滞后阶数为1阶（见表5－18）。

表5－18 滞后阶数的选择

lag	CD	J	J pefficiency	MBIC	MAIC	MQIC
1	0.999906	186.3533	0.0000	－12.6639*	－13.3533*	－55.8360*
2	0.999968	19.2669	0.3756	－96.5260	－16.7331	－47.7446
3	0.999968	2.6744	0.9758	－55.2221	－15.3256	－30.8314

（3）估计分析。

在估计之前，为消除固定效应方法带来的有偏估计问题，依据前向均值差分法（helmert）转换消除个体固定效应，以确保变换变量和滞后回归子间的正交性，采用去除组内均值法消除时间效应。以1～2阶滞后项为工具变量，利用GMM法估计PVAR模型，结果见表5－19。从回归结果可知，第一，当以企业生产效率为响应变量时，滞后一期的企业生产效率对其有显著的正向影响，滞后一期的社会保障水平对其有显著的负向影响，滞后一期的老龄化水平对其无显著影响。因此，提高社会保障水平会通过影响企业负担能力最终导致企业生产效率的降低。第二，当以社会保障水平为响应变量时，滞后一期企业生产效率对其有显著负向影响，换言之，滞后一期企业生产效率每提高1%，会使社会保障水平降低0.09%。其原因在于企业生产效率提高增加了对劳动者的需求，减少了失业的发生，从而降低了社会保障水平。滞后一期社会保障水平对当期社会保障水平有显著正向影响，原因可能在于社会保障的棘轮效应。第三，当以老龄化水平为响应变量时，滞后一期社会保障水平对其有微弱的负作用，企业生产效率对其几乎无影响，但滞后一期老龄化水平对老龄化水平有显著正向影响，即滞后一期老龄化水平每提高1%，会使当期老龄化水平上升1.01%，表明老龄化对提高人均寿命起到了一定的推升作用，原因可能在于老龄化的过程是医疗技术不断进步和经济发展不断提高的过程，从而对老龄化起到了促进作用。

表5－19　三变量PVAR模型GMM估计结果（1980～2018年）

	(1)	(2)	(3)
	h_ efficiency	*h_sse*	*h_old*
L. h_efficiency	0.4038*** (5.31)	－0.0857*** (－3.39)	－0.0009 (－0.46)
L. h_sse	－0.0794** (－2.13)	0.9185*** (29.71)	－0.0087*** (－3.05)
L. h_old	0.0213 (0.21)	0.0324 (0.69)	1.0090*** (129.96)
adj. R^2	0.5710	0.5388	0.5125

注：***、** 分别代表在1%和5%水平上显著。T值报告在括号内。

（4）稳定性分析。

PVAR 模型稳定的条件是所有特征多项式根的模的倒数小于 1，在图形上表示为都在单位圆内。结果显示，有两个根的模在单位圆内，但有一个根的模在单位圆外，因此认为上述模型不满足稳定性条件（见图 5－7）。

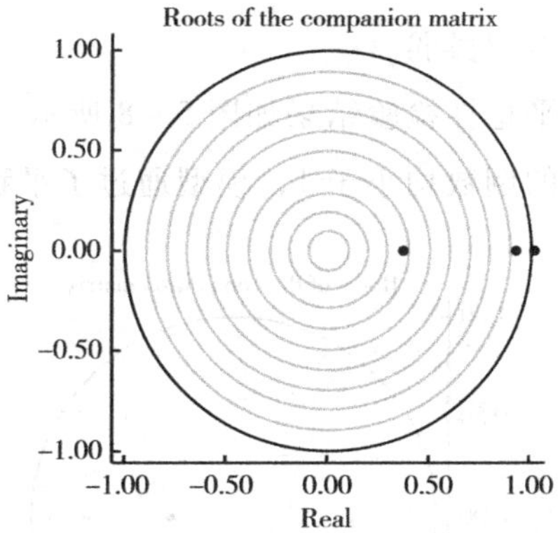

图 5－7　PVAR 模型稳定性分析结果

税收负担作为影响企业经营活动的重要因素之一，对企业生产效率的影响举足轻重。因此，本书进一步加入企业税负作为外生变量，重新估计模型，并再次进行稳定性检验。加入控制变量后的 GMM 估计结果如表 5－20 所示。

表 5－20　　加入控制变量后的三变量 PVAR 模型 GMM 估计结果

变量	(1)	(2)	(3)
	h_efficiency	*h_sse*	*h_old*
L. h_efficiency	0.3124*** (2.66)	−0.0807** (−2.50)	0.0002 (0.04)
L. h_sse	−0.0761 (−0.61)	0.8412*** (15.90)	−0.0030 (−0.42)
L. h_old	0.7472* (1.77)	−0.3825** (−2.12)	0.9245*** (18.72)
L. h_taxgdp	−0.4684 (−1.32)	0.3286** (2.46)	−0.0297*** (−1.50)
adj. R^2	0.3885	0.3904	0.4037

注：以 1～2 阶滞后项为工具变量；***、** 分别代表在 1% 和 5% 水平上显著。T 值报告在括号内。

从回归结果可知，加入外生变量后，企业生产效率、社会保障水平、老龄化水平三者间的关系与前述模型基本一致，但滞后一期社会保障水平对企业生产效率的影响不再显著，滞后一期老龄化水平对社会保障水平的影响系数符号发生了变化，且由不显著变为显著。此外，滞后一期企业生产效率对老龄化的影响系数的符号由负转正，但系数绝对值依旧小于 0.01，换言之，企业生产效率对老龄化的影响仍然很微弱。

加入控制变量后的平稳性检验结果如图 5－8 所示。由图 5－8 可知，此时所有特征多项式根的模的倒数均小于 1，模型通过了平稳性检验。

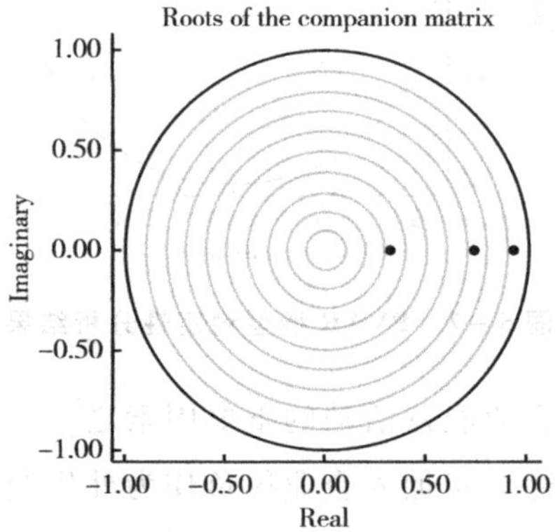

图 5－8　加入外生变量后的 PVR 模型稳定性分析结果

（5）脉冲响应分析。

三变量 PVAR 模型反映了变量间的直接关系，根据脉冲响应方法进一步考察各变量对系统内其他变量冲击的反应。在加入外生变量的 PVAR 模型的基础上，依据蒙卡特罗随机模拟方法，设置模拟次数为 200 次，结果显示为图 5－9。

脉冲响应分析的结果显示：①企业生产效率的提高对社会保障水平的冲击为负，即企业生产效率的提高会降低社会保障水平，表明以劳动生产效率为表征指标的企业生产效率的提高有利于降低社会保障水平，从具体趋势看，企业生产效率的提高对降低社会保障水平的作用在第一期最为明显，之后逐渐收敛；②企业生产效率对自身的冲击显著为正，但影响只在短期显著；③企业生产效率冲击对老龄化无明显影响；④社会保障支出对老龄化的影响虽然为负，但影响程度不足 1%，几乎可忽略不计；⑤社会保障支出对自身的冲击为正，

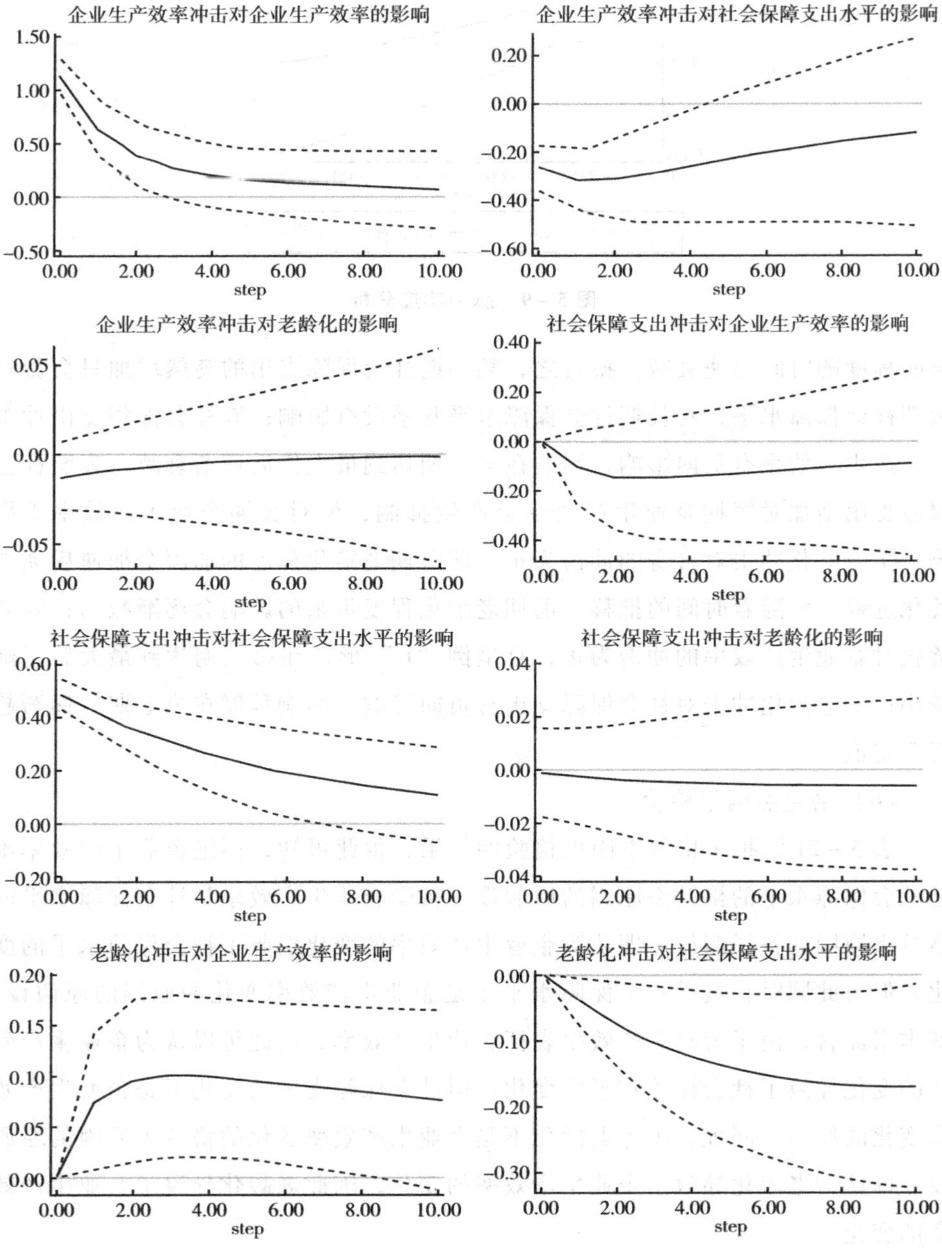
企业生产效率冲击对企业生产效率的影响
企业生产效率冲击对社会保障支出水平的影响
企业生产效率冲击对老龄化的影响
社会保障支出冲击对企业生产效率的影响
社会保障支出冲击对社会保障支出水平的影响
社会保障支出冲击对老龄化的影响
老龄化冲击对企业生产效率的影响
老龄化冲击对社会保障支出水平的影响
step

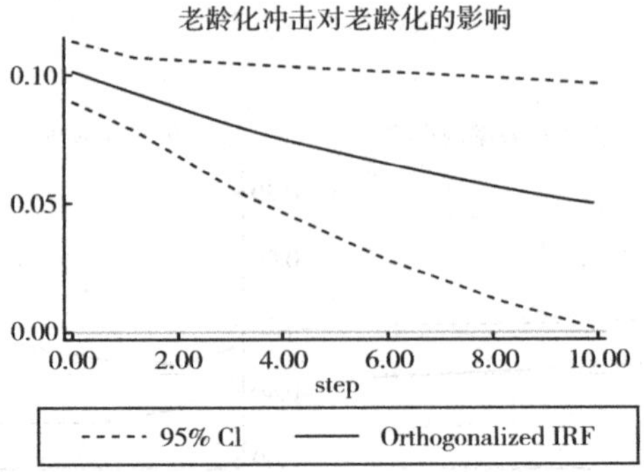

图 5 –9　脉冲响应分析

影响程度随时间迅速衰减，换言之，某一期社会保障支出的突然增加只会影响短期社会保障水平，对长期社会保障水平几乎没有影响；⑥社会保障支出冲击对企业生产效率有负向影响，影响在第二期达到最大值后逐渐衰减，表明社会保障支出增加对短期企业生产效率会产生抑制，但对长期企业生产效率无影响；⑦老龄化冲击对自身的冲击为正，即前期老龄化程度的加深会加速后期老龄化进程，但随着时间的推移，前期老龄化程度带来的影响会逐渐减弱；⑧老龄化对企业生产效率的冲击为正，且呈倒“U”形，在第三期达到最大后逐渐减小；⑨老龄化冲击对社会保障支出有负向影响，影响程度在第七期后逐渐趋近于定值。

（6）格兰杰因果检验。

表 5 –21 汇报了格兰杰因果检验的结果，由此可知，拒绝企业生产效率不是社会保障水平的格兰杰原因的原假设，接受企业生产效率是社会保障水平的格兰杰原因的备择假设，即认为企业生产效率的变化引起了社会保障水平的变化。但与此同时，接受社会保障水平不是企业生产效率变化的原因的原假设。就本书而言，由于劳动生产效率表征企业生产效率，因此可以认为企业生产效率的变化导致了社会保障水平的变化，但社会保障支出的变化不是企业生产效率变化的原因。同理，拒绝老龄化不是企业生产效率变化的格兰杰原因的原假设，即认为老龄化导致了企业生产效率的变化，因此老龄化导致了企业生产效率的变化。

表5-21 格兰杰检验结果

原假设	P值
h_sse 不是 h_ efficiency 的格兰杰原因	0.540
h_old 不是 h_efficiency 的格兰杰原因	0.076
h_efficiency 不是 h_sse 的格兰杰原因	0.013
h_old 不是 h_sse 的格兰杰原因	0.034
h_efficiency 不是 h_old 的格兰杰原因	0.967
h_sse 不是 h_old 的格兰杰原因	0.675

（7）方差分解。

根据方差分解衡量每一个结构冲击对内生变量变化的贡献度（见表5-22）。结果显示：①企业生产效率最高可以解释社会保障水平变化的近28%，但对老龄化的解释度不到1%，换言之，企业生产效率对老龄化基本没有影响；②1~10期社会保障支出对企业生产效率和老龄化的贡献度均在1%以下，表明社会保障并非企业生产效率变化和老龄化程度变化的主要原因；③老龄化对社会保障支出的贡献度随时间推移持续增加，第10期能解释社会保障支出变化的12%左右。

表5-22 方差分解结果

冲击响应	h_efficiency			h_sse			h_old		
	h_ efficiency	h_sse	h_old	h_efficiency	h_sse	h_old	h_efficiency	h_sse	h_old
1	1.0000	0.1467	0.0054	0.0000	0.8533	0.0001	0.0000	0.0000	0.9945
2	0.9961	0.2191	0.0048	0.0008	0.7780	0.0004	0.0000	0.0029	0.9948
3	0.9901	0.2533	0.0043	0.0018	0.7368	0.0008	0.0031	0.0099	0.9950
4	0.9837	0.2687	0.0038	0.0028	0.7107	0.0012	0.0081	0.0206	0.9950
5	0.9778	0.2747	0.0034	0.0035	0.6911	0.0017	0.0134	0.0343	0.9949
6	0.9724	0.2756	0.0031	0.0041	0.6744	0.0021	0.0186	0.0500	0.9948
7	0.9675	0.2737	0.0029	0.0046	0.6592	0.0026	0.0233	0.0671	0.9945
8	0.9631	0.2702	0.0027	0.0050	0.6450	0.0030	0.0277	0.0848	0.9943
9	0.9591	0.2659	0.0025	0.0053	0.6316	0.0035	0.0317	0.1025	0.9940
10	0.9556	0.2612	0.0024	0.0055	0.6190	0.0039	0.0354	0.1198	0.9866

5.3.3 异质性检验

20世纪90年代以来，西方主要发达国家开始对社会保障制度进行“再商品化”改革，以增强劳动力商品和市场的联系，削弱国家因素和政府责任。“再商品化”改革不仅影响了劳动者的劳动供给水平，也对企业生产效率产生了深刻影响。基于此，剔除1990年之前的数据，考察社会保障“再商品化”改革对企业生产积极性的影响。仍然利用PVAR模型估计1990~2018年企业生产效率、社会保障支出占比、老龄化率三者之间的关系，结果见表5-23。对比表5-23和表5-19可知，剔除1960~1989年数据后，社会保障支出、企业生产效率、老龄化水平三者间关系与前述估计结果基本一致，但滞后一期社会保障支出对企业生产效率的影响系数由-0.0761变为-0.2248。这表明“再商品化”改革后增加社会保障支出对企业生产效率的负面影响更为严峻，主要原因在于，尽管“再商品化”改革从削减给付水平、缩短给付时间和严格给付条件出发来合理分担政府、企业以及个人在社会保障中的权利与义务，但“再商品化”改革却没有从根本上解决福利刚性支出问题，反而在一定程度上推动着福利扩张。例如，从养老保障和失业保障的替代率来看，“再商品化”改革之后，美国、北欧和欧洲大陆三种社会保障模式，标准养老金平均替代率增幅仍高达7.8%，最低养老金替代率平均值在美国模式国家提高了4.5%，欧洲大陆模式和北欧模式都为5.2%；1999年西方发达国家平均失业保障平均收入替代率为59%，仍然高于1979年的56%，同时“再商品化”改革中提高失业率替代率的国家也多于降低失业保障替代率的国家。

表5-23　三变量PVAR模型GMM估计结果（1990~2018年）

变量	(1)	(2)	(3)
	h_efficiency	*h_sse*	*h_old*
L. h_efficiency	0.5165*** (4.71)	-0.0918** (-2.19)	0.0013 (0.19)
L. h_sse	-0.2248 (-1.26)	0.8186*** (9.09)	-0.0020 (-0.20)

续表

变量	(1)	(2)	(3)
	h_efficiency	*h_sse*	*h_old*
L. h_old	0.5616 (1.15)	-0.4154* (-1.94)	0.9412*** (13.43)
L. h_taxgdp	-0.4559 (-1.33)	0.1939 (1.00)	-0.0340 (-1.43)
adj. R^2	0.5714	0.4410	0.4861

注：***、**、*分别代表在1%、5%和10%水平上显著。T值报告在括号内。

脉冲响应分析结果见图5-10，结果表明，20世纪90年代社会保障的“再商品化”改革后，提高社会保障水平依旧会对企业生产效率产生不利影响，这与前述结果相一致。此外，企业生产效率冲击对社会保障水平的影响仍然为负，但改革后“U”形趋势更为明显，换言之，“再商品化”改革后，企业生产效率的提高对降低社会保障支出的作用更加显著，即“再商品化”改革对降低社会保障支出在一定程度上起到了一些效果。

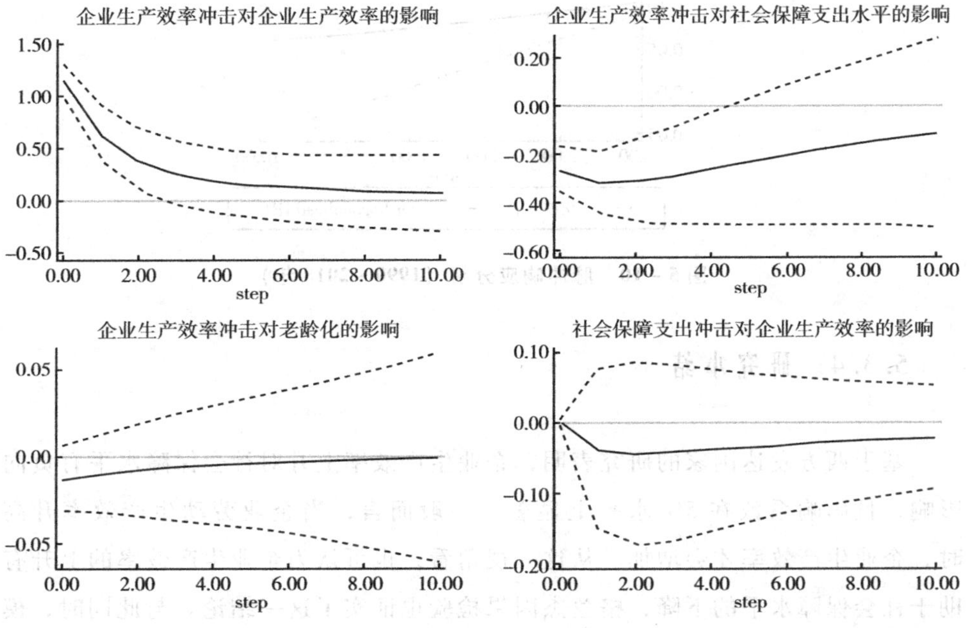

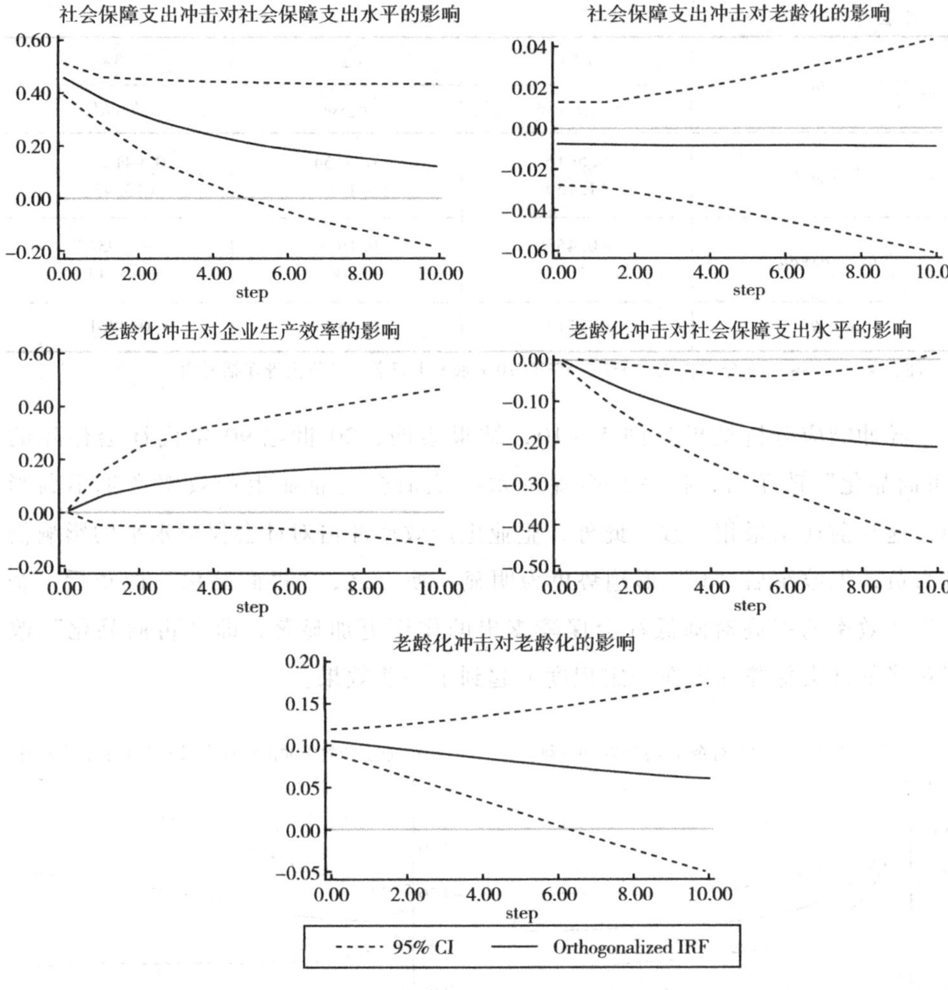

图 5－10　脉冲响应分析（1990～2018 年）

5.3.4　研究小结

基于西方发达国家的研究表明，企业生产效率上升对社会保障水平有负向影响，且影响系数在 5% 水平上显著。一般而言，当企业劳动生产效率升高时，企业生产效率才会增加。从这一视角看，也可认为企业生产效率的上升有助于社会保障水平的下降，格兰杰因果检验也证实了这一结论。与此同时，模型结果表明，提高社会保障水平虽然对企业生产效率短期有负向影响，但长期影响有限，原因在于影响企业长期生产效率的因素十分多样，既包括社会保障负担，也包括对未来经济形势的预期、税收、生产技术等因素。此外，模型结果还表明，老龄化对西方发达国家的企业生产效率有正向影响，但企业生产效率和社会保障都不是老龄化的原因；20 世纪 90 年代西方发达国家进行的社会保障制度改革，并未从根本上扭转提高社会保障水平对企业生产效率的不利影响，但对降低社会保障水平确实起到了积极作用。

5.4　社会保障水平对社会稳定效应的分阶段实证分析

社会保障作为现代经济社会的"减震器"，对保持社会稳定有着重要的作用。但与此同时，随着社会保障影响的不断深化，旨在削减社会保障支出的相关改革也日益成为社会动荡的重要原因。以法国为例，除 1993 年影响有限但较为成功的改革外，近 20 年来其社会保障制度基本没有发生变化，相关改革陷入了"改革、夭折、再改革、再夭折"① 的恶性循环，甚至引发了严重的社会危机。例如，1995 年法国于贝政府对公共部门养老制度的改革不仅没有取得成功，反而引发了持续整整一个月的大规模罢工和游行示威，导致于贝总理被迫辞职。2002 年拉法兰政府提出的社会保障温和改革方案也遭到工会强烈反对最终胎死腹中。2003 年改革余波引起近一个月的大罢工，导致所有航空、客运、铁路近乎瘫痪，造成了严重的经济损失和恶劣的社会影响。

国内外学者都对社会保障水平与社会稳定之间的关系进行了探讨。曹春(2013)②，罗静和沙治慧（2014）③ 认为社会保障制度是一种风险管理体系，能够防范和化解公共风险，维护社会稳定。郑文彬（2005）④ 在对欧洲部分国家社会保障制度的形成和发展进行系统研究的基础上，认为社会保障弱化了阶

① 郑秉文. OECD 国家社会保障制度改革及其比较［J］. 经济社会体制比较，2004（5）：111 - 123.

② 曹春. 公共风险与政府社会保障责任［J］. 财政研究，2013（3）：13 - 17.

③ 罗静，沙治慧. 社会保障治理社会风险的效用研究——基于治理满意度衡量［J］. 经济体制改革，2014（4）：29 - 33.

④ 郑文彬. 社会保障——欧洲社会的稳定器［J］. 当代世界，2005（10）：44 - 45.

级矛盾，缓和了阶级对立，同时也指出政府社会保障政策面临两难境地。Becker（1968；1993）① 基于成本—收益原则的理性选择分析个人犯罪行为，发现政府社会支出保障增多会增加犯罪成本，从而有利于抑制犯罪。Zeynep Taydas（2012）② 利用153个国家1975～2005年的时间序列数据，研究了社会保障总水平与社会冲突之间的关系，在控制相关变量后，结果表明，政府的社会福利开支增加能够显著减少社会冲突，认为政府的福利支出对减少社会冲突至关重要。基于已有文献，本书拟实证分析西方发达国家社会保障水平与罢工人数的关系，进一步探讨社会保障水平与社会稳定的关系。

5.4.1 模型构建与变量选择

通过建立面板VAR模型考察社会保障水平对社会稳定效应的阶段性影响。选择罢工人数衡量社会稳定，选取社会保障支出占GDP的比重表示社会保障水平，选取65岁老人占总人口的比重衡量老龄化水平，并考虑工资水平的影响。罢工人数标识为*Strike*，社会保障支出占比标识为*Sse*，老龄人口占比标识为*Old*，工资水平标识为*Wage*。本书中，罢工人数和工资数据来源于《国际劳工组织年鉴》，社会保障水平来源于OECD数据库和《联合国国民账户统计年鉴》，老龄化水平数据来自OECD数据库，包括20个西方发达国家1960年及之后的可获得数据。在数据预处理时，对罢工人数和工资水平取对数，记取对数后的标识各为*lnstrike*、*lnwage*，部分缺失值采用插值法补充。

各变量描述性统计结果如表5－24所示。由表5－24可知，西方发达国家1960～2018年老龄化率均值为14.64%；社会保障水平普遍较高，1960～2018年西方发达国家社会保障支出占GDP比重的平均值为22.57%；罢工人数取对数后的均值为11.29，其标准差较大，表明不同年份和不同国家罢工情况差异巨大；工资水平取对数后的均值为10.67，其波动较小，标准差仅为0.19。

① Becker, Gary S. Crime and Punishment: An Economic Approach [J]. Journal of Political Economy, 1968, 76 (2): 169－217.

② Taydas, Zeynep, Dursun Peksen. "Can States Buy Peace? Social Welfare Spending and Civil Conflicts." Journal of Peace Research, 2012, 49 (2): 273－287.

表 5 – 24　　描述性统计结果

变量符号	样本数	均值	标准差	最小值	最大值
Old	1170.00	14.64	2.67	7.30	21.61
Sse	1170.00	22.58	4.94	12.09	34.18
lnstrike	1170.00	11.29	2.47	2.71	17.12
lnwage	1170.00	10.67	0.19	10.21	11.07

首先进行平稳性检验。通过 Stata 命令 xtunitroot 实现面板数据的单位根检验。考虑面板自回归模型：

$$y_{it} = \rho_i y_{i,t-1} + z'_{it}\gamma_i + \varepsilon_{it} \tag{5-4}$$

其中，i = 1，…，n 表示横截面单位，t = 1，…，T_i 表示时间，ε_{it} 为扰动项，$z'_{it}\gamma_i$ 表示个体的固定效应。当在命令中加入选择项“trend”时，$z'_{it}\gamma_i$ 表示个体的固定效应和时间趋势；加入选择项“noconstant”时，表示不考虑常数项，即忽略 $z'_{it}\gamma_i$。

5.4.2　实证分析

（1）平稳性检验。

由于为非平衡面板数据，不满足 LLC 检验和 HT 检验平衡面板的前提条件，因此采用 IPS、费雪方程式检验两种允许非平衡面板的方法检验平稳性。在两种方法中，IPS 检验放宽了所有个体自回归系数相等的假设，允许不同的自回归系数；费雪方程式检验假定 T 趋于无穷时，n 有限或也趋于无穷。选择滞后阶数为 1 阶，检验结果如表 5 – 25 所示。其中，老龄化率、社会保障支出占比、罢工人数的对数在 1% 的显著性水平平稳，但工资水平的对数未通过 IPS 平稳性检验，只通过了费雪式检验。进一步做一阶差分，差分后各变量均在 1% 的显著性水平上通过了 IPS 检验及费雪式检验，因此认为差分后的变量均平稳，因此根据差分后的变量建立模型。由于 dold、dsse、dlnstrike、dlnwage 四变量的面板 VAR 模型没有通过稳定性检验，考虑到工资变动和社保水平变动对罢工有更直接的影响，因此建立 dsse、dlnstrike、dlnwage 三变量的面板 VAR 模型，模型通过了稳定性检验，因此汇报三变量的面板 VAR 模型的结果。

表 5-25　　平稳性检验结果

变量	滞后阶数	IPS 检验				费雪式检验			
		trend	demean	P 值	结论	drift	demean	P 值	结论
Old	1	是	否	0.0002	平稳	是	是	0.0006	平稳
Sse	1	是	否	0.0052	平稳	是	是	0.0000	平稳
lnstrike	1	是	是	0.0000	平稳	是	是	0.0000	平稳
lnwage	1	是	否	0.774	不平稳	是	是	0.0000	平稳
Dold	1	是	是	0.0004	平稳	是	是	0.0000	平稳
Dsse	1	是	是	0.0000	平稳	是	是	0.0000	平稳
Dlnstrike	1	是	是	0.0000	平稳	是	是	0.0000	平稳
Dlnwage	1	是	是	0.0000	平稳	是	是	0.0000	平稳

（2）确定滞后阶数。

首先以 1~4 阶滞后变量作为工具变量，根据 MBIC（MMSC - Bayesian information criterion，MBIC）、MAIC（MMSC - Akaike information criterion，MAIC）、MQIC（MMSC - Hannan and Quinn information criterion，MQIC）三个信息量准则，选取使信息量准则值最小的阶数。结果显示，1 阶情况下 MBIC、MAIC、MQIC 三者值均最小，因此确定最优滞后阶数为 1 阶（见表 5-26）。

表 5-26　　滞后阶数的选择

lag	CD	J	J pvalue	MBIC	MAIC	MQIC
1	0.7029	28.7651	0.3724	-102.6583*	-25.2349*	-56.6946*
2	0.7046	21.6544	0.2477	-65.9613	-14.3456	-35.3188
3	0.7638	8.9572	0.4412	-34.8506	-9.0428	-19.5293

以 1 阶滞后项为工具变量，利用 GMM 法估计 PVAR 模型，其回归结果见表 5-27。据此可知：①当以罢工人数为响应变量时，滞后期的罢工人数对其有显著影响，原因可能在于当某一地区养成通过罢工表达意见的传统后，会更倾向于通过罢工表达诉求。社会保障水平的变化和罢工人数的变化显著负相关，表明社会保障水平的下降会导致罢工人数的上升，也与西方发达国家削减社会保障水平进而导致罢工、游行的历史相符合。②当以社会保障水平的变化为响应变量时，前一期社会保障支出占比的变化对其有显著的正向影响，印证

了社会保障的支出刚性，滞后一期的罢工人数变化和滞后一期的工资水平变化对社会保障水平的变化无显著影响。③当以工资水平为响应变量时，滞后一期罢工人数对工资水平有微弱的正向影响，滞后一期社会保障水平的变化对其有负向影响，但不够显著，原因可能在于西方发达国家市场经济制度已经较为完善，工资水平主要由市场力量自发决定。滞后一期工资水平的变化对当期工资水平有显著的正向影响，证实了工资黏性的存在。

表5－27　三变量PVAR模型GMM估计结果

	(1)	(2)	(3)
	Dlnstrike	*Dsse*	*Dlnwage*
L. dlnstrike	−0.7173 *** (−10.24)	0.0008 (0.03)	−0.0001 (−0.19)
L. dsse	−0.2265 *** (−3.15)	0.3236 *** (3.13)	−0.0039 (−2.24)
L. dlnwage	1.5721 (0.20)	−1.9887 (−0.42)	0.1408 ** (1.77)
adj. R^2	0.3529	0.4140	0.3966

注：***、**、*分别代表在1%、5%和10%水平上显著。T值报告在括号内。

（3）稳定性分析。

面板VAR模型稳定的条件是所有特征多项式根的模的倒数小于1，在图形上表示为都在单位圆内。结果显示，三个单位根在单位圆内，模型稳定（见图5－11）。

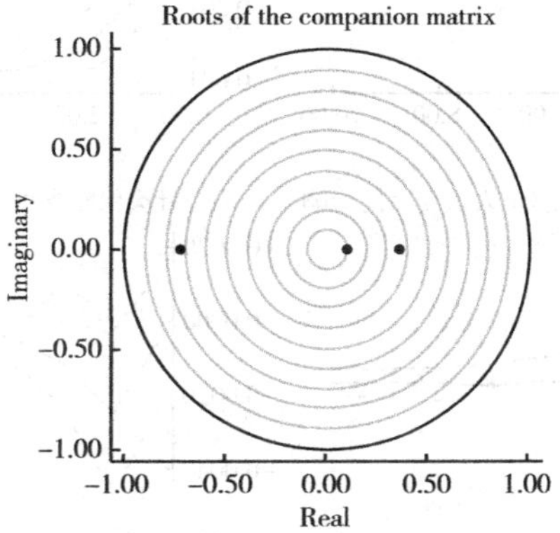

图5－11　稳定性分析结果

（4）脉冲响应分析。

三变量 PVAR 模型反映了变量间的直接关系，根据脉冲响应方法进一步考察各变量对系统内其他变量冲击的反应。依据蒙卡特罗随机模拟方法，设置模拟次数为 200 次，得到图 5－12。

脉冲响应分析的结果显示，削减社会保障水平会导致短期内罢工人数的增加，对长期罢工人数变化的影响减弱；罢工人数的变化对社会保障水平的变化有一定负向冲击，但短期较微弱，长期影响几乎可以忽略不计；社会罢工人数的变动几乎不会对工资水平的变动产生影响，原因在于罢工只是短期的突发事件，以及西方发达国家较发达的市场经济下市场对工资水平起决定性作用；提

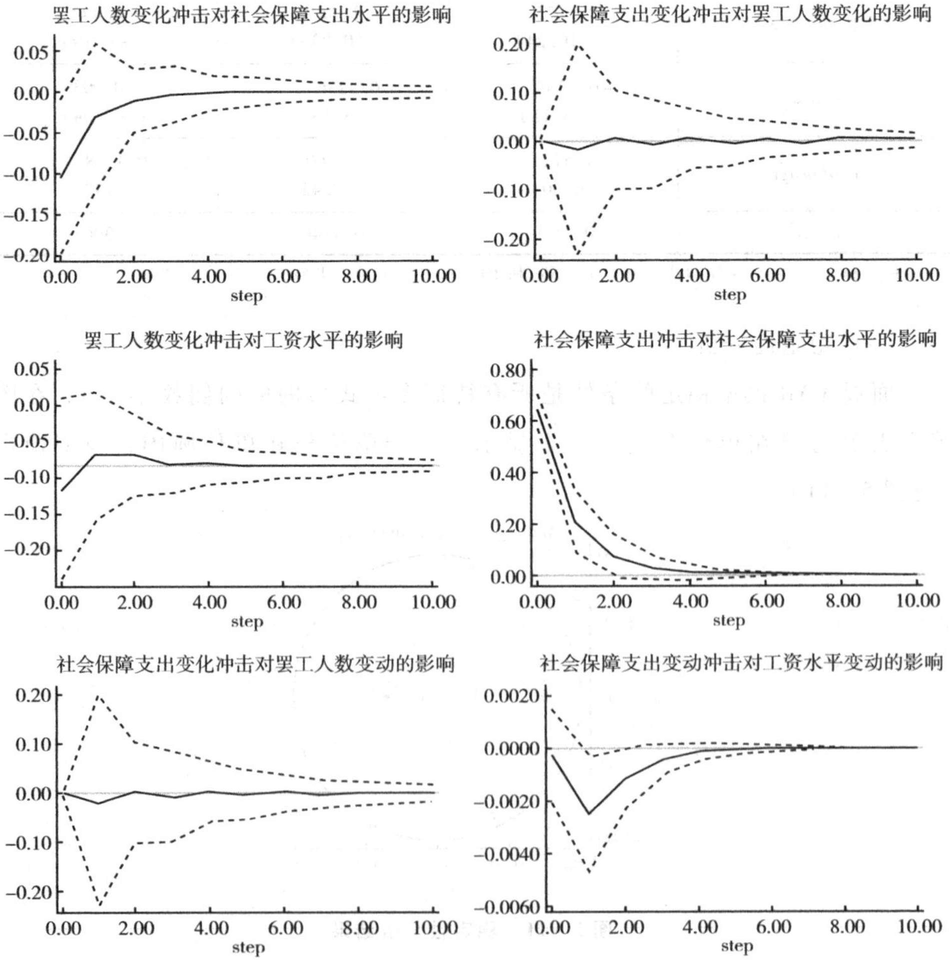

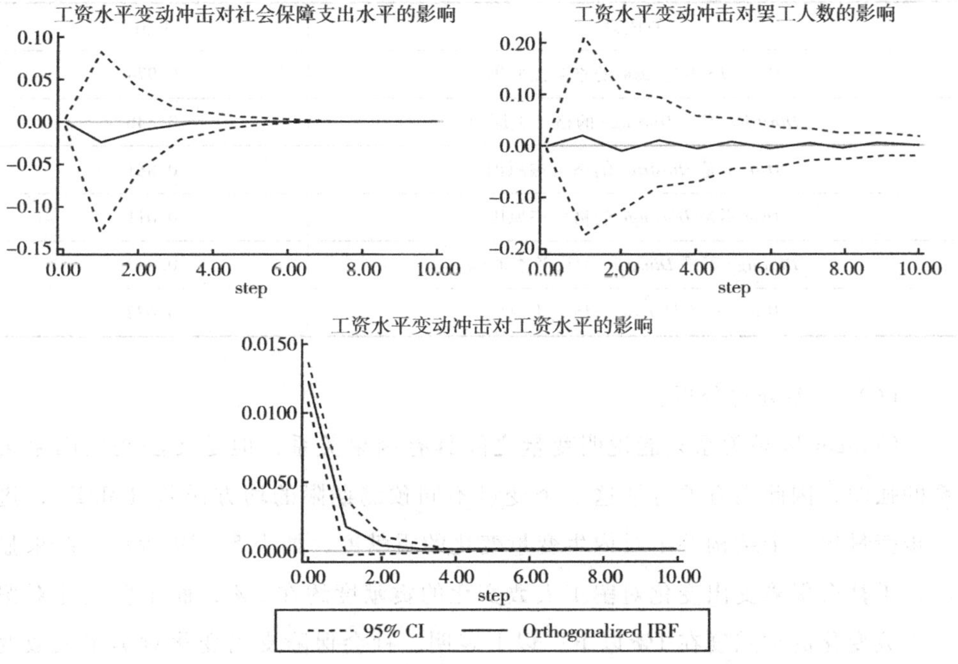

图5-12 社会保障支出与罢工人数脉冲响应图

高工资水平有助于减少短期内的罢工人数，对长期罢工人数的影响趋近零；工资水平的上升也有助于降低社会保障水平的短期下降，对降低长期社会保障支出没有大的影响。

（5）格兰杰因果检验。

表5-28汇报了格兰杰因果检验的结果。由此可知，接受罢工人数变化不是社会保障水平变化的格兰杰原因的原假设，同时拒绝社会保障水平变动不是罢工人数变化格兰杰原因的假设，即认为社会保障水平变化是罢工人数变化的主要原因；接受工资水平变动不是社会保障水平变动的格兰杰原因的原假设，但拒绝社会保障水平不是工资水平变化的格兰杰原因的备择假设，即认为社会保障水平的变化导致了工资水平的变化，但工资水平的变化没有导致社会保障水平的改变；接受罢工人数变化不是工资水平变化的格兰杰原因的原假设，也接受工资水平变化不是罢工人数变化的格兰杰原因的原假设，换言之，罢工人数的增减和工资水平变动没有必然联系。

表 5-28　　格兰杰检验结果

原假设	P 值
Dlnstrike 不是 *Dsse* 的格兰杰原因	0.974
Dlnstrike 不是 *Dlnwage* 的格兰杰原因	0.846
Dsse 不是 *Dlnstrike* 的格兰杰原因	0.881
Dsse 不是 *Dlnwage* 的格兰杰原因	0.011
Dlnwage 不是 *Dlnstrike* 的格兰杰原因	0.843
Dlnwage 不是 *Dsse* 的格兰杰原因	0.672

（6）方差分解分析。

Granger 因果关系只能说明变量之间具有因果关系，但是无法测度因果关系的强弱，因此用方差分解这三个变量不同预测期限的均方误差（MSE），进一步衡量每一个结构冲击对内生变量变化的贡献度，如表 5-29 所示。结果显示，①社会保障支出变化对罢工人数变化的贡献度约在 3%，而工资变化对罢工人数变化的贡献度在 1% 以下。以上表明，社会保障支出变化对罢工人数变化贡献度较高。工资变动对罢工人数变动影响有较小的原因，一是西方发达国家市场经济较为发达，二是西方发达国家较为完备的社会保障体系起到了缓冲作用。②罢工人数变化对社会保障支出变化的贡献度约为 2.6%，工资水平变化对社会保障支出变化的贡献度不及 1%。③罢工人数变动对工资变动的贡献度微乎其微（1% 以下），而社会保障支出变动对工资变动的贡献度较高，约为 5%。

表 5-29　　方差分解结果

冲击响应	*Dlnstrike*			*Dsse*			*Dlnwages*		
	Dsse	*Dlnstrike*	*Dlnwage*	*Dsse*	*Dlnstrike*	*Dlnwage*	*Dsse*	*Dlnstrike*	*Dlnwage*
1	0.0264	1.0000	0.0017	0.9736	0.0302	0.0006	0.0000	0.0000	0.9977
2	0.0260	0.9998	0.0019	0.9727	0.0302	0.0404	0.0013	0.0001	0.9577
3	0.0260	0.9998	0.0022	0.9725	0.0300	0.0483	0.0015	0.0001	0.9495
4	0.0260	0.9998	0.0022	0.9725	0.0300	0.0495	0.0016	0.0001	0.9483
5	0.0260	0.9998	0.0022	0.9725	0.0300	0.0496	0.0016	0.0001	0.9481

续表

冲击响应	Dlnstrike			Dsse			Dlnwages		
	Dsse	Dlnstrike	Dlnwage	Dsse	Dlnstrike	Dlnwage	Dsse	Dlnstrike	Dlnwage
6	0.0260	0.9998	0.0022	0.9725	0.0300	0.0496	0.0016	0.0001	0.9481
7	0.0260	0.9998	0.0022	0.9725	0.0300	0.0496	0.0016	0.0001	0.9481
8	0.0260	0.9998	0.0022	0.9725	0.0300	0.0496	0.0016	0.0001	0.9481
9	0.0260	0.9998	0.0023	0.9725	0.0297	0.0496	0.0016	0.0001	0.9481
10	0.0260	0.9998	0.0023	0.9725	0.0279	0.0496	0.0016	0.0001	0.9481

5.4.3 异质性检验

20世纪80年代后，西方发达国家备受以英国撒切尔夫人为首的新自由主义影响，该主义强调以新自由主义指引国家社会经济制度改革，改革重点内容之一便是激进削减社会保障支出，由此引发诸多社会罢工现象。考虑到以上现实影响，利用PVAR模型进一步考察1990~2018年罢工人数、社会保障支出占比、工资变化三者之间的关系，结果见表5-30。

表5-30 三变量PVAR模型GMM估计结果（1990~2018年）

变量	(1)	(2)	(3)
	h_lnstrike	*h_sse*	*h_lnwage*
L. h_lnstrike	-0.6932*** (-8.66)	0.0006 (0.02)	-0.0005 (-1.02)
L. h_sse	-0.2433*** (-3.86)	0.1470** (2.02)	-0.0035 (-1.18)
L. h_lnwage	1.4804 (0.38)	-1.8035 (-0.66)	0.0817* (1.69)
adj. R^2	0.5385	0.5122	0.4906

注：***、**、*分别代表在1%、5%和10%水平上显著。T值报告在括号内。

基于表5-30，并结合表5-27的估计结果，我们可以发现，剔除1960~1989年数据后，罢工人数、社会保障支出占比、工资变化三者关系与前述估计结果基本保持一致，且社会保障支出占比均显著负向影响罢工人数，这表明 1960~2018 年各阶段内，社会保障支出总体有利于降低罢工人数、缓解社会罢工问题。同时，值得注意的是，1990~2018 年滞后期社会保障支出占比对罢工人数的负向影响有一定增大，其估计系数由全阶段的 -0.2265 变为 -0.2433，表明 1990~2018 年受到以英国撒切尔夫人为首的新自由主义及激进削减社会保障支出的政策变革影响，其给社会稳定带来不小的负面影响，使提升社会保障支出显著且更有效地减少罢工人数，维持社会稳定。

5.4.4 研究小结

基于西方发达国家的实证分析表明，社会保障支出下降会导致罢工人数的显著上升，尤其是在 1990~2018 年阶段，上述效应更加明显，且总体而言，社会保障支出变化对罢工人数变化的贡献度较高。这与政府在社会保障改革时会通过多种渠道与劳动者沟通、劳动者将罢工视为表达权利诉求并积极使用该方法有关。罢工人数变化对社会保障支出变化仅有微弱且不显著的正向的影响并不显著，原因即在于相较前期社保水平、当期经济形势等因素，罢工对社会保障的影响相对有限。另外，在西方发达国家体制下，工会威胁进行罢工的行为就能够对社会保障改革方案施以巨大的压力。此外，研究还表明，工资水平变化对罢工的影响并不显著，罢工对工资水平变动几乎没有影响，后者与西方发达国家市场经济较为发达有关。

5.5 本章小结

从社会保障水平对经济增长的角度看，人均 GDP 增长率的提高对降低社会保障水平有显著的积极作用，这一积极作用在社会保障的“再商品化”改革后愈发明显，但从影响系数看，遏制力度相对有限。此外，实证分析还表明，社会保障水平对人均 GDP 增长率的影响为负。具体而言，约在 20 世纪 80 年代之前，社会保障支出对人均 GDP 增长率仅有微弱的负向影响，总体是

"适度"的，但随着人口老龄化水平上升，80年代之后，提高社会保障水平对经济增长影响的负效应越来越明显，逐渐走向"不适度"。90年代西方发达国家的社会保障"再商品化"改革虽然取得了一定成效，但并未从根本上扭转社会保障水平对经济增长的负效应。此外，模型结果还表明，相较滞后一期的社会保障支出和人均GDP增长率，老龄化对社会保障支出的影响总体并不明显，但80年代后，特别是90年代以来，人口老龄化的确是推高社会保障水平的重要原因。

从社会保障水平对劳动者供给的角度看，西方发达国家社会保障并未达到促进劳动供给的作用，社会保障水平的上升反而推高了失业率。分阶段看，20世纪80年代之前，社会保障对劳动供给的负作用相对不明显，滞后一期社会保障水平对失业率的影响系数约为0.02，且不显著。80年代后，随着西方发达国家福利水平的不断提升，在造成严峻的社会保障支出压力的同时，较高的福利水平也造成了"自愿失业"的现象，极大地降低了劳动供给。模型结果还表明，西方发达国家"再商品化"改革并未扭转这一趋势，老龄化和居高不下的失业率是影响社会保障水平的重要原因。

基于西方发达国家的研究表明，社会保障水平上升对企业生产效率有负向影响，且影响系数在5%水平上显著。从这一视角看，企业生产效率的上升有助于社会保障水平的下降，格兰杰因果检验也证实了这一结论。与此同时，模型结果表明，提高社会保障水平虽然对企业生产效率有负向影响，但长期影响有限，原因在于影响企业长期生产效率的因素十分多样，既包括社会保障负担，也包括对未来经济形势的预期、税收、生产技术等因素。此外，模型结果还表明，老龄化对西方发达国家的企业生产效率有正向影响，但企业生产效率和社会保障都不是老龄化的原因；20世纪90年代西方发达国家进行的社会保障制度改革，并未从根本上扭转提高社会保障水平对企业生产效率的不利影响，但对降低社会保障水平确实起到了积极作用。

基于西方发达国家的实证分析表明，虽然社会保障支出下降会导致罢工人数上升，且总体而言，社会保障支出变化对罢工人数变化的贡献度较高。这与政府在社会保障改革时会通过多种渠道与劳动者沟通、劳动者将罢工视为表达权利诉求并积极使用该手段有关。罢工人数变化对社会保障支出变化仅有微弱且不显著的正向影响，原因既在于相较前期社保水平、当期经济形势等因素，罢工对社会保障的影响相对有限。另外，在西方发达国家政治体制下，工会威胁进行罢工的行为就能够对社会保障改革方案施以巨大的压力。此外，研究还表明，工资水平变化对罢工的影响并不显著，罢工对工资水平变动几乎没有影响，后者可能与欧洲市场经济较为发达有关。

第6章

西方发达国家社会保障水平适度性演变实证分析

基于第4章对四个西方典型发达国家社会保障水平变化与相关经济社会发展指标趋势之间的描述性分析，以及第5章对西方发达国家社会保障水平与经济社会发展不同时期的正负效应分析，本章拟继续对西方发达国家社会保障适度性演变做出实证分析。由于西方发达国家目前经济发展程度均高于中国，社会保障制度建设历史比中国更早，社会保障制度建设也比中国更完善，同时部分西方发达国家的"福利病"也几乎达成了学术界的共识，出现社会保障水平不适度的情况，与经济社会发展不协调，超出国家的财政承受能力，或者过度保障了微观个体的消费需求。本章将根据第4章和第5章的结论，进一步论证西方发达国家的社会保障水平适度性演变，分析社会保障出现不适度的原因，以期给中国的社会保障制度建设和确定适度的社会保障水平提供参考。

在对西方发达国家社会保障制度和水平的反思中，一个重要问题是什么样的社会保障水平是适度的？这对社会保障制度建设以及社会保障水平选择都具有重大的意义。而要回答这个问题，必然要首先回答一个更深层次的问题，评判社会保障适度与否的依据是什么？目前学术界的主流观点认为，社会保障适度与否的标准，是社会保障与国家生产力发展水平以及各方面承受能力的适应程度（穆怀中,[①] 1997；柳清瑞等,[②] 2014；楼继伟，2015[③]）。这实际是在阐述评

① 穆怀中．中国社会保障水平研究［J］．人口研究，1997，21（1）：48－57.

② 柳清瑞，沈毅，陈曦．社会保障水平变动规律的跨国实证分析［J］．人口与发展，2014，20（6）：51－62.

③ 楼继伟．建立更加公平可持续的社会保障制度［N］．人民日报，2015－12－16.

判社会保障适度性时需要遵循的根本原则。总体而言，已有研究推动了对社会保障适度性的思索，也注意到社会保障的适度与否不能简单横向或纵向比较，即过去适度不代表现在适度，现在适度不代表未来适度，一国适度不代表他国适度。然而，以往研究适度性问题时对社会保障价值理念的讨论并不充分。

马克思和恩格斯曾指出，资本主义的社会保障是资本主义社会存在的外部条件，而共产主义社会保障的目的则是以实现共同富裕为目标，促进人的自由和全面发展。社会主义作为共产主义的过渡阶段，在社会主义阶段社会保障的价值取向是维护社会公平。① 马克思还指出，“如果我们把工资和剩余价值，必要劳动和剩余劳动的独特的资本主义性质去掉，那么，剩下的就不再是这几种形式，而只是他们的一切的生产方式所共有的基础”②。社会保障正是这样一种基础，为一般社会形态所共有。因此，从社会再生产的角度来看，劳动力再生产作为社会再生产的必要条件，其基本手段就是消费。消费资金的来源分为两种：一是个人通过出卖资本或劳动获得的回报，二是通过社会保障满足基本的消费需求。换言之，不论社会形态如何变化，社会保障价值理念是通过基本消费需求的满足来实现的。这就要求在社会保障制度设计及确定支出水平选择时，必须将保障基本消费需求纳入考虑范畴。因此，在讨论社会保障支出适度性问题时，不仅要考虑一国（地区）经济发展水平、财政收入、失业等对社会保障供给的影响，也要从需求端考虑劳动者基本消费需求。

基于以上分析，同时结合本书第 4 章以英、法、德、瑞等四个较为典型的西方发达国家为基础，对其社会保障制度及其社会保障水平与四国经济增长、企业生产效率、劳动供给以及社会稳定的关系进行了客观描述，为了进一步探讨社会保障水平的适度性，深入分析社会保障水平的变动规律，本章将进一步从经济增长的角度出发来探讨西方发达国家社会保障水平的适度性演变。本章的研究主要从经济发展的角度出发探讨社会保障水平的变动规律和适度水平演变，并从供给和需求两个方面探讨社会保障水平产生不适度的原因。

---

① 梅哲．马克思恩格斯的社会保障思想研究［J］．马克思主义研究，2005（6）：77－82.

② 马克思．马克思恩格斯全集第 25 卷［M］．人民出版社，1975：990.

6.1　供需视角下社会保障水平适度性的理论框架

从社会保障的供给端来看，社会保障的实际供给水平主要受经济发展阶段、经济增长速度、财政负担能力以及国家体制等因素影响，这些因素的共同作用决定了社会保障的实际支出水平。社会保障的理论支出水平首先要以社会实际的经济发展阶段和增长速度为基础，高于经济增速的社会保障水平就会变成无米之炊，低于经济增长速度的社会保障水平又难以满足国民对社会保障的需求，不能让经济社会发展的成果惠及国民，也不能保障对人民追求发展权利提供适度保障；同样，社会保障水平不应该超越或滞后于经济发展阶段，否则也会导致相应的消极后果。其次应该以政府的实际负担能力为基础，社会保障不应过度加重政府债务负担，推高政府赤字，这样既不利于政府履行其他公共职能，也不利于社会保障制度的可持续发展。西方发达国家的选民政治更容易激励政党在竞选过程中给予选民福利承诺，造成社会保障支出刚性增长，提升社会保障总体支出水平，造成社会保障水平过高。

从需求端来考察，就宏观层面而言，社会保障需求主要受失业率高低、老龄化水平以及其他享受社会保障待遇的人口规模因素影响。应对社会失业和为老龄人口提供养老保障是社会保障的重要职能，失业率越高，老龄人口越多，社会对政府提高社会保障水平的期望就越高，因此适度的政府社会保障水平要与失业率、老龄化率（老龄人口占总人口比重）以及老龄人口增速形成动态联系，相机做出调整；就微观层面而言，社会保障水平主要受微观个体基本消费需求的影响。理论上，社会保障的最低水平需要满足维持微观个体生存的需要，解决其温饱问题，但随着经济社会的发展，社会保障水平不仅应满足其生存消费需要，还应不断趋于满足微观个体的发展消费需要。对社会保障需求层次由“温饱”到“发展”的追求，是推动一国社会保障水平上升的微观动力。根据以上分析和本书第4章和第5章的研究结论，笔者认为适度的社会保障水平应满足以下特征。

社会保障水平存在适度区间，该区间的下限是国民基本的生存需求的部分或者全部，[①] 上限是该国社会保障支出的实际供给能力。一国社会保障水平的理论上限应是一国社会保障的实际供给能力，超出这一上限可能会对该国经济社会发展产生负效应，如经济增速放缓甚至负增长，政府财政赤字，政府债务攀升，企业因过度承担社会保障责任而导致其生产效率下降，社会劳动供给会因社会保障的"道德风险"而降低。[②] 同时，在国家财政能力充分的情况下，应保证国民的基本生存需求，低于这一下限也同样可能对经济社会发展产生负效应，如人力资本积累不足、国民对政府满意度下降、贫富差距过大。因此，一国在建设社会保障制度时应注意从保证国民的基本生存出发，同时政府社会保障水平要以国家实际的供给能力为上限。

社会保障总体支出水平应该存在一个最佳的理论值，与其相关的经济社会变量形成动态均衡关系。社会保障总体支出水平与经济增长、政府财政负担能力、失业率、老龄化率等经济社会变量具有动态联系，并与各变量存在理论上的最佳值，各年度的社会保障支出理论值能够拟合出一条最佳的社会保障水平的理论曲线，如果现实的社会保障水平与这一理论水平重合，社会保障则在经济社会中发挥最佳作用，如果实际曲线围绕理论曲线上下波动则表现为社会保障水平相对适度，如果现实社会保障水平过度偏离，甚至长时间偏离这一理论曲线则表现为现实的社会保障水平不适度。

社会保障水平在不推升政府债务和政府赤字并能持续推动经济增长的情况下，应依次从满足居民的基本生存需要、安全需要、健康需要、受人尊敬的需要和自我实现的需求。需要重点考虑的是社会保障在满足居民不同层次需求的同时应注意宏观上劳动供给和企业生产效率的变化，避免社会保障支出带来"道德风险"，给企业生产造成负担，这与经济发展阶段、技术进步程度以及国民受教育水平等因素相关。因为处于经济发展较高阶段的经济体，社会保障对国民基本需求的保障更为充分，技术进步能够缩短国民的总体劳动时间，企

---

① 由于本书研究的样本国家都已经建立社会保障制度，也是世界上最为发达的经济体，因此本书认为这些国家具有提供社会保障的能力，只存在社会保障水平高低的问题，不存在社会保障水平为零的情况。

② 社会保障的道德风险即"理性经济人"都会在劳动与闲暇之间做出选择，当社会保障到达一定程度时，"理性经济人"更倾向于选择闲暇而非劳动，从而减少社会劳动供给下降，表现为劳动参与率下降，工作时间减少，还可能在一定程度上伴随失业率的上升。

业更能够通过依赖技术创新提高劳动生产率，受教育程度高的经济体更不会发生社会保障的道德风险。

综上所述，笔者建立评估社会保障水平适度性的理论框架如图6-1所示。

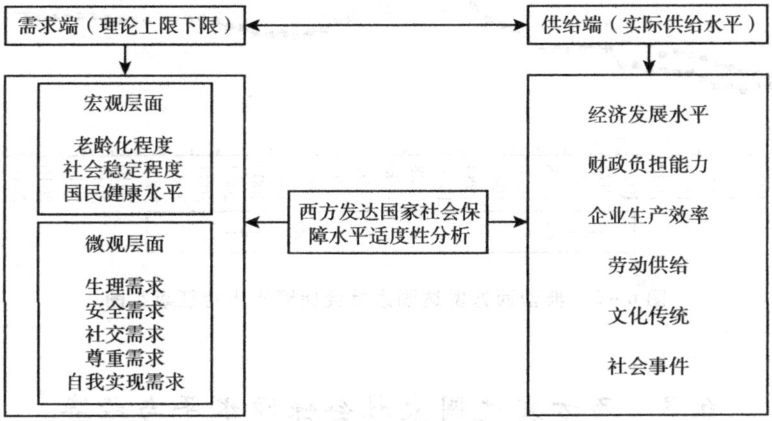

图6-1 社会保障供给端和需求端模型示意图

6.2 西方发达国家社会保障水平的特征事实

为了从供给端考虑社会保障的适度水平，基于本书第4章的研究，本章选取西方发达国家中的四个典型国家：英国、德国、法国和瑞典，并画出了它们1960~2018年的社会保障水平变化的特征事实图，以观察社会保障水平变化的规律，如图6-2所示。四国社会保障水平都在1960年之后保障刚性增长，并几乎同时在20世纪80年代中期左右达到社会保障总体支出水平的峰值，随后均逐渐回落至相对稳定水平，然后呈现相对平稳的运行轨迹。西方四个典型发达国家的社会保障水平均呈现明显的倒“U”形图像特征（见图6-2阴影部分区域），这与柳清瑞（2014）和穆怀中（2003）等人的发现相一致。本章将结合四国社会保障水平的事实特征和社会保障领域已有研究成果，同时基于本章建立的社会保障水平适度性的理论分析框架，从经济发展的角度来探讨社会保障水平的适度性演变。

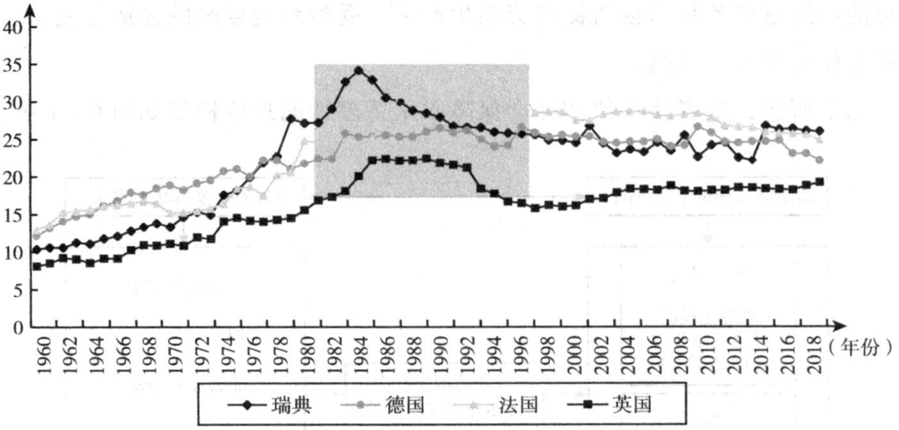

图 6-2　典型西方发达国家社会保障支出特征事实图

6.3　西方发达国家社会保障水平与经济发展变动规律实证分析

6.3.1　模型设定

西方四个典型发达国家倒"U"形的社会保障支出特征事实图提示我们在模型的构建中要设计非线性的拟合模型，加入核心解释变量的二次项。本章参考钱纳里（1988）和柳清瑞等（2014）研究发展阶段划分的跨国模型为参考，以社会保障水平为因变量，以人均 GDP 为核心自变量，以工业化程度、政府税收水平、劳动参与率、失业率、人口老龄化等为控制变量，设定出以社会保障水平为被解释变量，以人均 GDP 为核心解释变量的跨国回归模型，如下：

$$SSE_{it} = \alpha + \beta_1 \ln Y_{it} + \beta_2 (\ln Y_{it})^2 + \lambda Z_{it} + \gamma_i + \mu_t + \varepsilon_{it} \qquad (6-1)$$

其中，SSE 代表社会保障水平；$\ln Y$ 代表经济发展水平，用人均 GDP 对数形式表示；Z 代表一系列控制变量，是除了经济发展水平指标之外的影响社会保障水平的其他变量，具体包括失业率、政府税收水平、劳动参与率、人口老龄化；γ_i 是个体固定效应；μ_t 是时间固定效应；ε_{it} 为模型的随机误差性；变量的下标 i 表示国家，下标 t 表示年份；α，β_1，β_2，λ 为待估系数。

6.3.2 变量选取

变量描述如表6-1所示。

表6-1 变量描述

被解释变量	社会保障水平	SSE_{it}	社会保障支出占GDP比重
核心解释变量	经济发展	LnY_{it}	人均GDP
	经济发展平方	$(LnY_{it})^2$	人均GDP^2
控制变量	工业化程度	$Industry_{it}$	非农产业增加值占GDP的比重
	失业率	$Unemploy_{it}$	失业人口占劳动人口总数的比例
	政府税收水平	Tax_{it}	税收收入占GDP比重
	劳动参与率	$Participate_{it}$	劳动年龄人口劳动参与率
	人口老龄化	Old_{it}	65岁以上人口占总人口的比重

6.3.2.1 被解释变量

本节主要从政府社会保障的供给端来研究社会保障水平与经济发展阶段的变动规律和对应关系，重点根据经济发展的不同阶段来探讨社会保障水平的适度性变化，因此选取社会保障水平为因变量。考虑到数据的可获得性与不同国别数据的可比性，本章借鉴穆怀中（1997）的方法，用社保支出占GDP的比重作为社会保障水平的衡量指标（SSE），即社会保障的宏观水平。① 由于世界各国对社会保障支出的界定存在很大差别，本章根据OECD数据库对社会保障支出的界定，将公共部门社会保障支出、国家强制的私人社会保障支出和个人自愿的社会保障支出三个项目的总和作为社会保障支出的衡量指标。②

6.3.2.2 核心解释变量

为了探讨社会保障水平与经济发展阶段之间的线性与非线性关系，本节基准回归模型（6-1）将核心自变量 $\ln Y_{it}$ 的一次项和二次项均包含纳入考虑，

---

① 用宏观社会保障水平做指标还可以避免各国财政体制差异问题，因此相对合理。

② 参见OECD数据库对社会保障的定义：https：//data.oecd.org/socialexp/social-spending.htm。

在回归模型中，若 $\beta_1 = \beta_2 = 0$ 时，解释变量和被解释变量为直线或不相关关系；当 $\beta_1 > 0$ 或 $\beta_1 < 0$，且 $\beta_2 = 0$ 时，为单调递增或递减关系；当 $\beta_1 > 0$ 且 $\beta_2 < 0$，为存在倒“U”形曲线关系；当 $\beta_1 < 0$ 且 $\beta_2 > 0$，为存在“U”形曲线关系（邹秀清，2013）。笔者初步对社会保障水平与经济发展水平特征事实图进行观察（见图 6－2），社会保障水平与经济发展水平之间存在较为明显的倒“U”形曲线关系。这种曲线关系显示为社会保障会先随人均 GDP 的增加而增加，直至达到社会保障水平的峰值；当人均 GDP 较高时，社会保障水平增长较为缓慢或不增长，随着人均 GDP 的持续增长，社会保障水平会回落，保持相对稳定的水平。

6.3.2.3 控制变量

从第 5 章来看，社会保障水平会对经济增长、劳动供给、企业生产效率以及社会稳定产生影响，因此国家在确定最终的社会保障水平时，除考虑与经济发展水平相关的经济因素以外，还需要考虑很多非经济因素。这些因素主要还包括失业率、发达程度、政府税收收入水平和人口老龄化。

首先，除人均 GDP 之外，在经济生活中还存在其他变量能较好地反映经济发展阶段，如国家的工业化程度、城市化程度等均会对社会保障水平产生影响，但工业化程度在一定程度上也能代表一个国家的城市化程度，本章选择工业化程度作为控制变量，因为工业化程度既能够反映一个国家或地区的机械化程度和工业化产业的集中程度，也能反映出一个国家或地区产业的非农化水平。根据发展经济学理论（张培刚，2001），多数发展中国家在第二次世界大战后的产业结构都以传统农业为主而非对经济增长起更大作用的工业，是发展中国家经济相对落后于西方工业国的重要原因。因此，本章选取非农产业增加值占 GDP 的比重（$Industry_{it}$）作为衡量国家工业化程度的代理指标。其次，社会保障是政府解决失业问题的重要手段，当失业率高时，政府可能会加大对失业保障的投入以降低失业率来维护社会稳定，也可能会调整失业保障支出来缓解因社会保障道德风险而带来的“自愿失业”。因此，失业率既是经济发展指标，也是一个对社会保障支出具有重要影响的指标，同时样本国家多国受选民政治的影响，也可能会投入更多的政府资金来降低失业率，以获得执政资本。本章利用样本国家失业人口占劳动力总人口的比重来衡量失业率（$Unemploy_{it}$）。再次，国家财政资金主要来源于税收，社会保障作为财政重要的支出项目，必须以充足的税收为基础。一般情况下，政府税收收入越多，政府的社会保障负担能力越强，政府就可能越倾向于扩大对社会保障的投入。样本国家大多数受选民政治的影响，在税收充足时，加大对社会保障的投入的可能性会更大。本章选取政府税收收入与国内生产总值（GDP）的比值来衡量政府税收水平（Tax_{it}）。最后，一方面，老龄人口是社会保障的重要保障对象，由于样本国家属于发达国家，人均寿命较长，同时生育意愿较低，由于老龄人口占总人口比重人口比重持续增大而带来的养老保险、医疗保险的支出规模不断扩大，医疗支出项目也与日俱增。因此，人口老龄化也是影响样本国家社会保障水平的重要指标，本章采用老年人口（65岁及以上人口）占总人口的比重来表示人口老龄化水平（Old_{it}）。另一方面，社会保障存在道德风险，社会保障支出规模扩大可能带来社会劳动参与率的下降，此时国家可能会适当降低劳动参与率来降低社会保障的道德风险。劳动参与率主要根据OECD数据库的定义，按劳动力除以总劳动年龄人口计算。劳动年龄人口是指15~64岁的人。该指标按年龄组细分，并以每个年龄组的百分比来衡量（*Participate*）。

6.3.3 实证结果分析

本章旨在考察和借鉴样本国家在经济发展的不同阶段显示出的社会保障水平变动规律，从而拟合出社会保障水平的理论曲线，因此在对模型所需数据进行准备和处理的过程中，综合样本国家数据的可得性和可比性，老龄化数据选用世界银行数据库（http://data.worldbank.org/indicator），劳动参与率和政府税收水平等数据来源于OECD数据库（http://stats.oecd.org/wbos/default.aspx），失业率数据来源于国际劳工组织统计年鉴，同时，严格对比《联合国国民账户统计年鉴》和OECD数据库对社会保障支出统计口径的差异，遵循口径一致原则①，西

① 经过严格比对，本节将样本国家1960~1980的社会保障支出数据按照《联合国国民账户统计年鉴》公共部门社会保障支出、国家强制的私人社会保障支出和个人自愿的社会保障支出三个项目的总和来计算，得出的数据与OECD数据库的社会保障水平数据连续，以1980年数据样本为例，相差总体控制在百分之一以下。具体参见本书第5章数据脚注。

方发达国家1960～1980年社会保障支出数据来自《联合国国民账户统计年鉴》，1980～2018年社会保障占GDP比重数据来自OECD数据库。模型中所涉及变量的数据特征见表6-2。

表6-2 统计性描述

变量名	观察值	中位数	平均数	标准差	最大值	最小值
Sse	1180	17.9	17.9504	6.5768	34.2	2.0
ln*gdp*	1180	9.7	9.5382	1.0154	11.7	3.8
ln*gdp*2	1180	94.8	92.0069	18.9544	136.1	14.4
Industry	1180	2.5	2.5004	4.2984	81.3	20.9
Unemploy	1180	5.7	6.3664	4.2363	27.5	0.0
Old	1180	13.8	13.8974	3.0489	22.7	7.3
Tax	1180	1.8	1.9176	0.5355	4.1	1.2
Participate	1180	1.8	1.9255	2.1573	19.9	12.1

6.3.4 西方发达国家社会保障水平适度性演进分析

表6-3报告了社会保障水平与经济发展的基准回归结果，其中第（1）列仅使用经济发展对社会保障水平的回归，人均GDP对社会保障水平的回归弹性系数是13.9473，在1%的置信水平下显著。第（2）列中加入了人均GDP的二次项，其中，人均GDP对社会保障水平的回归弹性系数是12.7477，在1%的置信水平下显著，人均GDP的二次项对社会保障水平的回归弹性系数是-6.1756，在1%的置信水平下显著。核心变量的一次项系数为正，二次项系数为负，说明在人均GDP增长的初期阶段对社会保障水平的影响效应是正向的，但随着人均GDP的持续增长，并达到较高的发展水平时，社会保障水平并不会随着人均GDP的增加而持续增加。模型回归结果与特征事实图观察结果一致。社会保障水平和经济发展水平都处于高水平的西方典型发达国家，如英国、瑞典、法国和德国等，在20世纪80年代中期左右人均GDP的增长几乎都同时出现了社会保障水平先上升到峰值，而后回落再保持低于峰值水平的运动轨迹（见图6-2及阴影部分区域）。

表6-3　社会保障水平与经济增长（基准结果）

变量	(1)	(2)	(3)	(4)	(5)	(6)	(7)
	Sse	*Sse*	*Sse*	*Sse*	*Sse*	*Sse*	*Sse*
ln*GDP*	13.9473*** (0.0871)	12.7477*** (0.3728)	17.4327*** (0.4344)	17.2976*** (0.4418)	16.8780*** (0.4944)	16.0282*** (0.7453)	16.8383*** (0.5462)
ln*GDP*^2		-6.1756*** (0.2191)	-8.9097*** (0.2085)	-8.8464*** (0.2112)	-8.7714*** (0.2374)	-8.6059*** (0.2667)	-8.5188*** (0.2788)
lnindustry			0.0242*** (0.0090)	0.0238*** (0.0086)	0.0372 (0.0285)	0.0405 (0.0284)	0.0012 (0.0097)
Unemploy				0.0304*** (0.0086)	0.0636 (0.0519)	0.1044*** (0.0398)	0.0280*** (0.0076)
Tax					-0.1005 (0.0914)	0.0126 (0.1266)	1.1063*** (0.2244)
Old						0.2261* (0.1179)	0.1597*** (0.0371)
Parti							-0.0429 (0.0453)
_cons	-29.6605*** (1.0320)	-17.9992*** (0.5984)	-22.5764*** (1.6386)	-22.3298*** (1.6438)	-18.2724*** (2.8206)	-14.6264*** (4.3055)	-27.5133*** (0.9828)
N	1180	1180	1180	1180	1180	1180	1180
adj. R^2	0.6871	0.6073	0.6406	0.6409	0.6549	0.6562	0.5542

注：***、**、*分别代表在1%、5%和10%水平上显著。标准误报告在括号内，控制时间固定效应和个体固定效应，并使用稳健标准误。

表6-3中第（3）列至第（7）列是在核心自变量对数人均GDP、对数人均GDP二次项的基础上，逐步扩展控制变量的固定效应面板回归方程，各模型的一次项系数都显著为正，二次项系数都显著为负，表明社会保障水平与经济增长之间确实存在稳健的倒“U”形关系。在第（3）列中，继续引入工业化程度作为控制变量，所得到的核心自变量和重复控制变量的回归系数与第（1）列和第（2）列结果较为接近。从回归结果来看，工业化程度与社会保障水平呈正相关关系，工业化程度每增加1个百分点会导致社会保障水平提高约0.02个百分点。第（4）列继续失业率作为控制变量，所得到的核心自变量和

重复控制变量的回归系数与第（2）列和第（3）列结果都较为接近。从回归结果来看，失业率与社会保障水平呈正相关关系，失业率每增加1个百分点会导致社会保障水平提高约0.03个百分点，这与本书第4章与第5章的结论相一致，进一步证明社会保障支出是样本国家解决失业的重要手段，因为从本质上来看，规模以上失业人群是一件准公共物品，过度失业不利于社会稳定和经济增长，政府有责任采取措施降低失业率，而社会保障政策是其中最为有效的措施之一。第（5）列继续增加“政府税收水平”作为控制变量，回归结果与第（2）列、第（3）列、第（4）列较为一致。第（5）列说明政府税收水平提高对社会保障水平具有正向影响，政府税收水平提高1个百分点会助推社会保障水平上升0.11个百分点。该结论也与现实生活相一致，国家要保障长期繁荣稳定，税收必须取之于民用之于民，西方发达国家大多受选民政治的影响，对选民的社会保障承诺更为明显，福利国家更是如此，通过高税收来保证国家的社会保障资金的充分供给。第（6）列继续将“老年化率”作为控制变量引入模型，回归结果与第（2）列、第（3）列、第（4）列、第（5）列也基本保持一致，人口老龄化程度增加1个百分点会导致社会保障水平增加约0.23个百分点，说明人口老龄化的确是发达国家社会保障水平上升的重要原因。因为老龄人口增加会相应增加国家的养老金、医疗保障等支出，同时由于生育率持续降低，势必造成抚养比上升，给社会保障支出形成巨大压力，这也是西方国家社会保障水平过度的重要原因。第（7）列进一步分析劳动参与率对社会保障支出的影响。实证结果表明，劳动参与率与社会保障水平呈负相关关系，劳动参与率每增加1个百分点会相应降低社会保障水平0.043个百分点，这与现实中避免社会保障支出带来的道德风险相符。

6.3.5 内生性分析

由于经济增长在影响社会保障水平的同时，社会保障水平也会影响到经济增长，经济增长与社会保障水平之间在一定程度上存在互为因果的关系，因此可能会对模型估计结果产生偏误；同时，由于影响经济增长和社会保障的因素很多，也可能存在一些同时影响经济发展和社会保障水平的不可观测变量，对估计结果产生偏误。从上述两个方面来看，该模型可能存在内生性，本章构造了两个工具变量对模型进行稳健性检验：其一是首都到最近港口的距离乘以进出口总额，其二是样本国家内各国排名前十位的河流总长度乘以进出口总额。

本章参考巴蒂克工具变量的构造思想，首先采用首都到最近港口的距离乘以进出口总额作为经济增长的工具变量，其合理性主要是由于经济全球化使国际贸易对一国的经济增长起到至关重要的作用，而在国际贸易中海运是最为主流的运输方式，因此，距离港口远近会影响到一国的经济发展。满足工具变量相关性的要求，同时首都距离最近港口的距离是自然变量，是固定不变的。经济发展不会影响到首都城市到港口的距离。① 因此，满足了工具变量外生性的要求。同时，首都到最近港口的距离乘以进出口总额也可以解决距离变量不随时间变化所导致的样本量过少，以及控制个体固定效应后可能产生的共线问题。

使用河流长度乘以进出口总额作为工具变量的合理性在于：首先，水运是大宗货物运输的廉价运输方式，会影响地区经济发展水平；其次，在蒸汽机、内燃机及电力大规模应用之前，水力是欧洲国家工业发展的主要动力。因此，河流长度作为经济发展的工具变量满足相关性要求；同时，河流长度属于自然地理特征，即使在长时间跨度内变化也很小，经济发展水平的好坏不会对河流长度产生很大的影响，满足了工具变量的外生性要求。河流长度乘以进出口总额也可以解决河流长度变量不随时间变化所导致的样本量过少，以及控制个体固定效应后可能产生的共线问题。

表6－4报告了以首都到最近港口距离作为经济发展工具变量的回归结果。从工具变量的有效性看，CDW－F（Cragg－Donald Wald F）和KPW－F（Kleibergen－Paap rk Wald F）统计量均大于10，说明本章使用首都到港口最近的距离作为经济发展的工具变量不存在显著的弱工具变量问题。从回归结果

① 陆铭．建设用地使用权跨区域再配置：中国经济增长的新动力［J］．世界经济，2011，34（1）：107－125．样本国家首都到最近海港距离的测算方法及结果见附表1。其中“首都到最近港口的距离”与“河流长度”的数据均来自“Natural Earth Data”公开提供的全球基础地理信息数据，并利用Arcgis软件计算出首都到最近港口的距离和境内河流长度。

看，表6-4中第（1）列为未考虑控制变量因素的回归结果，Ln*GDP*的系数在5%的置信水平上显著，说明经济发展总体上对社会保障水平的影响显著为正。第（2）列进一步考虑了发展阶段因素，工具变量二次项的回归弹性系数是-7.5046，并在1%的置信水平上显著。同时，一次项的回归弹性系数却在1%的水平上显著为正。以上说明，当经济发展至一定水平时，社会保障水平将有所下调，其与前面基本保持一致。第（3）列至第（7）列逐步加入了工业化程度、失业率、政府税收水平、人口老龄化、劳动参与率等控制变量以及常数项，总体而言，考虑上述控制变量因素后，经济发展工具变量的一次项均在1%或5%的水平上显著为正，且相关二次项则在1%或5%的水平上显著为负。综上所述，经济增长与社会保障水平之间存在非线性关系，即经济增长对社会保障水平的影响会随着经济发展到一定阶段由正转负，与基准回归结果结论一致，即可认为本章6.3.4小节实证分析结果较稳健。

表6-4　社会保障水平与经济增长（首都到最近港口的距离做工具变量）

变量	(1)	(2)	(3)	(4)	(5)	(6)	(7)
	Sse	*Sse*	*Sse*	*Sse*	*Sse*	*Sse*	*Sse*
ln*GDP*	15.7472**	15.9194***	15.8556***	15.6331***	11.3592***	30.4772**	19.6696***
	(0.8324)	(0.7151)	(0.7391)	(0.7455)	(4.9659)	(21.1488)	(1.1758)
ln*GDP*^2		-7.5046***	-7.4570***	-7.3796***	-7.3514**	-7.0079**	-9.0143***
		(0.7477)	(0.7901)	(0.8463)	(3.9034)	(3.9842)	(0.4597)
Industry			0.0242	0.0176	0.1388	0.1262	-0.0205
			(0.0347)	(0.0270)	(0.1716)	(0.2506)	(0.0269)
Unemploy				-0.0247	-0.1680	-0.2530	0.0223
				(0.0359)	(0.2088)	(0.4674)	(0.0136)
Tax					14.4675	19.2033	1.8360***
					(10.3257)	(23.9780)	(0.3668)
Old						-3.3636	-0.2585
						(4.7484)	(0.1576)
Parti							0.1290
							(0.1059)

续表

变量	(1)	(2)	(3)	(4)	(5)	(6)	(7)
	Sse	*Sse*	*Sse*	*Sse*	*Sse*	*Sse*	*Sse*
CDW - F	56. 887	54. 963	59. 564	59. 931	58. 015	57. 692	55. 421
KPW_F	62. 561	69. 845	71. 594	64. 795	61. 774	73. 547	68. 521
_cons	136. 2492	-40. 7118***	168. 2607	-131. 6923*	10. 9198	57. 3004***	-48. 6832***
	(94. 5780)	(13. 0188)	(157. 9161)	(69. 8951)	(9. 3512)	(8. 7494)	(8. 1615)
N	1180	1180	1180	1180	1180	1180	1180
adj. R^2	0. 4546	0. 6568	0. 6632	0. 6685	0. 6985	0. 6754	0. 5905

注：***、**、*分别代表在1%、5%和10%水平上显著。标准误报告在括号内，并使用稳健标准误。

表 6 - 5 列示了以境内河流长度，作为经济发展工具变量的回归结果。① 从工具变量的有效性看，CDW - F（Cragg - Donald Wald F）和 KPW - F（Kleibergen - Paap rk Wald F）统计量大于 10，说明本章使用境内河流长度作为经济发展的工具变量不存在显著的弱工具变量问题。基于具体回归结果，表 6 - 5 中第（1）列从总体层面考察了经济发展对社会保障水平的影响，估计系数为 22. 8629，在 5% 的水平上显著，说明总体上经济发展对社会保障水平产生积极的正效应。第（2）列考虑了经济发展阶段因素，核心变量一次项仍显著为正，但二次项显著为负，说明随着经济发展水平的不断提高，社会保障水平呈现先增后减的现象。在此基础上，依次加入工业化程度、失业率、政府税收水平、人口老龄化等控制变量以及常数项，回归结果分别列示于第（3）列至第（7）列，核心变量一次项的估计系数显著为正，分别为 22. 6362、12. 9034、80. 7537 和 23. 3254，但核心变量二次项的估计系数则显著为负，估计系数各自是 - 3. 0103、 - 9. 2454、 - 25. 7030、 - 11. 5524 和 - 11. 0114，表明社会保障水平并非一直伴随经济发展而增长，而是会呈现显著的先增后减，这与前面检验结果基本保持一致，结果较稳健。

① 各国境内河流排名前十位的河流长度数据来源：作者根据 https://www.worldatlas.com/查证。

表 6-5　社会保障水平与经济增长（境内河流长度做工具变量）

变量	(1)	(2)	(3)	(4)	(5)	(6)	(7)
	Sse	*Sse*	*Sse*	*Sse*	*Sse*	*Sse*	*Sse*
ln*GDP*	22.8629** (14.5652)	36.3080*** (9.9060)	22.6362** (16.2242)	12.9034*** (2.6089)	80.7537** (47.7457)	23.3254*** (2.9508)	22.8637*** (1.3168)
ln*GDP*^2		-46.4509** (29.3560)	-3.0103** (1.7753)	-9.2454*** (1.2197)	-25.7030** (13.1998)	-11.5524*** (1.4642)	-11.0114*** (0.6035)
Industry			1.0413 (2.5608)	-0.3425 (0.2631)	1.2761 (8.1480)	-0.0452* (0.0233)	0.0178 (0.0156)
Unemploy				0.5188 (0.4106)	-0.8010 (5.5245)	0.1026** (0.0410)	0.0102 (0.0141)
Tax					85.1275 (503.8433)	5.7332*** (1.4694)	2.5917*** (0.4265)
Old						-0.4891** (0.2453)	-0.3717*** (0.1184)
Parti							-0.0390 (0.0463)
CDW-F	16.96	14.08	54.43	17.74	17.03	16.52	15.69
KPW_F	16.86	19.25	21.04	17.58	14.58	17.49	18.42
_cons	-258.0235 (176.0675)	1343.6587 (26365.5839)	-200.1413 (425.2254)	36.1710 (47.5613)	-624.0304 (3642.7987)	-47.5342*** (7.8404)	-48.4964*** (4.0795)
N	1180	1180	1180	1180	1180	1180	1180
adj. R^2	0.2849	0.6568	0.6731	0.2864	0.4113	0.7738	0.9330

注：***、**、* 分别代表在 1%、5% 和 10% 水平上显著。标准误报告在括号内，并使用稳健标准误。

6.3.6 西方发达国家总体社会保障水平理论值与实际值对比分析

为了进行理论值与实际值的比较，首先，将同一年份的不同国家取平均，计算出各个年份的总体实际值，得到了图 6-3 中社会保障水平的实际值曲线；其次，根据跨国回归模型（6-1）社会保障水平与经济发展的基准回归结果，得到社会保障支出的理论方程（6-2），并对西方发达国家所涉及的变量求平均后，画出社会保障理论支出与实际支出对比图（见图6-3）。

$$SSE_{it} = -27.5133 + 16.8383 - 8.5188(\ln GDP_{it})^2 + 0.0125Industry_{it} + 0.028Unemploy_{it} + 1.1063Tax_{it} + 0.1597Old_{it} - 0.0429Parti_{it} \quad (6-2)$$

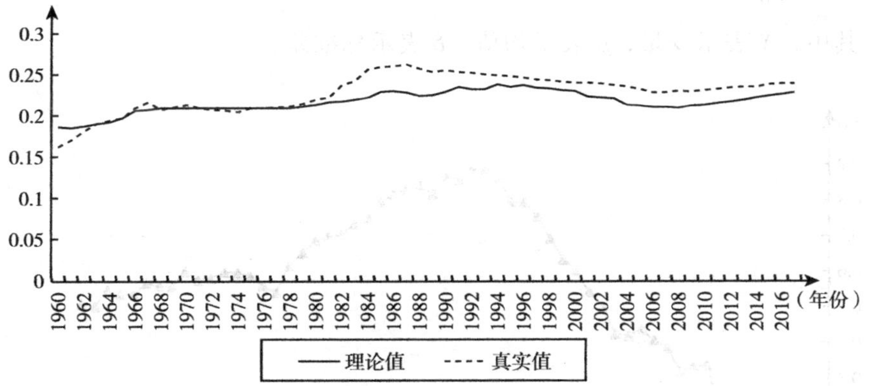

图6-3　西方发达国家社会保障支出的理论值与真实值

由图6-3可知，1960~1975年左右西方发达国家社会保障水平的真实值围绕理论值上下波动，20世纪60年代末到70年代后期社会保障水平的实际值和理论值较为接近，说明尽管部分西方发达国家在20世纪70年代中期社会保障支出已经对经济社会发展产生负效应，但从样本国家整体来考察社会保障水平较为适度，这也验证了本书第5章得出社会保障对经济经济增长、企业生产效率、劳动供给以及社会稳定具有正向效应的结论。1978~2018年社会保障水平的实际占比始终高于理论占比，表明20世纪70年代末，该阶段保障过度，这也解释了自20世纪80年代后西方发达国家开始出现“高福利病”现象，90年代的社会保障“再商品化”改革也未能彻底扭转这种社会保障水平过度的局面。

6.4　西方发达国家社会保障水平理论值与实际值缺口测算

6.4.1　西方发达国家总体社会保障水平理论值与现实值差值

为对比1960~2018年西方发达国家社会保障总体支出水平的理论值和真实

值，从而进一步分析社会保障水平的适度性演变。本章根据实证分析结果，将同一年份不同国家之间的变量进行标准化处理，把标准化之后的变量代入式（6-3）计算出总体的理论值。用理论值减去标准化之后的真实值，画出图6-4。

$$X^* = \frac{X - \mu}{\delta} \tag{6-3}$$

其中，X 表示变量，μ 表示均值，δ 表示标准差。

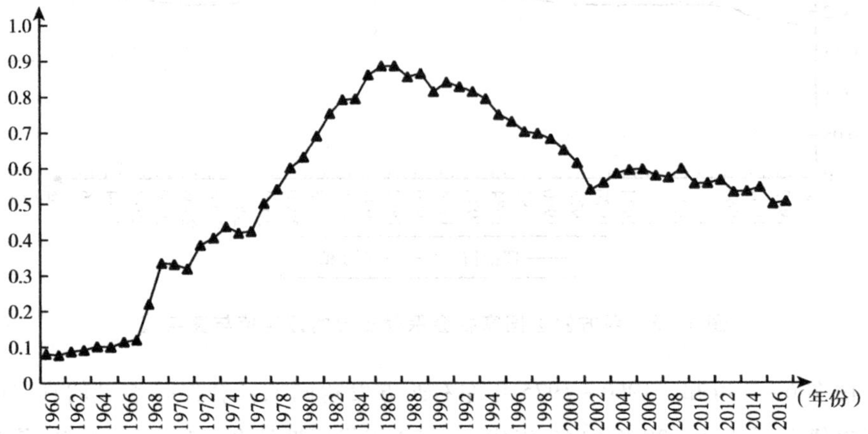

图6-4　欧洲20国社会保障支出的理论值与真实值缺口

由图6-4可知，样本国家总体的社会保障水平的理论值存在缺口，缺口也呈现出明显的倒“U”形特征，并于1986年左右达到缺口峰值，缺口达0.9个单位，随后逐渐回落至0.5个单位①缺口并保持平稳运行至今。20世纪60年代至70年代初期，样本国家社会保障支出理论值与实际值的支出缺口仅增加0.2个单位，这在一定程度上说明样本国家社会保障水平在这一时期较为适度。70年代后期至80年代后期，西方主要发达国家社会保障支出处于快速扩张期，样本国家社会保障支出实际值与理论值的差值也高达0.7个单位，在一定程度上说明这一时期社会保障支出过度，也解释了自80年代中后期欧洲开始出现“高福利病”的原因。

① 本段的单位指1个标准误。

6.4.2 不同福利模式社会保障水平理论值与现实值差值

本章主要参考《福利资本主义的三个世界》和《欧洲社会模式——以欧洲住房市场和住房政策为视角》① 中对福利国家模式的分类，将样本国家福利模式分为三大类，即社会民主主义模式、保守主义模式和自由主义模式②。根据式（6－3）进行标准化处理，再将得到的数据代入回归模型，得出图6－5。

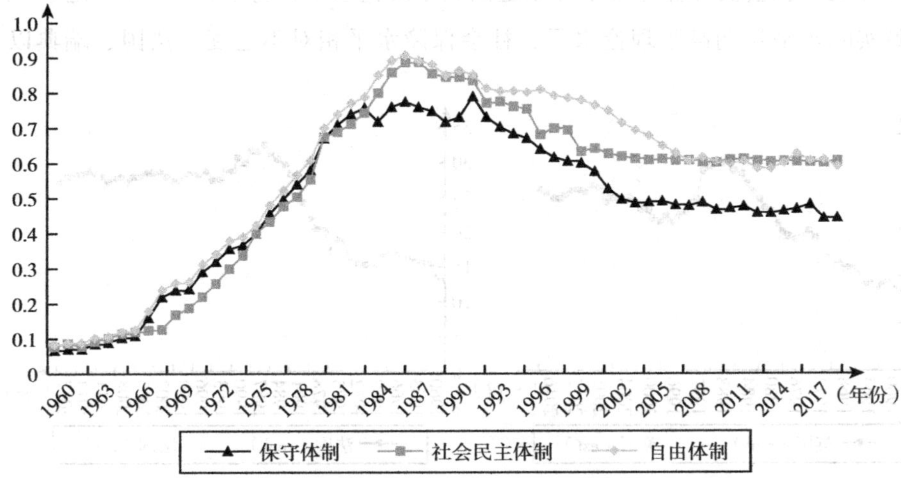

图6－5 分福利模式社会保障理论与实际值支出对比

如图6－5所示，从不同福利模式来看，社会保障水平理论值与实际值之间仍然存在差值，三种福利模式都在20世纪60年代之后，社会保障支出理论值与实际值的差值逐渐扩大，80年代中期差值处于最高水平，90年代之后随着社会保障“再商品化”改革的进程，两者之间的差值逐渐回落，并在2000年左右之后开始处于平稳运行的轨迹，其中，社会民主体制模式和保守体制模式国家社会保障理论值与实际值支出差值在80年代之后明显高于自由体制国家。

---

① 分别为艾斯平·安德森著、郑秉文译，余南平著。

② 社会民主主义模式：挪威、丹麦、瑞典、芬兰、希腊；保守主义模式：瑞士、荷兰、奥地利、德国、比利时、卢森堡、西班牙；自由主义模式：爱尔兰、美国、澳大利亚、加拿大、英国、法国、意大利。

6.4.3 四个典型发达国家社会保障水平理论值与现实值差值

根据本章6.3节的回归分析，得到各个变量的回归系数，把回归系数代入式（6－1）中，并代入国家各个变量的真实值，得到预测值，根据理论值和真实值，画出图6－6。分国家来看，西方典型发达国家仍然存在社会保障支出超过理论值的现象，① 德国社会保障水平于1960～1972年较为合理，至1972年之后社会实际保障水平开始逐渐高于理论水平，特别是1980年之后社会保障实际水平长期高于理论水平，社会保障水平相对不适度。法国、瑞典以及

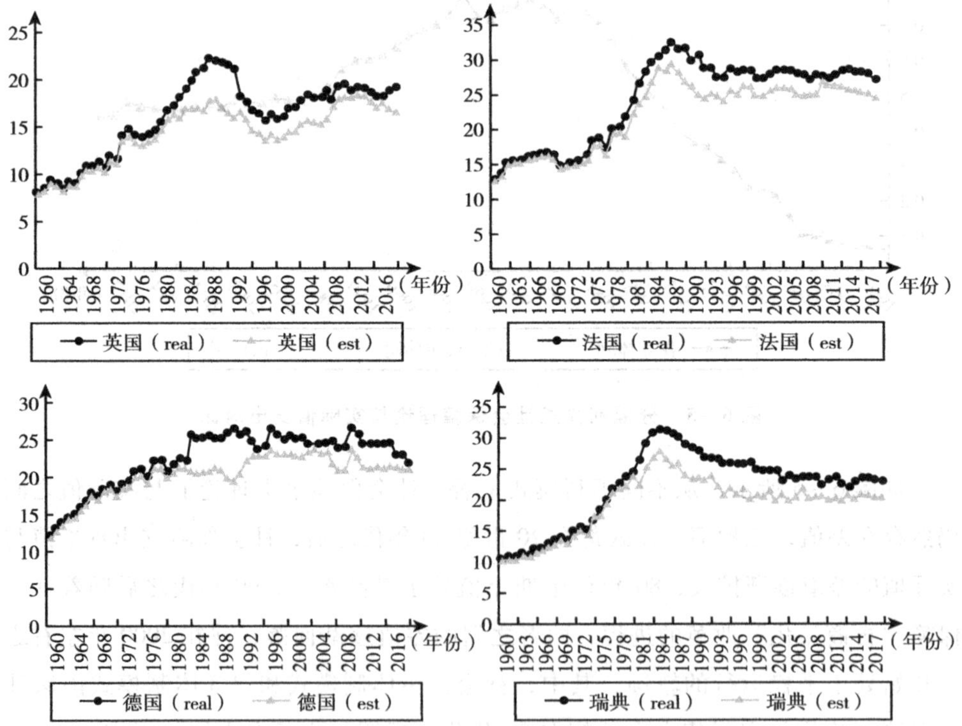

图6－6　国家社会保障理论与实际支出对比

---

① 对样本国家的回归中近半数国家社会保障水平超过理论值，也有部分国家如西班牙、希腊等国社会保障未超过理论值，本节选取英国、德国、法国和瑞士为例，来说明福利国家存在社会保障支出超过理论值的现象。

英国也是如此，自20世纪70年代中后期开始，社会保障水平总体上高于理论值，出现社会保障过度问题。

6.5 供给端视角下西方发达国家社会保障水平过度原因探析

本章6.4节计算出了1960～2018年西方发达国家整体社会保障水平的缺口，计算结果显示，20世纪70年代中后期社会保障支出实际值明显高于理论值，存在较大的社会保障支出缺口；从典型国家来看，英、德、法和瑞典四国的社会保障支出总体水平的理论值和实际值之间在同一时期仍然反映出同一状况，因此本章判定，自20世纪70年代后期开始，西方发达国家社会保障水平与经济增长出现不适度现象，社会保障水平过度。为了进一步探索社会保障水平超度的原因，本章从供给端分析样本国家社会保障水平适度性的演进过程，但受限于数据的可得性，本章主要从生育率下降、罢工频发以及劳动参与率持续下降的角度来分析社会保障水平与经济增长的缺口。

6.5.1 人口结构失衡导致经济增长缺乏动能

人力资本是经济增长的主要要素之一，西方国家在人均受教育程度和社会保障水平持续提高的背景下，人口老龄化程度持续加深，生育率持续下降，劳动力供给越来越少。人口失衡将给西方发达国家经济发展造成巨大的人力资源缺口，主要表现在加重社会的社会保障负担，形成劳动力短缺。

$$SSE_{it} = \alpha + \beta_1 \ln Y_{it} + \beta_2 Fer + \beta_3(\ln Y_{it} \cdot Fer) + \beta_5(\ln Y_{it})^2 + \lambda Z_{it} + \gamma_i + \mu_t + \varepsilon_{it}\# \quad (6-4)$$

表6-6报告了人均GDP和生育率交乘回归的结果。被解释变量是社会保障水平理论值与现实值的缺口，该指标度量了各个国家社会保障水平的适度性，如果缺口越小，则社会保障水平越适度。其中，表6-6中第（6）列在之前的基础上加入了一系列控制变量。人均GDP和生育率的交乘项为-0.0279，在1%

的置信水平下显著，结合人均 GDP 单独项的系数为 -0.7407，可以看出在本章研究的样本期内，如果生育率提高，随着人均 GDP 的增长，社会保障水平理论值与现实值的缺口会进一步缩小，即社会保障水平的适度性会得到改善。但现实中，随着样本国家经济的不断发展，受教育程度的不断提高，社会保障制度的不断完善，样本国家生育率均呈现出明显的下降趋势，同时，随着老龄化程度的加深，都极大地减少了社会劳动力人口，增加了样本国家的抚养比，OECD 国家平均生育率从 20 世纪 60 年代至今，从平均每名女性生育 3.3 个孩子到生育 1.6 个孩子，生育率下降了一半；加拿大从平均每位母亲生育 3.9 个孩子降至生育 1.5 个孩子，爱尔兰则从 3.8 降至 1.8。由此来看，生育率大幅下降是样本国家社会保障水平过度的重要原因，这可能是由于生育率降低和人口老龄化程度加深共同导致样本国家抚养比上升给社会保障支出带来的负效应。

表 6-6　　人均 GDP 与生育率交乘

变量	(1)	(2)	(3)	(4)	(5)	(6)
	缺口	缺口	缺口	缺口	缺口	缺口
ln*GDP*	-0.4170*** (0.0302)	-0.4300*** (0.0738)	-0.4351*** (0.0730)	-0.4988*** (0.0697)	-0.4337*** (0.0753)	-0.7407*** (0.0778)
Fer	0.5522*** (0.0486)	0.4529*** (0.0440)	0.4621*** (0.0440)	0.4126*** (0.0425)	0.3849*** (0.0438)	0.2862*** (0.0404)
ln*GDP* × *fer*	-0.0521*** (0.0043)	-0.0430*** (0.0039)	-0.0438*** (0.0039)	-0.0397*** (0.0038)	-0.0371*** (0.0039)	-0.0279*** (0.0036)
ln*GDP*^2		0.2866*** (0.0415)	0.2860*** (0.0412)	0.2972*** (0.0385)	0.2787*** (0.0399)	0.3932*** (0.0410)
Industry			-0.0197*** (0.0043)	-0.0197*** (0.0041)	-0.0194*** (0.0039)	-0.0165*** (0.0036)
Unemploy				0.0244*** (0.0034)	0.0257*** (0.0034)	0.0254*** (0.0031)
Tax					0.1885*** (0.0469)	0.2907*** (0.0462)

续表

变量	(1)	(2)	(3)	(4)	(5)	(6)
	缺口	缺口	缺口	缺口	缺口	缺口
Old						0.0815*** (0.0076)
_cons	0.9022** (0.3778)	0.7539** (0.3052)	0.8813*** (0.3076)	1.2932*** (0.3058)	0.4776 (0.3691)	0.6145* (0.3481)
N	1137	1137	1137	1137	1137	1137
adj. R^2	0.3608	0.4072	0.4250	0.4485	0.4566	0.5073

注：***、**、*分别代表在1%、5%和10%水平上显著。标准误报告在括号内，并使用稳健标准误。

6.5.2 罢工频发致使社会保障支出易升难降

表6-7报告了人均GDP和罢工人数交乘回归的结果。被解释变量是社会保障水平理论值与现实值的缺口，该指标度量了各个国家社会保障水平的适度性，如果缺口越小，则社会保障水平越适度。

表6-7 人均GDP与罢工人数交乘

变量	(1)	(2)	(3)	(4)	(5)	(6)	(7)
	缺口	缺口	缺口	缺口	缺口	缺口	缺口
ln*GDP*	-1.7051*** (0.0334)	-1.0396*** (0.0848)	-1.0407*** (0.0848)	-1.0306*** (0.0910)	-1.0294*** (0.0847)	-0.9071*** (0.0814)	-0.8192*** (0.1603)
ln*strike*	0.0101* (0.0053)	0.0170*** (0.0053)	0.0177*** (0.0055)	0.0176*** (0.0055)	0.0181*** (0.0053)	0.0192*** (0.0055)	0.1854** (0.0971)
ln*GDP* × ln*strike*	0.0016** (0.0007)	0.0014** (0.0006)	0.0014** (0.0006)	0.0015** (0.0006)	0.0019*** (0.0006)	0.0025*** (0.0006)	0.0123*** (0.037)
ln*GDP*^2		-0.5492*** (0.0408)	-0.5538*** (0.0410)	-0.5489*** (0.0443)	-0.5311*** (0.0422)	-0.5322*** (0.0402)	-0.5347*** (0.0364)
Industry			-0.0046 (0.0036)	-0.0048 (0.0036)	-0.0052 (0.0034)	-0.0062** (0.0029)	-0.0020 (0.0029)

续表

变量	(1)	(2)	(3)	(4)	(5)	(6)	(7)
	缺口	缺口	缺口	缺口	缺口	缺口	缺口
Unemploy				0.0019 (0.0047)	0.0048 (0.0046)	0.0084 * (0.0045)	0.0090 ** (0.0044)
Tax					0.3211 *** (0.0652)	0.3488 *** (0.0622)	0.3261 *** (0.0670)
Old						0.0651 *** (0.0076)	0.0646 *** (0.0076)
Parti							-0.0054 (0.0124)
_cons	-1.5802 *** (0.4501)	-1.3810 *** (0.4991)	-1.2870 ** (0.5173)	-1.2604 ** (0.5241)	-2.0974 *** (0.4749)	-1.5080 *** (0.4745)	-0.4322 (1.6501)
N	1180	1180	1180	1180	1180	1180	1180
adj. R^2	0.2240	0.4863	0.4869	0.4858	0.5197	0.5863	0.6319

注：***、**、* 分别代表在1%、5%和10%水平上显著。标准误报告在括号内，并使用稳健标准误。

其中，表6-7中第（6）列在之前的基础上加入了一系列控制变量。人均GDP和罢工人数对数的交乘项为0.0025，在1%的置信水平下显著，结合人均GDP单独项的系数为-0.9071，可以看出在本章研究的样本期内，罢工减弱了经济增长对缺口（社会保障水平理论值与现实值的缺口）缩小作用，即罢工加剧了社会保障的适度性失衡。但现实中，样本国家，特别是英、法、德、瑞等福利国家，政府削减社会保障支出的改革计划几乎无一例外都会受到民众激烈反对，选民通过罢工等形式来维护自己的社会保障权益。2006年，法国德维尔潘政府推出“首次雇佣合同法案”而引发了大规模学生骚乱。德国斯罗德政府期望通过“2010年议程”的全方位社会保障削减计划来实现政府支出可持续，但计划遭到反对党的强烈反对，严重影响了社会民主党的支持率，斯罗德总理多次以辞职相逼，仍不能实现削减社会保障支出的改革；同时由于西方选民政治的影响，在面对频繁罢工的情况下，政府也只能放弃削减社会保障的改革计划。20世纪90年代多数西方发达国家罢工事件频发，并与政府削减社会保障支出计划以及政府更迭的时间较为吻合，罢工人数总体上也呈现出一定上升趋势。从这一视角看来，罢工人数及次数以及持续的天数和选民政治的结合的确是造成样本国家社会保障支出刚性增加、社会保障水平适度性失衡的原因之一。

6.5.3 福利依赖增加社会保障负担

表6-8报告了人均GDP和劳动参与率交乘项回归的结果，被解释变量是社会保障水平理论值与现实值的缺口，该指标度量了各个国家社会保障水平的适度性，如果缺口越小，则适度性越好。其中，表6-8中第（6）列在之前的基础上加入了一系列控制变量。人均GDP和劳动参与率的交乘项为-0.0325，在1%的置信水平下显著，结合人均GDP单独项的系数为-0.1969，可以看出在本书研究的样本期内，劳动参与率提高可以进一步促进经济增长对缺口（社会保障水平理论值与现实值的缺口）缩小作用。换句话说，劳动参与率下降会加剧社会保障水平的不适度。现实中，从失业率和每人年平均劳动时间两项影响劳动参与率的指标来看，样本国家都处于持续下降的趋势，同时劳动参与率也处于持续下降的趋势。法国平均失业率自1983年以来高达10%，英国20世纪80年代中期至90年代中期的年均失业率也接近10%，西班牙自80年代后期以来年均失业率甚至超过16%，希腊90年代以来年均失业率也近15%。另外，样本国家的年平均劳动时间①也一直处于下降趋势，法国每年人均劳动时间从1960年的2188小时下降到2019年的1505小时；德国从1991年的每人年均工作1554.1小时降至1386.1小时；瑞典从1960年每人年均工作1735小时降至2019年的1432小时，西班牙从1977年每人年均工作2036.3小时降至1686小时。失业率居高不下严重推

① 根据OECD数据库的定义，年平均工作时间是指每年实际工作的总小时数除以每年平均就业人数。实际工作时间包括全日制、兼职和非全日制工人的正常工作时间、带薪和无薪加班、额外工作时间，不包括因公共假日、带薪年假、自身疾病、受伤和临时残疾、产假、育儿假、上学或培训而未工作的时间，因技术或经济原因、罢工或劳资纠纷、恶劣天气、补偿假和其他原因而造成的工作松懈。这些数据包括雇员和个体经营者。这一指标是以每名工人每年的工时来衡量的。公布这些数据时有以下健康警告：这些数据用于比较一段时间内的趋势；由于数据来源和计算方法的不同，这些数据不适合用于比较某一年的平均年工作时数水平。

升了政府的失业保障支出，同时每人年均劳动时间持续下降在一定程度上说明西方发达国家可能的确存在“自愿失业”现象。由此可见，劳动供给不足和低水平的劳动参与率是造成样本国家社会保障水平适度性失衡的重要原因。

表 6－8　　人均 GDP 与劳动参与率交乘

变量	(1)	(2)	(3)	(4)	(5)	(6)
	缺口	缺口	缺口	缺口	缺口	缺口
ln*GDP*	－0.2012*** (0.0363)	－0.4761*** (0.1004)	－0.4731*** (0.0983)	－0.4113*** (0.0983)	－0.4280*** (0.0957)	－0.1969** (0.1098)
Parti	－0.6269*** (0.1451)	－0.6382*** (0.1702)	－0.6344*** (0.1682)	－0.6429*** (0.1609)	－0.6045*** (0.1713)	－0.3848** (0.1764)
ln*GDP* × *par*	－0.0522*** (0.0120)	－0.0534*** (0.0140)	－0.0530*** (0.0137)	－0.0537*** (0.0131)	－0.0509*** (0.0138)	－0.0325** (0.0141)
ln*gdp*2		－0.1804*** (0.0532)	－0.1790*** (0.0520)	－0.1411*** (0.0519)	－0.1492*** (0.0517)	－0.0344 (0.0555)
Industry			－0.0010 (0.0056)	－0.0007 (0.0053)	－0.0005 (0.0052)	－0.0018 (0.0042)
Unemploy				0.0187*** (0.0030)	0.0187*** (0.0030)	0.0176*** (0.0026)
Tax					0.0967 (0.0639)	0.2244*** (0.0718)
Old						0.0657*** (0.0077)
_cons	－1.9116*** (0.4672)	－1.7867*** (0.5159)	－1.7770*** (0.5191)	－1.8855*** (0.5110)	－2.0923*** (0.4941)	－1.3884*** (0.5186)
N	1180	1180	1180	1180	1180	1180
adj. R^2	0.1892	0.1172	0.1163	0.1452	0.1484	0.2166

注：***、**、*分别代表在1%、5%和10%水平上显著。标准误报告在括号内，并使用稳健标准误。

6.6 需求端视角下西方发达国家社会保障水平过度的原因探析

根据前面我们已经证明的社会保障支出倒“U”形曲线变动规律，社会保障水平不会随着经济增长而呈现出不断的增长趋势，而是在经历峰值之后，回归至一定的水平，然后保持相对平稳的轨迹运行。然而，西方发达国家的社会保障却依然维持着相对较高的水平，这一方面是由于西方发达国家社会保障水平在经历爆发式增长之后，难以在短时期回归至适度水平，这是社会保障支出的刚性使然；另一方面则是受西方发达国家党派竞选和多数票表决制的推波助澜：党派竞选中，各党派为了获取选民支持，福利承诺倾向于层层加码，其结果也是社会保障水平易升难降，导致政府债台高筑。

实质上，无论是经济发展带来的社会保障适度水平提高，还是党派竞选中的过高福利承诺，归根结底都是为了保障人的权益，以满足人从生存到发展的需求。马斯洛的需求层次理论也告诉我们人的需求会经历生存需要、发展需要再到自我实现需要的变化。本章将从讨论社会保障覆盖生存需求程度的角度出发，综合对生存保障的层度和国家财力负担程度来分析西方发达国家的社会保障适度水平。

6.6.1 线性支出（ELES）模型的提出及发展

英国计量经济学家Stone于1954年基于道格拉斯函数提出了线性支出系统（The Linear Expenditure System，LES），这个线性支出系统充分考虑了理论研究和实践经验。该系统的基本假定有：第一，消费者在一定时期内对各类商品的需求由消费者当期的收入水平和各类消费品的价格决定；第二，消费者对各类商品和服务的需求包括基本需求和超过基本需求后额外需求两个部分；第三，基本需求与收入水平无关，消费者在满足基本需求后，才会按照边际消费倾向用剩余收入去消费各种非基本需求；第四，消费品的边际消费倾向对于所研究的消费者是相同的。LES模型是在消费者预算约束下，根据效用最大化原则求解消费者支出选择。其基本形式如下：

$$P_iX_i^0 = P_iX_i + \beta_i\left(V - \sum_{j=1}^{n} P_jX_j\right)(i,j = 1,2,3,\cdots,n) \quad (6-5)$$

其中，P_i 表示第 i 种商品的价格，$P_iX_i^0$ 和 P_iX_i 分别表示对第 i 种商品实际需求的支出和基本需求的支出，V 表示总消费支出。LES模型的经济意义是：对第 i 种商品的需求量分为两个部分，第一部分是基本需求量，即维持基本生活需要，与收入水平无关的；第二部分是总支出扣除对所有商品基本需求的支出后剩余部分中愿意用于对第 i 种商品需求的支出，这部分与消费偏好有关。该模型函数具有以下几个基本特征：非负性、可相加性、对称性、单调性以及零齐次性。然而，LES模型中存在总支出预算这个内生变量，无法外生给出，使模型难以估计，消费者通常不是先确定总支出再选择购买的产品，而是购买产品后再决定其消费总支出。

1973年经济学家C. Liuch对LES模型进行了优化改进，将收入 I 代替消费支出 V，将 β_i 的概念由边际预算份额改为边际消费倾向，构建了ELES模型。

ELES模型的具体表达式如下：

$$P_iq_i = P_ir_i + \beta_i\left(I - \sum_{j=1}^{n} P_jr_j\right) \quad (6-6)$$

ELES模型对商品的消费支出分为基本支出和超过基本支出之外的追加支出。其中，P_i，P_j 分别表示第 i 种和第 j 种商品消费价格；q_i 为第 i 种商品需求量，商品需求量有基本需求量和非基本需求量两部分组成；r_i，r_j 分别为第 i 种和第 j 种商品的基本需求量；I 为收入；β_i 为第 i 种商品展预算约束中的份额，其经济意义是指消费者在满足基本需求之后，还会用可支配收入中的多大比例购买该商品，表现为一种超额消费量。若消费者不存在储蓄，则 $\sum_{i=1}^{n}\beta_i < 1$。具体计算过程如下。

对式（6-4）变形得到：

$$P_iq_i = P_ir_i - \beta_i\sum_{j=1}^{n} P_jr_j + \beta_iI + \mu_i \quad (6-7)$$

令 $\alpha_i = P_i r_i - \beta_i \sum_{j=1}^{n} P_j r_j$，则式（6-6）可变形为：

$$Y_i = \alpha_i + \beta_i I + \mu_i \tag{6-8}$$

利用式（6-7）回归求解，即对每一类别消费品，根据消费额 Y_i 和可支配收入 I 使用 OLS 估计参数 $\hat{\alpha}_i$ 和 $\hat{\beta}_i$。

6.6.2　基于需求层次理论的 ELES 模型改进

以上是目前经常使用 ELES 求解保障水平的过程，本章参考江华、杨雪（2014）的研究将结合需求层次理论作改进。马斯洛的需求层次理论认为，人的需要从最低限度逐级向更高一级的需要寻求满足，恩格斯认为人们在食物、衣着等生存需要得到基本满足后，才会产生对高档商品、娱乐用品等的需求。即消费者在既定收入的约束下，会优先满足基础需求，然后才会有非基础需求消费。设定居民生活需求有 n 种需求，则优先顺序为：$i_1 > i_2 > \cdots > i_k > i_{k+1} > \cdots > i_n$。考虑到社会保障的要求，在保障生存权（食品、衣着、居住）、发展权（教育文化娱乐服务）和健康权（医疗保健）的范围为顺序相等，设 $i_1 \sim i_k$ 是社会保障范围内的基础需求，$i_{k+1} \sim i_n$ 是保障范围外的更高需求，则 $i_1 = i_2 = \cdots = i_k > i_{k+1} > \cdots > i_n$。因此，在消费 $i_1 \sim i_k$ 商品时，则满足式（6-4）。而在消费 $i_{k+1} \sim i_n$ 商品时，应该是在基础需求满足后产生的需求，这类消费品的消费倾向是依赖于扣除基础需求消费之后的可支配收入，则满足下式：

$$P_i q_i = P_i r_i + \beta_i \left(I - \sum_{j=1}^{k} P_j r_j - \sum_{j=k+1}^{n} P_j r_j \right) \tag{6-9}$$

6.6.3　社会保障需求保障层次测算

（1）各个国家的国民对各类商品的平均基本需求和边际倾向。

受限于数据，本章无法估计出每个国家各年份的对各种商品的基本需求和边际需求，但本章尝试先估计出每个国家 1960～2018 年对各种商品的平均基本需求和边际需求，测算结果见附表 2 和附表 3。

（2）基本需求分类。

生存需求支出金额：食品饮料和烟草，服装和鞋类，租金、燃料和动力，家具、家用设备及运作；发展需求支出金额：娱乐、教育和文化服务；健康需求支出金额：医疗保健费用，测算结果见附表4。

（3）社会保障覆盖家庭基本生活支出的比例。

根据马斯洛需求层次理论，本章将食品饮料和烟草，服装和鞋类，租金、燃料和动力，家具、家用设备及运作方面的家庭支出定义为生存需求支出；将娱乐、教育和文化服务定义为发展需求支出；将医疗保健费用定义为健康需求支出金额。测算结果见表6－9。

$$\frac{GDP \times SSE}{Population} = SSEM \tag{6-10}$$

$$SSEM \times FamilySize = FSSEM \tag{6-11}$$

$$CoverRate = \frac{FSSEM}{Survival} \tag{6-12}$$

其中，*GDP*为地区生产总值，*SSE*为社会保障水平，*Population*为国家总人口，*SSEM*为平均每个人获得的社会保障支出金额，*FamilySize*为家庭规模，*FSSEM*为平均每个家庭获得的社会保障支出金额，*Survival*为维持生存的基本支出金额（即前面表格中的生存层次需求金额），*CoverRate*为社会保障能覆盖住家庭生存支出的比例，用于衡量一个国家社会保障水平的适度性。

表6－9　社保覆盖生存支出的比例

国家	生存需求	发展需求	健康需求	社保覆盖生存支出的比例
丹麦	16845.9	2728.01	5755.76	1.099083
加拿大	25703.7	2180.09	4887.93	1.014409
卢森堡	19277.3	4351.89	2532.71	0.934655
奥地利	13314	1792.66	1846.68	1.126652
希腊	17813.7	6162.28	2320.4	1.805007
德国	19288.6	2735.45	2275.91	1.705901
意大利	7462.43	4585.79	7033.85	1.353287
挪威	22769.3	3966.12	6098.77	1.302663
比利时	15185	1787.32	2503.33	1.674298

续表

国家	生存需求	发展需求	健康需求	社保覆盖生存支出的比例
法国	16636.5	8626.3	6680.67	2.694273
澳大利亚	22106.7	1992.51	2793.61	1.012982
爱尔兰	11700.7	5456.4	2575.89	1.092743
瑞典	17110.4	2114.97	7650.2	2.335805
瑞士	17661.6	1547.11	2911.98	1.415373
美国	20429	8271.2	3334.78	1.084388
芬兰	12370.3	1073.46	3087.48	1.009541
英国	14587	1487.64	3463.19	1.016803
荷兰	17491.6	3227.16	6955.1	1.562769
西班牙	15740.5	1004.65	4547.12	1.090452

从表 6－9 来看，西方发达国家的社会保障水平几乎都已经覆盖了各自的基本生存需求。从 1960～2018 年长周期平均来看，除了卢森堡外，样本国家的社会保障支出与基本生存需求之间的比值均超过 1，意味着社会保障完全能够覆盖家庭的生存支出，有的甚至达到生存支出的 2 倍，大幅超过对基本生存需求的保障，表明社会保障水平存在不适度。法国和瑞典甚至超过 2，分别达到 2.7 和 2.4 左右，这也在一定程度上说明为何法国是因社会保障制度改革触发群体罢工事件较为频繁的国家，因为当前阶段家庭福利水平越高，对福利水平的增减也就相对越为敏感；瑞典近年来由于难民涌入，进一步加深了瑞典的福利危机，社会保障也成为瑞典社会普遍关注的问题（见图 6－7）。

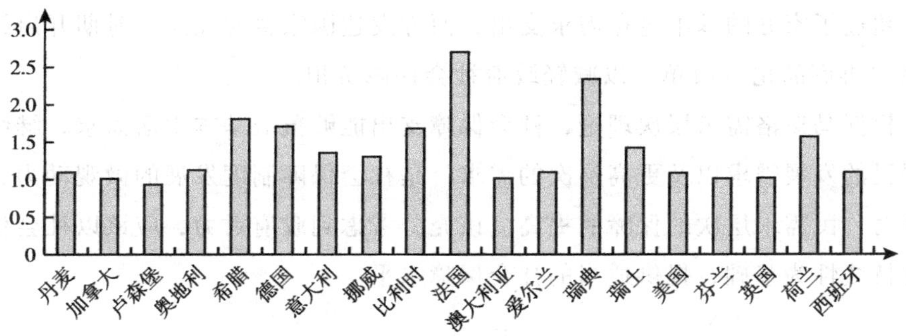

图 6－7　西方发达国家社会保障占家庭基本生存支出的比值

受限于数据现值，前面的结果只能估计出一个国家58年的一个平均水平，较为粗略，这里进一步改进方法，在之前的基础上，再以10年为间隔，重复之前的步骤，得到典型国家1960～1970年、1970～1980年、1980～1990年、1990～2000年、2000～2010年、2010～2018年这六个时间段的平均估计水平（社保覆盖生存支出的比例），画出图6－8。

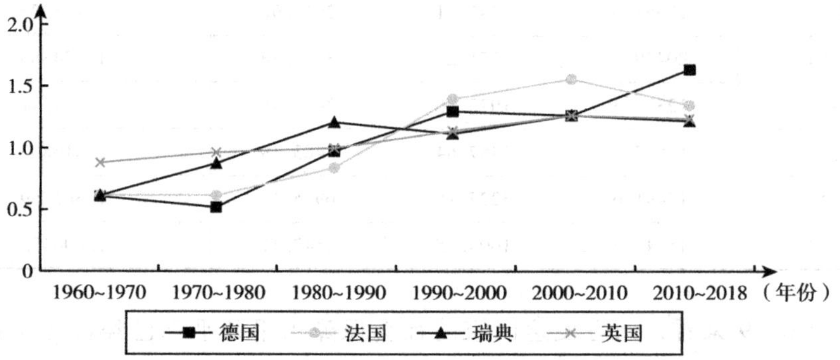

图6－8　典型国家社会保障支出与基本需求比例

注：根据《联合国国民账户统计年鉴》计算得出。

从图6－8可以看出，英国作为战后社会保障制度的蓝本，其社会保障支出对基本需求的保障程度的起点也最高，其余三个国家的保障起点都较为一致，但对基本需求的保障程度略显不同，但经过支出水平调整之后，于20世纪70年代中期之后社会保障支出与基本消费需求的比值都急速攀升，并于80年代至90年代开始超过1，这也证实了西方主要发达国家开始在80年代普遍进行福利制度削减的原因；90年代之后均超过1，国家的社会保障支出完全覆盖并超过了家庭的基本生存需求支出，西方发达国家普遍在这一时期开启社会保障“再商品化”改革，以减轻政府社会保障负担。

根据马斯洛需求层次理论，社会保障支出能够覆盖基本生活需求，继续保障居民的发展需求以及更高层次的需求，是社会保障制度发展的微观动力，但这种对公民需求层次的保障的提高应该充分考虑到政府财力，应该以社会保障的可持续性为基础，提供适当的社会保障水平。

6.6.4 需求超额保障以财政赤字为代价

在以上分析中，我们发现西方发达国家中，除奥地利外，社会保障支出都完全覆盖基本生存需要。根据本章的理论框架，这样的保障水平是否适度还取决于这样的社会保障水平是否会增加各国政府的债务水平和赤字。因此，本部分对社会保障水平和财政赤字做出回归分析，财政赤字记为（Indef），数据来源于《国际金融年鉴》，实证结果如表 6－10 所示。

表 6－10　　社会保障水平与财政赤字的回归分析

变量	(1)	(2)	(3)	(4)	(5)	(6)	(7)	(8)
	Sse	*Sse*	*Sse*	*Sse*	*Sse*	*Sse*	*Sse*	*Sse*
ln*def*	0.1244*** (0.0523)	0.1052** (0.0504)	0.1980*** (0.0423)	0.1862*** (0.0426)	0.1857*** (0.0437)	0.1683*** (0.0446)	0.1298*** (0.0461)	0.1492*** (0.0135)
ln*gdp*		13.5524*** (0.1736)	13.7401*** (1.1298)	13.7689*** (1.1280)	13.6581*** (1.1332)	14.1437*** (1.0886)	13.0254*** (1.1729)	19.0350*** (0.2404)
L*ngdp*^2			-6.7381*** (0.6510)	-6.7811*** (0.6495)	-6.7575*** (0.6305)	-6.8833*** (0.6148)	-6.3927*** (0.6441)	-9.5604*** (0.1251)
Industry				-0.0452** (0.0225)	-0.0523** (0.0213)	-0.0431** (0.0189)	-0.0284* (0.0150)	0.0055 (0.0096)
Unemploy					0.0832 (0.0623)	0.1070* (0.0617)	0.0767 (0.0560)	0.0105 (0.0098)
Tax						1.8458*** (0.3629)	1.8580*** (0.3567)	0.5273*** (0.1646)
Old							0.2936*** (0.0578)	0.0545*** (0.0151)
Parti								-0.0033 (0.0233)
_cons	9.5976*** (2.3187)	-26.1272*** (1.7105)	-18.1422*** (1.5327)	-17.5980*** (1.5773)	-17.0809*** (1.7670)	-24.2653*** (1.7295)	-24.4132*** (1.6041)	-31.8554*** (0.8523)
N	1180	1180	1180	1180	1180	1180	1180	1180
adj. R^2	0.5706	0.6422	0.2134	0.4143	0.4161	0.4222	0.4305	0.5501

注：***、**、*分别代表在1%、5%和10%水平上显著。标准误报告在括号内，控制时间固定效应和个体固定效应，并使用稳健标准误。

从表6－10中可以看出，西方发达国家财政赤字对社会保障水平的回归弹性系数是0.1244，并在1%的置信水平下显著。表6－10中第（2）列至第（8）列，分别加入人均GDP平方项、工业化水平、失业率、老龄人口比重、劳动参与率等控制变量后，仍始终保持稳定的正相关，并且均在1%的置信水平下显著，印证了西方发达国家高额的社会保障支出是以财政赤字为代价的，同时各国的社会保障支出从20世纪80年代开始已经超过家庭的基本消费需求，同时对基本需求的覆盖率还有一定上升趋势，表明社会保障水平已经处于过度水平。

6.7 本章小结

本章分别从供给和需求、理论和现实两个维度构建了分析社会保障支出适度水平的理论框架，并立足于理论框架和西方四个典型发达国家社会保障水平变化的特征事实，从宏观经济发展的角度分析了西方发达国家社会保障水平的适度性，同时从社会保障供给端和需求端来探索西方发达国家社会保障水平超度的原因，得出以下结论：

第一，首先，从西方发达国家社会保障水平与经济增长的基准回归模型来看，社会保障水平受人均GDP、失业率、工业化程度、老龄化程度、税收水平、劳动参与率等因素影响。在经济发展与社会保障水平的基准回归模型中，人均GDP对数的二次项的系数显著为负，表明西方发达国家社会保障水平与经济增长之间存在稳定的倒“U”形关系，即适度的保障水平对经济增长起促进作用，但过度的保障水平反而会抑制经济增长；运用西方发达国家各国排名前十位的河流长度以及首都到港口的距离两个工具变量对基准模型进行稳定性检验，也证实了基准模型结果的稳健性。其次，从西方发达国家社会保障实际支出水平的实际曲线和理论曲线变动轨迹来看，20世纪60年代到70年代中期理论值与实际值之间的拟合程度较好，但70年代后期，特别是80年代开始社会保障实际支出水平普遍高于理论水平，开始出现社会保障水平过度现象。最后，从社会保障水平的理论值与实际值的差值来看，西方发达国家总体水平、四个西方典型发达国家和三种不同福利模式国家都存在实际支出值高于理论值的现象，特别是80年代社会保障支出实际值大幅高于理论支出值，社会保障支出表现为不适度。

第二，社会保障支出在20世纪80年代之后出现过度的原因主要有：生育率降低以及人口老龄化程度加深造成的劳动供给不足；选民政治下的社会罢工事件容易导致政党竞选时的福利承诺以及民粹主义思潮蔓延；劳动参与率不足和每周工作时间持续下降而带来的“自愿失业”，在一定程度上形成了社会保障“道德风险”，在社会保障收入满足基本生存需要的情况下，被保障人更倾向于选择闲暇而非劳动。

第三，西方发达国家过度保障了公民的基本生存需求，但以财政赤字为代价。总体上看，西方发达国家的社会保障支出除奥地利外均超过了公民基本消费需求；从典型国家来看，英法德瑞四国的社会保障支出于20世纪80年代开始逐渐覆盖公民的基本生存需求，并于90年代之后超过基本生存需求。西方发达国家在政党竞选的过程中，不能以增加福利为竞选筹码，应重视社保水平的适度性，不能为了政治形象而忽视社会保障水平应与经济发展相适应的客观规律，提供超额的社保，造成财政赤字。

第四，由于影响社会保障水平的因素很多，社会保障水平与经济增长又存在适度性，因此社会保障水平简单的国别横向比较和纵向比较只能作为判断一国社会保障水平高低与否或者适度与否的参考依据之一，不能由此得出社会保障水平高低和是否适度的最终结论。社会保障水平高低、适度与否科学的评判方法应该立足于影响社会保障水平的宏观经济因素，国家社会保障支出的供给能力和社会保障对家庭消费的覆盖程度来进行综合判断。

第7章

中国社会保障制度历史演变及水平比较分析

自19世纪80年代社会保障制度于德国诞生以来，世界各国立足于自身国情相继建立起了适应本国国情，各具特色的社会保障制度。在工业化进程中，德国形成了责任分担、劳资同治、权利义务相结合的“俾斯麦模式”；前苏联的社会保障制度则富有社会主义色彩，建立起了国家和企业完全承担社会保障责任，个人无需缴费的“苏联模式”。英国基于公平、普惠、综合的原则，确立了以高税收为基础，向全体公民提供全面保障的“贝弗里奇模式”。纵观世界社会保障发展史，各国社会保障制度建设几乎都处于不断改革完善和国与国之间经验教训的相互借鉴之中，这主要是因为社会保障制度所要达成的以降低人类生存风险、消除贫困、促进人性完善、实现权利平等的经济社会目标在世界范围内存在一致性。中国现代社会保障制度历经了70余年的发展和完善，形成了自身独特的保障体制特征和制度优势，但在形成和完善过程中亦受到以上三种模式和其他国家社会保障制度的影响，深刻地影响着中国的社会保障制度建设和自身社会保障水平变化。本章主要论述在西方国家社会模式的影响下，中国的社会保障制度演变和社会保障水平趋势变化，以期厘清中国社会保障制度的演进脉络，为我国全面建成高质量的中国特色社会保障体制建设提供参考。

本章将以新中国成立后中央及其相关部门颁布的与社会保障密切相关的重要规定、文件、法律法规以及与社会保障制度建设改革相关的重要会议精神为线索来探讨我国社会保障制度的演进路径。

7.1　中国社会保障制度的历史演变

7.1.1　新中国成立初期社会保障制度的建立与艰苦探索

新中国成立初期，中央和地方政府迅速在城镇地区建立起了以政府独立主导的社会主义社会保障制度，项目涵盖养老保险、医疗保险、社会优抚、失业保险等多个保障项目，对城镇居民生活提供了全面保障。1949年9月，全国政协通过《中国人民政治协商会议共同纲领》，其中第二十五条表明革命烈士和革命军人的家属，如生活如果陷入困境，国家和社会有责任对其提供优待。1950年6月，政务院和劳动部分别颁布并实施《关于救济失业工人的指示》和《救济失业工人暂行办法》，两项规定形成了我国失业保险制度的雏形。1951年2月，政务院颁布《中华人民共和国劳动保险条例》，并历经几次修订之后，确定了我国的城镇职工劳动保险制度，开始对我国城镇机关、事业单位之外的城镇企业及其职工纳入社会保障范畴，并对城镇企业职工在遭遇年老、疾病、因工伤残亡、非因工伤残亡、直系亲属病（亡）、生育等诸多风险时，做出了明确的待遇给付规定，标志着我国现代社会保险（保障）制度的诞生，同时也标志着国家保障（保险）型社会保障制度的创立。政务院于1952年6月又颁布《关于全国各级人民政府、党派、团体及所属事业单位的国家工作人员实行公费医疗预防的指示》，形成了我国城镇地区早期的公费医疗制度。1953~1956年，卫生部、全国总工会等国家部委先后颁布各类机关事业单位公费医疗的补充性政策，对公费医疗制度的完善和顺利实施都起到了积极推动作用。1955年12月，国务院颁布《国家机关工作人员退休处理暂行规定》；1958年，国务院又颁布《关于现役军官退休处理的暂行规定》等法规文件，两项文件都为我国养老保险制度的推行奠定了坚实基础。此外，中央政府和其他部门还就城镇职工福利和其他社会福利事业出台一系列细致文件，如1957年1月国务院为完善对城镇职工的生活保障，颁布了《关于职工生活方面若干问题的指示》，保障内容几乎涵盖了城镇职工日常消费如教育、生育、交通、贫困救助等各个方面。

农村社会保障制度建设方面则以农村集体经济为基础，建立了农村“五保”供养制度、农村合作医疗以及赤脚医生制度。1956年6月30日，第一届全国人大三次会议通过《高级农业生产合作社示范章程》，建立了延续至今的中国农村“五保”供养工作制度①，保障了农民的最低生活需求；同时还规定因公负伤或因公致病的社员医疗由农业合作社负责，并根据实际情况对其给予适当补助，揭开了我国农村合作医疗的序幕。1960年《关于人民公社卫生工作几个问题的意见》正式确立了我国农村合作医疗制度，为农民提供了初级的医疗保障。1962年9月，中央八届四中全会讨论了我国农村地区的社会保障问题，通过《农村人民公社工作条例（修正草案）》，条例对生活困难社员的社会保障问题做出明确规定，如生产大队可以在群众讨论并同意后，给予生活困难社员一定生活补助，补助后仍有困难的贫困对象，国家再予以救助，在一定程度上保障了农村贫困户的基本生活。

此外，20世纪60年代，我国还在广大农村地区开展医疗保障制度的建设和实践。1965年，毛泽东发表“6·25”讲话，对开展农村医疗工作做出重要指示，直接推动了我国农村医疗卫生事业的发展。20世纪六七十年代，以农村集体经济为依托，我国在农村地区开始培养大量的“赤脚医生”，通过互助合作形式来满足农民的基本医疗需求。1968年，毛泽东对湖北省乐园公社的合作医疗的制度给予高度认可，并公开发表“合作医疗好”的指示，全面推动了农村合作医疗制度的发展。截至1976年，我国93%的农村生产大队实行了合作医疗制度，并覆盖了全国农村人口的80%以上。②“赤脚医生”和合作医疗制度共同构建了我国改革开放前农村地区的医疗卫生服务体系，在一定程度上保障了我国广大农村地区对医疗资源的需求。

“文革”期间，我国的社会保障制度的运行遭受重创，我国的社会保障制度行政管理体制在“文革”期间开始变革，我国的社会保障制度的组织方式

---

① “五保”制度基本内容：对于缺乏劳动力、生活没有依靠的农村合作社员，生产队要保障其吃、穿、葬、燃料以及教育的基本需求。

② 徐清照．建国60年来中国农村合作医疗发展的历程、成就及经验［J］．中国集体经济，2009（25）：11－12.

和实施路径也在“文革”期间随之发生了变化。1969年2月，财政部公开发布《关于国营企业财务工作中几项制度的改革意见（草案）》，对国营企业劳动保险金的提取方案作出重要变更，规定所有国营企业全部一律停止职工私人独自提取劳动保险金，原在劳动保险金科目中支出的劳动保险系列费用改为从企业营业科目外列支。自此，劳动保险失去了1951年以来的统筹功能，劳动保险各个项目只能依靠各单位的管理实施，国家保障制度逐渐演变成封闭化的企业保障制度。1978年，五届全国人大一次会议通过的《中华人民共和国宪法》，《宪法》涉及的社会保障内容对劳动者的社会福利、养老保障、医疗保障、贫困救助以及军烈属生活保障工作做出了原则性规定。1979年12月，我国颁布《农村合作医疗章程（试行草案）》，进一步巩固和完善了农村合作医疗制度和“赤脚医生”制度。

新中国成立之初到改革开放前，我国社会保障制度效仿苏联的国家保险模式，由国家（单位）负责社会保障资金的筹集和分配，城乡之间社会保障待遇差异明显。城镇地区实行的是一种典型的国家—单位保障模式。① 城镇劳动者及其家属享受的社会保障资金来源完全由国家和单位承担，劳动者无须负担社会保障费用。农村则依托于农业合作社、生产大队以及人民公社等集体经济形式，以“五保”供养、“赤脚医生”和农村合作医疗制度为根基，为农民提供相应的福利保障和医疗保障。由于新中国成立初期我国工业基础薄弱、经济发展滞后背景下，这种内嵌于计划经济体制下的社会保障思想无法满足人民的社会保障需求，无法实现社会保障制度的普惠性目标。在我国社会保障制度初建到艰苦探索时期，我国社会保障待遇体现出高度的平均化，是受传统社会主义思想影响的低收入福利国家，形成的是一种广覆盖、低标准、层次单一的社会保障格局。

此外，这一时期，我国社会保障制度的建设主要以各部门的规章制度、会议决定为主，没有形成一套完整成熟的社会保障法案来支撑社会保障制度的平稳规范运行，来切实保障社会保障制度的公平性、统一性以及普惠性，与英国、法国、德国以及瑞典等西方社会保障法制化国家的制度安排差异巨大，也

---

① 郑功成．从国家—单位保障制走向国家—社会保障制——30年来中国社会保障改革与制度变迁［J］．社会保障研究，2008（2）：1－21．

就在一定程度上决定了我国这一时期社会保障制度的局限性。

7.1.2 改革开放后社会保障制度的全面社会化变革

1986年4月，全国人大四次会议通过《国民经济和社会发展第七个五年计划》①，第一次在我国的官方文件中提出社会保障概念，并单独设章对我国的社会保障问题进行重点论述，其中明确提出要“进一步加强劳动保护，逐步建立和健全适应新形势需要的社会保障制度”。② 国务院在同年7月相应颁布《国营企业实行劳动合同制暂行规定》，其中第二十六条明确规定：国家对劳动合同制工人退休养老统一实行社会保险制度，并由企业和劳动合同制工人共同缴纳退休养老金。该规定正式确立了企业和个人共同承担的养老保险制度，开启了我国社会化养老保险的新局面。③ 同年，国务院颁布《国营企业职工待业保险》，首次在中国为失业工人建立失业保险。1987年12月3日，国务院颁布《中华人民共和国尘肺病防治条例》，表明我国工伤保险也走向了法制化道路。1994年，为进一步适应市场经济的要求，推进我国住房制度改革，国务院颁布《关于城镇住房制度改革的决定》，极大地促进了住房公积金制度在全国范围内的广泛推行，住房保障制度开始走向国家、企业和个人责任共担的道路。1989年3月，国务院批转《关于1989年经济体制改革要点的通知》，我国全民所有制单位职工养老保险统筹办法得以进一步完善，并在少数城市进行职工交纳部分保险费，个体户和农民个人承担养老保险缴费的试点工作；国家开始在少数城市④开展医疗保险和失业保险社会化试点，选择少数城市开展建立失业保险制度的试点；社会保障综合改革试点工作同时也在深圳、海南等地广泛推行。1991年6月26日，国务院在总结企业职工养老保险试点经验的基础上，发布了《关于企业职工养老保险制度改革的决定》，正式提出我国要建立并实现多层次的养老保险目

① 《中华人民共和国国民经济和社会发展第七个五年计划》，以下根据实施时间，简称为“计划”。

② 中华人民共和国国民经济和社会发展第七个五年计划（摘要）。

③ 乔庆梅．从“五年规划”看中国社会保障发展30年［J］．社会保障研究，2008（2）：22-28.

④ 《通知》指出在丹东、四平、黄石、株洲进行医疗保险制度改革试点。

标，基本养老保险要实行社会统筹。①

“七五”时期，关于农村社会保障制度的建设主要集中在养老保险上。1986年10月，民政部和有关国家部委联合召开“全国农村基本生活保障工作座谈会”，决定在经济条件允许的地方实行农村养老保险，并于1989~1991年开始在农村实行社会养老保险试点，1992年正式制定《县级农村养老保险基本方案（实行）》，明确提出坚持资金个人缴纳为主、集体补助和国家扶持为辅的筹资模式，坚持社会养老保险和家庭养老相结合，开启了我国农村社会养老保险发展道路。② 同年，民政部先后发布《关于加快农村社会养老保险改革的通知》《关于农村社会养老保险基金使用有关问题的通知》以及《关于做好农村社会养老保险工作几个问题的通知》，助力推进农村社会养老保险制度的发展。③

1991年3月，七届全国人大四次会议审议通过了《“八五”计划纲要》④，明确指出“八五”期间经济改革主要任务之一是改革住房制度和社会保障制度。1993年，中共中央颁布《关于建立社会主义市场经济体制若干问题的决定》（以下简称《决定》），在我国首次提出要“建立多层次的社会保障体系”，规定“城镇职工养老和医疗保险金由单位和个人共同负担，实行社会统筹和个人账户相结合”等政策措施。“多层次”“单位个人共担”及“社会统筹与个人账户相结合”都充分体现我国社会保障制度改革的市场化方向，也确定了市场经济体制下社会保障支出政府与社会共担的原则。《决定》对我国养老保险调剂基金制度，城镇从业人员的养老保险问题和养老保险市、省、全国统筹提出指导性原则；《决定》强调要健全失业保险制度，实现国有企业下岗职工基本生活保障向失业保险并轨；《决定》在医疗保险领域，要求持续推进城镇职工基本医疗保险制度，不断扩大我国基本医疗保险覆盖面，建立健全社会医疗救助和多层次的医疗保障体系；《决定》要求继续推行城镇职工工伤和生育保险；值得强调的是，《决定》还明确提出要鼓励有条件的企业建立补

①③　徐进．中国社会保障70年：制度演进、理念变迁、中国经验［J］．哈尔滨商业大学学报（社会科学版），2019（6）：112－128．

②　王立剑，代秀亮．新中国70年中国农村社会保障制度的演进逻辑与未来展望［J］．农业经济问题，2020（2）：65－76．

④　《中共中央关于国民经济与社会发展第八个五年计划纲要》，以下根据时间简称纲要。

充保险，积极发展商业养老、医疗保险。[①] 同时，《决定》还对农村社会保障提出了指导性原则，要求农村养老保障要以家庭为主，同社区保障、国家救济相结合；有条件的地方探索建立农村最低生活保障制度。[②]

1995 年 9 月 28 日，第十四届中央委员会第五次全体会议通过《“九五”计划和 2010 年远景目标的建议》，明确提出要加快全面建立健全我国社会保障体系。第 35 条规定：要加快养老、失业和医疗保险制度改革，初步形成社会保险、社会救济、社会福利、优抚安置和社会互助、个人储蓄积累保障相结合的多层次的社会保障制度。可以看出“九五”计划的社会保障政策继续延续了“八五”时期社会保障政策市场化改革的方向，并开始形成以养老、失业、医疗保险制度为改革重点，兼顾其他社会保障项目共同发展的改革走向。“九五”计划还强调制定相应政策，切实保护妇女、未成年人和老年人、残疾人等特殊社会群体的合法权益，[③] 开始进一步关注社会保障制度的覆盖面和公平性。

2001 年 3 月 15 日，第九届全国人民代表大会第四次会议批准通过《“十五”计划纲要》（以下简称《纲要》），《纲要》第 18 章关于社会保障制度部分的论述要求：积极健全社会保障制度，并提出“十五”期间社会保障制度建设的基本任务，进一步实行社会保障制度社会化改革。首先，要求社会保障独立于企业事业单位之外，主要体现为将国有企业下岗职工基本生活保障纳入失业保险，扩大了失业保险覆盖范围；其次，要求资金来源多元化和保障制度规范化，并以社会化的管理服务来配套市场化的社会保障制度改革。“十五”期间，养老保险实施范围进一步扩大，社会统筹与个人账户相结合的城镇职工基本养老保险制度，社会统筹基金与个人账户基金的分账管理，以及保证个人账户的有效积累都是养老保险层面社会保障资金来源多元化需求；城镇职工基本医疗保险制度开始实行社会统筹和个人账户相结合的模式，建立起了医疗费用的分担机制，同时还鼓励有条件的用人单位为职工建立补充医疗保险，表明医疗保险领域的资金来源也走向国家和社会分担的道路。

“十五”期间还将社会保障资金的筹措与调整财政支出结构结合起来，提

①② 《中共中央关于完善社会主义市场经济体制若干问题的决定》。

③ 《中共中央关于制定第九个五年计划和 2010 年远景目标的建议》。

出通过变现部分国有资产、扩大彩票发行规模等方式来进一步满足我国社会保障制度市场化改革后，我国对社保资金量和资金稳定两个方面需求。这一时期在健全社会保险制度的同时，我国还通过继续发展社会福利、社会救济、优抚安置和社会互助等社会保障事业来持续推进福利的社会化进程。在此期间，城市居民最低生活保障覆盖范围持续扩大，城市贫困人口救济补助标准也得以持续提高，我国的社会医疗救助制度也在这一时期得以建立。

2006年3月，第十届全国人民代表大会第四次会议批准通过《“十一五”规划纲要》：在对社会保障的论述中，除了对社会保障市场化改革的重视之外，还由主要关注城镇社会保障建设，转向在农村探索与经济发展水平相适应的农村社会保障制度。从社会保障制度的维度来看，提出探索建立农村养老保险制度、基本建立新型农村合作医疗制度。从社会救助制度维度看，这一时期强调完善特困户生活补助、灾民救助等社会救助体系；提倡根据各地条件，建立农村最低生活保障制度，完善农村“五保户”供养制度；国家还通过鼓励社会慈善、社会捐赠、群众互助等社会扶助活动来强化社会救助制度的资金供给。“十一五”规划对农村地区社会保障制度的论述表明，我国社会保障政策开始向农村地区倾斜，更加注重社会保障在城乡之间的公平性。

关于社会保障资金的筹集问题，“十一五”规划依然坚持国家财政投入与筹资渠道多元化策略，要求逐步做实个人养老保险账户，鼓励企业参与补充保险。从社会保障覆盖面和保障标准上看，这一时期一方面主要还是强调提高社会保障标准和扩大覆盖面，开始关注并努力解决进城务工人员的社会保障问题，扩大基本医疗保险覆盖范围，努力扩大城市和农村社会保障覆盖面；另一方面，开始提出社会保障要与经济发展水平相适应，增强国家社会保障的统筹调剂的能力，规范社会保险基金征缴和监管。

通过对我国自“七五”规划至“十一五”规划社会保障政策演进的梳理可以看出，这一时期的社会保障制度的变革就是社会保障不断市场化、社会化的过程，服务于我国的市场经济建设，以满足我国这一时期经济体制改革的需求。例如，“七五”时期，我国社会保障制度开始进行市场化改革的目的主要是为国有企业的市场化改革提供对应的社会保障配套，但这一时期我国社会保障的市场化程度很低；“八五”计划之后，随着社会主义市场经济体系的建立，我国开始向部分国家借鉴服务于我国的市场经济改革的社会保障经验，如这一时期借鉴新加坡和智利的经验成果，我国提出建立“多层次、社会账户与个人账户相结合”的社会保障体系；“九五”时期后，随着我国社会主义市场经济体系的不断完善，我国社会保障制度继续坚持“八五”时期的改革方向，并给予妇女、未成年人和老年人、残疾人等特殊群体更多的重视，扩大社会保障覆盖面，社会化的进程也不断深化；“十五”和“十一五”规划都明确提出社会保障资金筹资多元化的要求，并且鼓励社会力量参与我国社会保障建设，在很大程度上都借鉴了英国、法国、德国的社会保障经验。可以看出，自“七五”之后，我国逐渐形成政府和社会共同负担社会保障责任，形成了多层次、广覆盖和高标准的社会保障格局，但在这一时期，我国的社会保障制度偏向于追求增进经济社会发展和自身建设的效率，对农村社会保障制度建设关注不足，在一定程度上忽略了社会保障的公平功能。

7.1.3 中国社会保障制度的成熟与新时代高质量特色保障体系

2010 年 10 月，全国人大常委会制定《社会保险法》，并于 2011 年 7 月正式实施，从法律层面正式确立了我国权利与义务相结合的社会保障体制。2011 年 3 月，我国发布《“十二五”规划纲要》，确定了坚持广覆盖、保基本、多层次、可持续的社会保障总体工作方针，并要求加快推进覆盖城乡居民的社会保障体系建设，稳步提高保障水平。总结第三十三章关于社会保障的论述可以发现，在社会保障覆盖面方面，《“十二五”规划纲要》要求实现新型农村社会保险全覆盖，实现基础养老金全国统筹，逐步推进城乡养老保险制度的有效衔接，扩大工商保险覆盖面，社会保障进一步向广大农村地区覆盖，社会保障的公平性在农村地区得以强化。从社保资金筹资模式上看，要求继续发挥商业保险的作用，继续积极发展企业年金和职业年金，坚持了社会保障的市场化改革。

2016 年 3 月，我国发布《“十三五”规划纲要》，要求坚持全民覆盖、保障适度、权责清晰、运行高效，稳步提高社会保障统筹层次和水平，建立健全更加公平、更可持续的社会保障制度。《“十三五”规划纲要》在覆盖面上提出“两全”，即实施全民参保计划，基本实现法定人员全覆盖，提出实施社会保障卡工程，要求持卡人口覆盖率达到90%；在社会保障公平性方面，加大了对灵活就业人员、农民工等群体参加社会保险比例要求；社会保障市场化改革方面还明确要求分清政府、企业、个人等的责任，继续完善统账结合的城镇职工基本养老保险制度，在坚持以往市场化改革筹资机制多元化、保障渠道多层次的基础上，提出了分清社会保障责任。社会保障收支理念要开始在规划中得以反映，如坚持精算平衡、适当降低社会保险费率。

党的十九大报告明确指出：加强社会保障体系建设，全面建成覆盖全民、城乡统筹、权责清晰、保障适度、可持续的多层次社会保障体系，全面实施全民参保计划。在覆盖面上，党的十九大继续提出完善城镇职工基本养老保险、城乡居民基本养老保险制度和统一的城乡居民基本医疗保险制度和大病保险制度。从健全社会保障体系来看，继续坚持完善失业、工伤保险制度，统筹城乡社会救助体系，完善最低生活保障制度，从多种渠道保障不同行业人群的角度出发提升社会保障的覆盖面和公平性。继续强调保障妇女儿童合法权益，同时还明确提出要加快建立多主体供给、多渠道保障、租购并举的住房保障制度，紧跟时代发展，着力解决当前我国社会住房难的痛点。

自社会保险法实施以来，我国权利与义务相结合的社会保障体制从法律上得到确定，这既保障了我国社会保障的稳定性，也给我国社会保障制度运行增加了确定性，自此我国社会保障的收支项目、运行方式和管理模式都有了法律层面上的保障。“十二五”规划以来，我国一直强调稳步提高社会保障水平，持续注重扩大社会保障制度覆盖面，缩小城乡社会保障差距，社会保障惠及的人群和行业越来越广，社会保障的公平性不断增强。社会保障制度在这一时期既开始强调适度性和可持续性，同时也不断注重提高我国社会保障的待遇水平和质量，表明我国政府在社会保障资金收支方面有自身的内在逻辑，既没有盲目扩大社会保障开支，也没有只重视社会保障的发展而忽视了社会保障的效率和质量。综上所述，社会保险法颁布实施后，我国社会保障制度的特点是在坚持立足于“广覆盖”和“多层次”的基础上，更加强调“公平、适度与可持续”，注重厘清社会保障的权利和责任。这一社会保障要求是在总结西方各国社会保障过度而引发的“福利病”教训下，同时结合我国具体实际提出的符合我国特色社会主义社会保障制度建设的新概念，代表了我国新时期社会保障政策的长期走向。

7.2　中国社会保障水平演进及与 OECD 国家总体平均水平比较

由于新中国成立后特殊的国情，国家又单独承担社会保障支出责任，因此总体而言，我国宏观社会保障支出总体水平从新中国成立初期到1987年基本上保持在1%以下的低水平。1988年之后，我国社会保障制度引进社会保障金，引入了社会保障的社会责任，扩大了社会保障的收入来源，社会保障水平呈现出刚性上升的趋势，虽然从我国社会保障水平的纵向来看，社会保障水平取得重大突破，但从同一时间和同一经济发展水平与OECD国家总体平均水平横向比较来看，我国社会保障水平处于低水平，如图7－1所示，数据来源于OECD数据库。

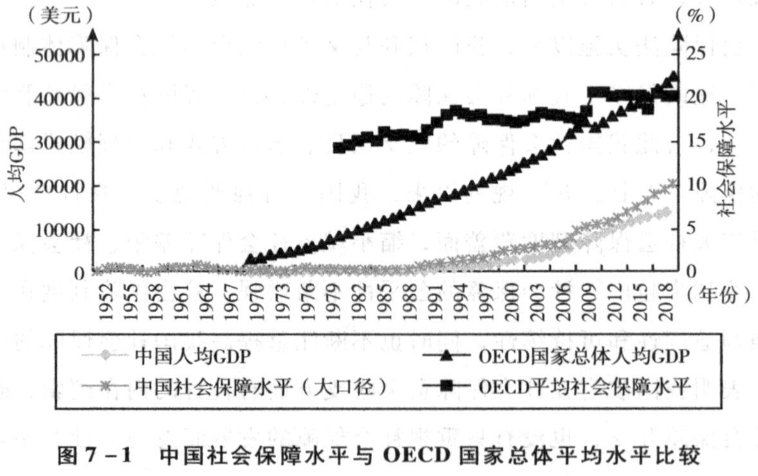

图7－1　中国社会保障水平与OECD国家总体平均水平比较

从图7－1可以看出，我国社会保障水平1952～1987年都处于极低水平，社会保障支出总体支出不足GDP的1%。而1980～1987年OECD国家支出总体平均水平已经达到GDP的15%左右。这一时期的差距，主要是由于我国政府在新中国成立后尽管注重我国的社会保障制度建设，但是由于国家独立承担社会保障支出责任，社会保障制度为计划经济服务，同时我国人口众多，新中国成立初期我国发达程度又相对较低，国家难以支撑较高水平的社会保障支出。OECD国家大多如英国、法国等国实行市场经济体制，社会保障支出责任由国家、企业和个人共同承担，人口较少，又受选民政治影响，因此社会保障水平较高。

1988年我国社会保障制度中引入社会保障基金后，大幅提高了我国社会保障的支出水平，1988年我国大口径社会保障支出突破1%，2018年大口径社会保障总体支出水平达到10.31%，从我国历史纵向比较上取得了重大突破，约是1952年的24倍、1988年的10倍。这一时期，我国开始逐渐走社会保障社会化道路，逐步建立并完善了为市场经济服务的社会保障体制，社会保障支出逐渐走向国家、社会共担的道路，但2018年我国社会保障水平也只有同期OECD国家总体平均水平的50%，仍然偏低。

从经济发展程度来看，OECD国家总体平均人均GDP于1982年突破10000美元①，同一年度的社会保障水平为15.26%。中国人均GDP于2011年突破10000美元，同一年度大口径社会保障水平为6.1%。两者在同一人均GDP发展水平条件下，我国社会保障水平只有OECD国家总体平均水平的约40%，从这个方面来看，我国社会保障支出也处于低水平。

7.3 中国社会保障水平演进

新中国成立后，随着经济发展与社会保障制度的逐步完善，我国社会保障水平也处于不断的演变之中。鉴于《中国统计年鉴》从1989年开始统计我国的社会保险基金，2007年统计口径发生变更，因此本节以1988年和2007年作为历史时间分段界限来讨论我国社会保障水平演变的依据。

① 我国官方数据于2019年宣布人均GDP突破10000美元，为了确保统计上的可比性，本书采用OECD数据库通过购买力平价法折算的数据。根据该数据的购买力评价法统计标准，我国人均GDP于2011年突破10000美元。具体参见：https：//data. oecd. org/gdp/gross - domestic - product - gdp. htm。

7.3.1 1952~1988年社会保障支出处于低水平

如图7-2所示，1952~1988年我国社会保障支出①总体水平很低，远低于同期OECD国家的平均水平②。尽管社会保障支出金额历年不断增加，在这一期间增加了约14倍，1988年达到41.77亿元，但占GDP的比重依然十分有限，多年维持在1%以下，最高占比仅1.17%，占财政支出仍然很低，多年维持在2%以下，最高占比仅4.33%。从社会保障发展系数来看（见图7-3），多年社会保障发展系数都在0附近徘徊，甚至出现比值为负的情况，表明随着我国GDP的增长和财政支出的增多，社会保障水平未得到有效提升，甚至出现下降的迹象，同时我国社会保障支出增速也明显低于GDP和财政支出的增长速度。可见，在苏联式社会保障制度的影响下，我国政府独立承担社会保障职能的效用有限，同时基于我国在这一阶段经济发展水平和经济制度因素的制

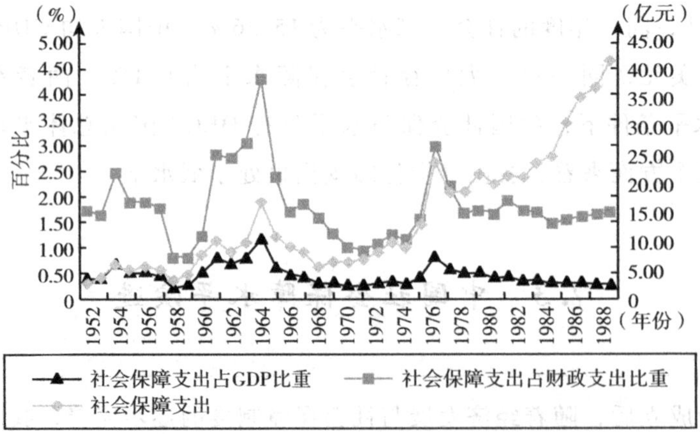

图7-2 1952~1988年我国社会保障水平情况

注：数据来源于中国统计年鉴。

---

① 1952~1988年社会保障支出主要包括抚恤支出、离退休费、社会福利救济费、自然灾害救济费及其他。

② 参见图7-2，由于OECD数据库未对1980年前OECD国家总体平均水平做出统计，本书只列举出1980年后的数据。

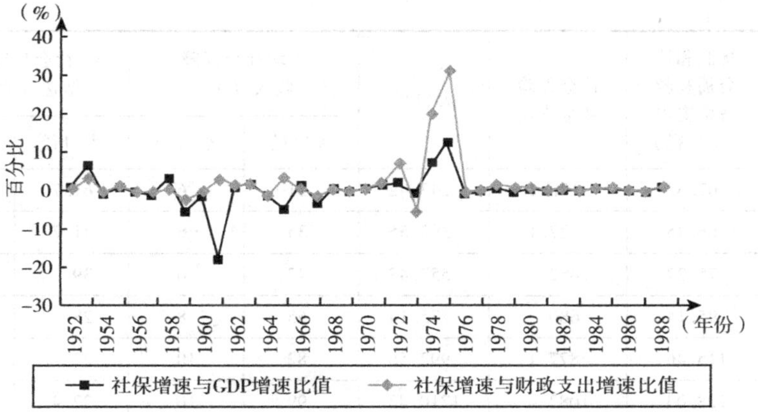

图7-3 1952~1987年我国社会保障水平发展系数

注：笔者通过中国统计年鉴整理得出。

约，我国社会保障水平的提高受到多种体制机制限制，不能满足人民对社会保障的需求，社会保障水平整体上大幅低于适度水平。

7.3.2 1989~2006年社会保障水平不断提高

根据《中国统计年鉴》，我国于1989年开始引入社会保障基金，社会保障支出有了大口径和小口径之分。如表7-1所示，我国社会保障支出于1989~2006年继续保持刚性增加，小口径社会保障支出从1989年的49.6亿元增长到2006年的907.68亿元，增长约18倍，约为1952年社会保障支出的307倍。社会保障大口径支出从1989年的170.5亿元增至2006年的7385.08，增加约43倍，人均社会保障支出大小两种口径支出分别增加37倍和17倍，2006年分别达到562元和69元。

表7-1 1989~2006年我国社会保障水平支出情况 单位：亿元

年份	抚恤和社会福利救济费支出（小口径）	社会保险基金支出	大口径	人均社会保障收入（元）		社会保障支出增速（百分比）	
				大口径	小口径	大口径	小口径
1989	49.6	120.9	170.5	15	4	21.4	11
1990	55.04	151.9	206.94	18	5	17.6	22.3

续表

年份	抚恤和社会福利救济费支出（小口径）	社会保险基金支出	大口径	人均社会保障收入（元）		社会保障支出增速（百分比）	
				大口径	小口径	大口径	小口径
1991	67.32	176.1	243.42	21	6	61.7	-1.3
1992	66.45	327.1	393.55	34	6	41.7	13.3
1993	75.27	482	557.47	47	6	39	26.4
1994	95.14	680	775.14	65	8	28	21.4
1995	115.46	877.1	992.56	82	10	22	10.9
1996	128.03	1082.4	1210.43	99	10	22.4	11
1997	142.14	1339.2	1481.34	120	11	22.1	20.5
1998	171.26	1636.9	1808.16	145	14	26.5	5
1999	179.88	2108.1	2287.98	182	14	13.6	18.4
2000	213.03	2385.6	2598.63	205	17	16	25.2
2001	266.68	2748.0	3014.68	236	21	27.5	39.9
2002	372.97	3471.5	3844.47	299	29	17.4	33.7
2003	498.82	4016.4	4515.22	349	39	15	13
2004	563.46	4627.4	5190.86	399	43	17.8	27.1
2005	716.39	5400.8	6117.19	468	55	20.7	26.7
2006	907.68	6477.4	7385.08	562	69	80.6	24.9

注：数据来源于中国统计年鉴，或由作者通过中国统计年鉴整理得出。

从表7－2来看，小口径社会保障保障支出（抚恤和社会福利费）占GDP比重始终在1%以下，明显低于OECD国家平均水平。从社会保障小口径支出与当年GDP发展系数来看，除1991年和1992年外，这一时期其余年限的社会保障与GDP增长的匹配程度较高，社会保障发展系数多数情况接近于1，也有部分年限超过1，如1998年和2002年分别达到3.93和4.07，表明在这一时期，随着经济社会的发展，国家开始有意识着力提高我国社会保障水平，从大口径的社会保障支出与GDP的比值同样可以看出，社会保障系数在这一时期都大于1或者等于1，与小口径社会保障发展系数所反映的情况相似。从社会保障占财政支出的比重来看，我国社会保障支出占财政支出的比重仍然偏低，表明国家财政资金对社会保障的分配较少，从社会保障支出增速与财政增速比值来看，大小两种口径的社会保障支出增速与财政支出增速的比值均大于1，表明我国政府在这一时期，财政的社会保障支出增速比财政总体支出增速要快，我国政府致力于提高社会保障水平的意图较为明显。

表7-2　　1989~2006年我国社会保障发展系数情况

年份	社会保障支出占当年GDP比重及社会保障发展系数				社会保障支出占当年财政支出比重及社会保障发展系数			
	小口径（百分比）	小口径发展系数	大口径（百分比）	大口径发展系数	小口径（百分比）	小口径发展系数	大口径（百分比）	大口径发展系数
1989	0.3	1.13	1	2.21	1.7	0.55	6	2.32
1990	0.3	1.35	1.1	1.07	1.7	1.04	6.7	1.79
1991	0.3	-0.06	1.1	2.66	1.7	-0.03	7.2	5.87
1992	0.2	0.44	1.5	1.39	1.9	0.24	10.5	1.73
1993	0.2	0.75	1.6	1.12	1.7	0.56	12	1.58
1995	0.2	0.85	1.7	1.12	1.7	0.99	13.4	1.58
1996	0.2	0.68	1.7	1.37	1.5	0.31	14.5	7.00
1997	0.2	1.14	1.8	2.31	1.6	0.21	17.2	0.72
1998	0.2	3.93	2.0	4.23	1.6	0.48	16	1.30
1999	0.2	1.06	2.3	5.59	1.7	0.11	16.7	1.20
2000	0.2	2.06	2.8	1.52	1.7	0.43	17.3	0.66
2001	0.2	1.05	2.9	0.67	1.8	0.65	16.4	0.84
2002	0.2	4.07	2.7	2.81	1.8	1.31	15.9	1.65
2003	0.4	2.62	3.2	1.35	2	1.16	17.4	1.48
2004	0.3	0.73	3.2	0.84	2	0.34	18.3	0.96
2005	0.4	1.72	3.3	1.13	2.1	0.65	18.2	0.93
2006	0.4	1.56	3.4	1.21	2.2	0.57	18.0	1.08

注：数据由作者根据中国统计年鉴整理得到。

7.3.3　2007~2018年社会保障水平不断趋向适度

总体而言，这一时期我国颁布了《社会保险法》，明确了我国社会保障制度中的权责关系，社会保障水平的持续性，社会保障制度的公平性都得到更为确切的保护；党的十九大报告关于建设我国高质量社会保障制度的顶层设计也为这一时期我国社会保障制度向公平、适度和可持续进一步靠近。因此，这一时期我国社会保障水平继续呈现出支出持续刚性增加、增速持续加快的趋势。

2007 年我国统计口径发生变化后，以前代表社会保障支出的抚恤和社会福利救济费支出更改为社会保障与就业支出。从表 7 - 3 可以看出，统计口径调整后，我国社会保障大小口径的总金额支出仍然呈现绝对增长趋势，2007 ~ 2018 年小口径支出增长近 5 倍，大口径支出增长约 7 倍。从占 GDP 和财政支出比重来看，2018 年社会保障支出大小两种口径的支出水平分别占到 GDP 的 2.9% 和 10.3%，占财政收入比重则相应达到 12.2% 和 42.9%。此外，这一时期，大口径弹性系数无论从占财政支出还是从占 GDP 总量来看大多数年份都明显大于 1，表明我国社会保障支出增速相对于经济增长和财政支出增速都要快，也符合我国这一时期建设高质量特色社会保障体系的施政目标。

表 7 - 3　　2007 ~ 2018 年中国社会保障支出情况表　　单位：亿元

年份	社会保障与就业支出（小口径）	社会保险基金支出	社会保障总支出（大口径）	占当年 GDP 比重（百分比）		占当年财政支出比重（百分比）	
				小口径	大口径	小口径	大口径
2007	5447.16	7887.8	13334.96	2.0	4.9	10.9	26.8
2008	6804.29	9925.1	16729.39	2.1	5.2	10.9	26.7
2009	7606.68	12302.6	19909.28	2.2	5.7	10.0	26.1
2010	9130.62	15018.9	24149.52	2.2	5.9	10.2	26.9
2011	11109.40	18652.9	29762.3	2.3	6.1	10.2	27.2
2012	12585.52	23331.3	35916.82	2.3	6.7	10.0	28.5
2013	14490.54	27916.3	42406.84	2.4	7.2	10.3	30.2
2014	15968.90	33002.7	48971.6	2.5	7.6	10.5	32.3
2015	19019.69	38988.1	58006.79	2.8	8.4	10.8	33.0
2016	21591.45	46888.4	68479.85	2.9	9.2	11.5	36.5
2017	24611.68	57145.0	81756.68	3.0	9.8	12.1	40.3
2018	27012.09	67792.7	94804.79	2.9	10.3	12.2	42.9

注：数据来源于中国统计年鉴，或由作者根据中国统计年鉴整理得出。

表7-4表明，社会保障大小两个口径支出增长率都呈现两位数以上的高速增长，人均社会保障收入大小口径增长分别增长约6.7倍和4.7倍。从社会保障发展系数来看，大小两个口径的社会保障支出增速都显著高于GDP增速和财政支出增速。这表明2007年之后，我国政府提高我国社会保障水平的施政意图很明确。无论是从绝对支出金额还是从占GDP比重和占财政支出比重来看，我国社会保障水平都保持着刚性增长。小口径社会保障支出（社会保障与就业支出）从2007年的5447.16亿元增至2018年的27012.09亿元，增长约4.96倍。大口径社会保障支出从2007年的13334.96亿元增至2018年的94804.79亿元，增长约7.1倍。从占GDP比重来看，小口径社会保障水平从2007年占GDP的2%增至2017年的3%，大口径支出水平从占GDP的4.9%，增至10.3%，增长幅度较大。同时，从占财政支出比重来看，小口径社会保障支出占财政支出从2007年的10.9%增至2018年的12.2%，大口径支出则从26.8%增至42.9%。

表7-4　　　　2007~2018年中国社会保障水平情况

年份	社会保障与就业支出增长率（百分比，小口径）	社会保障总支出增长率（百分比，大口径）	人均社会保障收入（元）		与当年GDP相比社会保障弹性系数		与当年财政支出相比社会保障弹性系数	
			小口径	大口径	小口径	大口径	小口径	大口径
2007			412	1009	2.0	4.9	10.9	26.8
2008	24.9	25.5	512	1260	2.1	5.2	10.9	26.7
2009	11.8	19.0	570	1492	2.2	5.7	10.0	26.1
2010	20	21.3	681	1801	2.2	5.9	10.2	26.9
2011	21.7	23.2	825	2209	2.3	6.1	10.2	27.2
2012	13.3	20.7	929	2653	2.3	6.7	10.0	28.5
2013	15.1	18.1	1065	3117	2.4	7.2	10.3	30.2
2014	10.2	15.5	1167	3580	2.5	7.6	10.5	32.3
2015	19.1	18.4	1384	4220	2.8	8.4	10.8	33.0
2016	13.5	18.1	1562	4953	2.9	9.2	11.5	36.5
2017	14	19.4	1771	5881	3.0	9.8	12.1	40.3
2018	9.8	16.0	1936	6794	2.9	10.3	12.2	42.9

注：数据由作者根据中国统计年鉴计算得出。

7.4 中国社会保障水平的上下限

7.4.1 适度性标准

社会保障水平的适度性是指社会保障水平需要维持在合适的范围内，为保证人民的正常生活水平，社会保障水平不应太低，而考虑到各方面的承受能力，也不能过高。对于中国社会保障，其以人民为根本，意在保障人民基本经济生活的同时促进国民经济健康发展。在中国情景下，适度的社会保障水平既要保障人民的基本生活、维持社会公平、提高公民素质，又要确保国民经济的健康发展、提高效率，推动社会进步。因而，需要从社会保障投入与产出均衡角度着手寻求平衡点，从社会保障投入角度主要考虑国内生产总值（G）等经济发展因素、社会保障支出（S_a）等财政承受因素；社会保障产出主要考虑工资收入总额占国内生产总值的比重（H）等劳动要素投入因素、社会保障支出总体数额占工资收入总额的比重（Q）等现实保障投入因素。

在上述思路指引下，目前国内多采用穆怀中（1997）的社会保障适度性模型来测度，其不仅考虑到我国适度性社会保障水平与经济发展、财政承受力等因素的动态均衡关系，还结合我国社会保障现实结构，估测失业保障支出系数、工伤和生育保障支出比重系数、社会福利优抚支出比重系数，相应模型及系数较广泛地应用于探索中国情境下设保障水平的适度性。据此，穆怀中（1997）依据人口结构理论和柯布—道格拉斯生产函数提炼出社会保障总体水平适度性的具体测度模型①：

$$S=\frac{S_a}{W}\cdot\frac{W}{G}=Q\cdot H \tag{7-1}$$

$$S=0.75\times(Qa+Z+J+M) \tag{7-2}$$

其中，S代表社会保障总体水平；S_a代表社会保障支出数额；W代表工资收入总额；G代表国内生产总值（GDP）；Q表示社会保障支出总体数额占工

① 模型具体含义和理论推导见本书文献综述部分。

资收入总额的比重，称为社会保障系数；H代表工资收入总额占国内生产总值的比重，称为劳动生产要素投入分配系数。①同时，考虑老年人口比重"Q_a"养老保险支出和医疗保险支出占工资收入总额的比重以不超过老年人口占总人口的比重为限度；根据西方发达国家和中国已经采取的保障政策，将失业保障支出系数Z的取值区间确定为1%~1.5%，工伤、生育保障支出比重系数J确定为0.016%~1.5%，社会福利优抚支出比重系数M确定在1%~1.5%。最终通过公式$Q=Q_a+Z+J+M$，并对各相关系数取上下限，即可测算出社会保障总体水平的适度区间。

7.4.2　适度性上下限

通过将老龄人口占比数据代入公式，可以得到我国社会保障水平的上下限，如图7-4所示，可以看出，1960~1988年我国社会保障水平远低于我国社会保障水平的适度下限，1989年后，我国社会保障水平保持刚性上升，最终于2016年左右达到我国社会保障水平的适度下限，我国社会保障水平开始进入理论上的适度区间，主要得益于2010年我国社会保险法的正式建立为社会

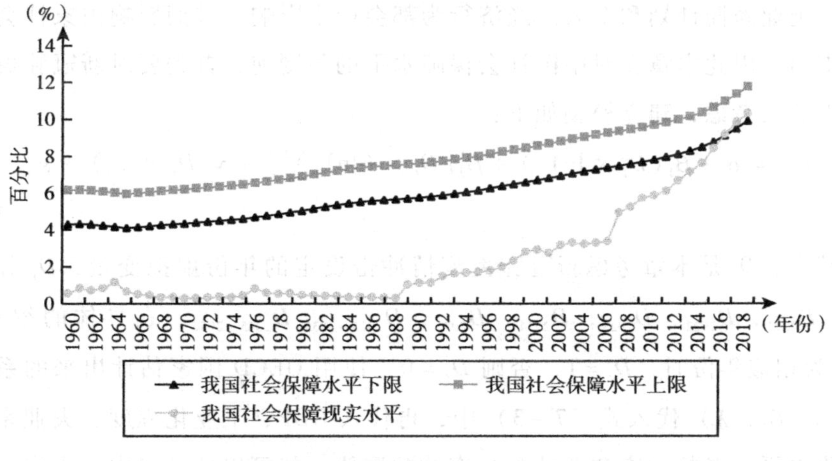

图7-4　我国社会保障水平上下限

注：数据来源于OECD数据库。

① 穆怀中．中国社会保障水平研究［J］．人口研究，1997，21（1）：48-57．

保障支出提供了法律保证，明确了社会保障的权责关系，“十五”计划之后，我国社会保障制度建设明确提出社会保障资金筹资多元的要求，并且鼓励社会力量参与我国社会保障建设，为我国社会保障制度建设提供了更为广阔的筹资渠道，党的十九大更明确提出“全面建成覆盖全民、城乡统筹、权责清晰、保障适度、可持续的多层次社会保障体系”，从国家政策上进一步为我国社会保障制度建设提供了明确的发展方向，这些因素都为我国社会保障水平进入理论上的适度区间奠定了基础。

7.5 基于新冠肺炎疫情冲击下的中国社会保障适度性水平预测

7.5.1 基于新冠肺炎疫情冲击下的动态预测模型设定

由于世界主要经济体都受到新冠肺炎疫情的影响，经济出现负增长。尽管中国在疫情防控方面取得巨大成就，但疫情对经济增长的影响具备一定的持续性，对企业雇佣计划和个人的经济行为都会产生影响，进而影响国家社会保障制度支出，因此本章在对中国社会保障水平的预测前，首先要对新冠肺炎疫情的冲击纳入考虑，建立模型如下：

$$SSE_{it} = \alpha + \beta_1(D_t \times \ln Y_{it}) + \beta_2[D_t \times (\ln Y_{it})^2] + \gamma(D_t \times X_{it}) + \varepsilon_{it} \tag{7-3}$$

其中，D_t 是本章考虑新冠肺炎疫情冲击设定的年份虚拟变量，D_t 分别为 D_{2020}，D_{2021}，D_{2022}，D_{2023}，D_{2024}，D_{2025}，$D_{2025\sim2035}$，$D_{2035\sim2050}$。在具体的编程中，当 D_t 为相应年份时，$D_t=1$，否则 $D_t=0$。使用 OECD 国家估计出来的系数值（α，β_1，β_2，λ）代入式（7-3）中，再代入 GDP、工业化程度、失业率、政府税收水平、老龄化率和劳动参与率的预测值，就可以估计出中国未来年份的社会保障水平。把老龄化率代入式（7-3）中，得到社会保障水平的上限和下限。用预测的社会保障保障水平的下限减去社会保障水平的预测值，得到最终预测结果。

7.5.2 关键参数选定

（1）GDP增长率。

2019年的GDP增长率按照已公布的GDP增长率设定为6.1%，从2020年开始考虑新冠肺炎疫情的冲击，其中2020年的GDP增长率参考毕马威公司发布的《中国经济观察》报告，2020年设定为2.2%，2021年的GDP增长率也参考毕马威公司发布的《中国经济观察》报告设定为7.8%。2022~2025年新冠肺炎疫情在全球范围内逐步得到控制，中国的相对优势会逐步减弱，预计到2025年，全球经济会恢复到疫情之前的状态，而中国经济也回落到疫情之前的路径上（见图7-5）。

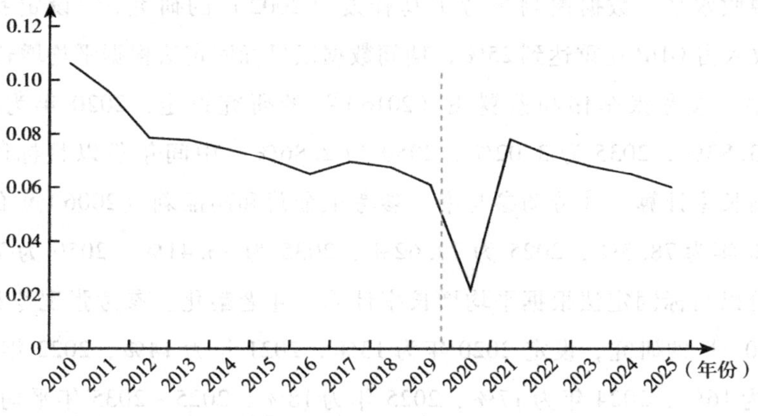

图7-5 考虑新冠疫情冲击的短期GDP增长率预测

注：图中2019年虚线右边开始为预测值。

2025~2035年，参考美国、日本在达到同等经济体量和发展阶段的历史经验，将2025~2035年的平均GDP增长率设定为4%。[①] 2035~2050年，参考美国、日本在达到同等经济体量和发展阶段的历史经验，将2035~2050年的平均GDP增长率设定为3%。

---

① 李平，娄峰，王宏伟.2016~2035年中国经济总量及其结构分析预测［J］.中国工程科学，2017，19（1）：13-20.

表7-5　　　　中国GDP增长率长期预测

年份	GDP增速（%）	年份	GDP增速（%）
2010	10.64	2019	6.1
2011	9.55	2020	2.2
2012	7.86	2021	7.8
2013	7.77	2022	7.2
2014	7.42	2023	6.8
2015	7.04	2024	6.5
2016	6.5	2025	6
2017	6.95	2025～2035	4
2018	6.75	2035～2050	3

（2）其他参数的设定。

①税收水平。数据预测参考了马栓友（2002）的研究，[①] 设定我国2050年税收收入占GDP比重达到25%，期间数据以目标固定法根据平均增长率计算。②失业率。参考张车伟和蔡翼飞（2016）[②] 的研究设定，2020年为4.97%，2025为3.83%，2035为3.02%，2050为2.86%。中间年份以目标固定法根据平均增长率计算。③劳动参与率。参考王金营和蔺丽莉（2006）[③] 的研究设定，2020年为78.5%，2025为77.62%，2035为76.41%，2050为76.93%。中间年份以目标固定法根据平均增长率计算。④老龄化。参考张现苓和翟振武等（2020）[④] 的研究，设定2020年为13%，2021年为14%，2022年为15%，2023年为16%，2024年为17%，2025年为18%，2025～2035年平均为20%，2035～2050年平均为25%。⑤工业化程度。参考发达国家发展历程，结合我国农业占GDP比重不断下降的趋势，设定我国工业化程度（非农产业占GDP比重）设定为92%。

① 马拴友．我国的拉弗最高税率和最优税率估计［J］．经济学家，2002（1）：73－79.

② 张车伟，蔡翼飞．中国“十三五”时期劳动供给和需求预测及缺口分析［J］．人口研究，2016，40（1）：38－56.

③ 王金营，蔺丽莉．中国人口劳动参与率与未来劳动力供给分析［J］．人口学刊，2006（4）：19－24.

④ 张现苓，翟振武，陶涛．中国人口负增长：现状、未来与特征［J］．人口研究，2020，44（3）：3－20.

如图7-6所示，根据本章对西方国家的实证分析，我国2007~2019年的社会保障水平依然偏低，但与社会保障下限值的差距在不断缩小，在新冠肺炎疫情冲击下和我国经济增长放缓的情况下，我国社会保障水平将于2025年左右进入穆怀中社会保障适度水平的适度区间①，在此之后社会保障水平仍然会持续提高。2035年会超出社会保障水平的上限，超出适度水平下限约0.93个百分点，超出上限约0.44个百分点。2050年我国社会保障水平不适度情况继续加深，超出下限约2.35个百分点，上限约2.17个百分点。

7.5.3 预测结果分析

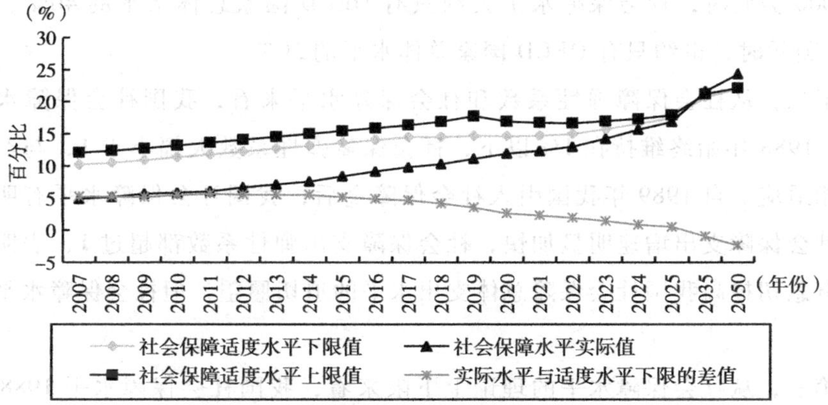

图7-6 中国社会保障适度水平预测

注：根据西方发达国家社会保障适度水平分析结果和中国相关预测值绘制。

7.6 中国社会保障水平适度性评价

我国社会保障制度的权责关系的演变与西方国家一致，都是先由国家财政承担主要责任再向国家、企业和个人三方共同承担社保责任。与西方国家不同

① 此处采用的是中国数据作为预测与OECD数据库中通过购买力平价处理过的数据预测结果存在差别，笔者认为这是OECD用购买力评价法处理数据使中国的GDP数量偏大，所以会造成一定误差。

的是，西方国家的社会保障支出与经济和社会发展经历了“低水平适应—高水平适应—不适应”的演变过程，而我国社会保障支出到目前为止都处于一种低水平的适应状态，但这种低水平适应状态正在从社会保障制度建设和社会保障水平两个维度向适度水平转变。从这个角度来看，西方国家社会保障制度的变革是迫于经济社会发展的负效应而进行的被动改革，而我国是根据本国实际经济社会发展情况，以提高人民生活水平和促进经济社会发展进行的主动制度完善。

第一，与 OECD 国家总体平均水平相比，我国社会保障水平从时间维度和经济发展水平两个维度来看都处于低水平。1980～2018 年，我国社会保障水平一直低于 OECD 国家总体平均水平；从经济发展水平看，我国人均 GDP 突破 10000 美元时，社会保障水平大约只有 OECD 国家总体水平的 40%，突破 15000 美元时，也约只有 OECD 国家总体水平的 50%。

第二，从社会保障弹性系数和社会保障水平来看，我国社会保障水平在 1952～1988 年始终维持在 1% 以下，社会保障弹性系数大幅小于 1，与经济发展不相适应。自 1989 年我国引入社会保障金后，我国社会保障水平有明显提升，社会保障支出增速明显加快，社会保障支出弹性系数都超过 1，表明我国政府有急切提高我国社会保障总体支出水平的迫切愿望，但社会保障水平仍然偏低。

第三，从社会保障水平的理论上下限来看，我国社会保障水平 1988 年之前长期处于低水平，但 1989 年之后支出水平开始持续上升，并于 2017 年左右进入了社会保障水平的适度理论区间，但仍然处于适度水平下限，可以看出我国社会保障水平仍然偏低。

第四，从基于西方发达国家社会保障水平演变，而对中国社会保障水平的预测来看，我国社会保障水平将于 2025 年左右达到穆怀中社会保障适度水平下限，但随着社会保障水平的持续提高，到 2035 年我国社会保障水平会开始出现不适度，不适度的程度会持续加深，至 2050 年高出社会保障适度水平上限约 2.35 个百分点。

第8章

研究启示与政策建议

8.1 研究启示

西方发达国家社会保障水平的演变历史总体上经历了与经济社会发展低水平适应，高水平适应再到不适应，最终进入社会保障制度反复改革，社会保障水平持续调整的过程。西方发达国家的社会保障制度也在这一演变历史中从促进西方社会经济发展，到对经济社会发展产生负效应，再到如今陷入社会保障制度改革与经济社会发展的“两难”境地。本书研究主要得出以下结论：

第一，经济学理论对社会保障水平适度性演变进行了丰富的理论总结。西方主要经济学流派从适度救济与财富合理再分配，社会福利最大化的适度福利转移以及经济效率优先的有限福利补偿等视角来阐述适度社会保障的合理性；马克思政治经济学从社会剩余价值的合理扣除出发来论述公共部门应该提供适度的社会保障；第三条道路思想认为政府提供社会保障要公平与效率兼顾，保障社会成员的生存公平和劳动公平；政府干预理论认为市场调节会出现“失灵”，需要政府提供社会保障这项准公共物品来弥补“市场失灵”的缺陷。

第二，英、法、德、瑞四个典型西方发达国家社会保障水平与其他经济社会变量的发展轨迹具有阶段性差异。四个典型发达国家都先后经历了社会保障制度发展阶段，该阶段社会保障支出总体水平与经济社会发展水平相适应，社会保障支出对四国经济社会发展的正向促进作用较强；社会保障制度的快速发展阶段，该阶段社会保障支出总体水平逐渐超过与经济社会相适应的水平，社会保障支出对四国经济社会发展的负效应开始凸显；社会保障制度的改革阶段，该阶段四国先后受到石油危机的影响，经济发展大幅衰退，失业人数急剧上升，社会保障支出却保持刚性增长，社会保障总体水平严重超出经济社会发展水平，出现严重的“福利病”。直至现在，由于社会保障支出刚性增长与四国各自政党之间的竞选博弈，四国一直处于社会保障制度的修补之中，无法进行彻底社会保障制度改革。

第三，社会保障水平对经济社会发展具有阶段性效应。从对西方发达国家面板向量自回归（PVAR）的分阶段实证分析来看，西方发达国家社会保障总体水平在20世纪60~80年代对以经济增长、劳动供给、企业生产效率和社会稳定等四个变量为代理变量的经济社会发展表现为正效应，80年代左右之后表现为负效应，同时90年代的社会保障“再商品化改革”并未扭转西方发达国家社会保障水平对经济社会发展的负效应。

第四，社会保障水平存与经济增长存在稳健的倒“U”形关系，具有适度性，评价社会保障水平适度性应注重供给和需求两个维度。（1）西方发达国家社会保障水平与经济增长的跨国回归模型表明，社会保障水平与经济增长存在稳健的倒“U”形关系，社会保障水平在20世纪80年代中期达到峰值；（2）西方发达国家社会保障支出理论曲线长期处于实际支出曲线下方，社会保障水平表现为不适度；（3）从西方发达国家总体情况、四个典型发达国家以及不同福利制度类型来看，社会保障水平理论值与实际值自80年代之后都存在较大差值，表现为不适度；（4）从西方发达国家社会保障的供给和需求端来看，社会保障水平的供给端受人口结构变化、罢工以及劳动参与率等因素影响，表现为不适度；需求端则表现为社会保障水平过度覆盖了家庭基本需求，同时推升了财政赤字，表现为不适度。

第五，中国社会保障制度是自我完善的主动改革，尽管中国的社会保障水平偏低，但可能于2035年开始表现为支出过度。（1）从与西方发达国家社会保障制度对比来看，我国社会保障制度的权责关系的演变与西方国家一致，都是先由国家财政承担主要责任再向国家、企业和个人三方共同承担社会保障责任，但西方国家社会保障制度的变革是迫于经济社会发展的负效应而进行的被动改革，而我国是根据本国实际经济社会发展情况，以提高人民生活水平和促进经济社会发展进行的主动制度完善；（2）从与OECD国家总体社会保障平均水平对比来看，我国社会保障水平从同一历史时期和经济发展水平两个维度来看都处于低水平，但这种简单的历史纵向和经济发展同一水平的横向对比得出的结论有待商榷；（3）从社会保障水平和社会保障弹性系数来看，新中国成立以来，我国社会保障水平长期偏低，社会保障弹性系数长期小于1，但20世纪90年代以来，我国社会保障水平和弹性系数值都得到大幅改善，表明政府有提高社会保障水平的迫切愿望；（4）从社会保障水平上下限来看，我国社会保障水平1988年之前长期大幅低于适度水平下限，但1989年之后社会保障水平开始持续上升，并于2018年左右进入了社会保障水平的适度理论区间，但仍然处于适度水平区间下限；（5）从基于新冠肺炎疫情影响的预测来看，中国社会保障水平将于2035年开始表现为支出过度，且过度程度会持续加深。

8.2 政策建议

社会保障水平具有适度性，同时社会保障的适度区间会随着经济社会环境的变化发生改变。一国政府要想充分发挥社会保障制度促进经济增长、激发企业和个人积极性、维护社会稳定等功能，就必须密切关注社会保障水平的适度性。根据本书的研究结论，笔者从构建社会保障水平预警机制、社会保障权责负担、社会保障绩效评价等方面提出以下政策性建议。

8.2.1 社会保障的适度水平应以供需平衡为基础

社会保障水平具有适度性，应从供给和需求两个方面来确定社会保障支出的适度范围，确保政府、企业和个人三个方面的正常运转，形成三者之间的边际均衡。政府债务和赤字应控制在合理的范围内才能确保政府的宏观调控能力和其他政府职能的正常运行；企业的生产成本和盈利水平控制在合理范围内，才能促使企业扩大再生产，提振就业；个人的基本需要应该得到基本满足才能维护社会和谐稳定。

从供给端来看，由于社会保障支出具有易升难降的特征，因此政府在确定社会保障水平时必须充分考虑自身的财政负担能力，综合经济增速、老龄化率、生育率、失业率以及劳动参与率等因素确定合理的社会保障水平。一般情况下不能因增加社会保障支出而提高政府债务和财政赤字，社会保障支出增速也不应高于经济增长增速。由于人口老龄化率和出生率不平衡又是当前世界主要经济体的普遍趋势，依靠提高政府债务和财政赤字并不是解决社会保障问题的最佳选择，反而会形成巨大的政府负担，积重难返，进而限制政府其他公共职能的实施。当前西方发达国家以削减社会保障支出的福利制度改革在一定程度上都属于亡羊补牢，效果甚微。

从需求端来看，各国政府应根据自身经济发展阶段、经济发展水平和财政负担能力来确定社会保障应该覆盖的家庭需求层次。从理论上来讲，家庭的八类基本消费需求具有边际消费倾向，在每项消费需求的内部也有边际消费倾向。政府的社会保障水平可以根据消费倾向来确定具体的社会保障支出覆盖消费需求的范围和覆盖率。从西方发达国家的当前经验来看，覆盖食品饮料和烟草，服装和鞋类，房屋租金、燃料和动力，家具、家用设备等四项基本需求的社会保障水平会抑制劳动者积极性的提高、降低社会劳动参与率以及社会供给，因此应对覆盖以上四项需求的范围和比例做出削减，具体的参照应以政府适度的财政赤字和债务为上限，维持基本生存需求为下限。

从企业的运转来看，企业社会保障税（费）的确定应考虑政府的社会保障基本供给能力、个人基本生存需求和全社会的平均利润来确定。社会保障税（费）过高会增加企业的生产成本，抑制企业扩大再生产，降低企业生产效率；社会保障税（费）过低又会拉大社会贫富差距，造成需求不足，形成企业生产过剩。过高或过低的社会保障税（费）最终都会对政府公共职能的实施形成消极影响，破坏正常的经济运行。

8.2.2 构建社会保障水平预警机制

各国社会保障部门应该建立社会保障总体支出水平稳定预警机制，建立社会保障水平自求平衡的精算机制。本书从总体上论证社会保障水平对经济社会发展具有正负效应，社会保障适度水平会围绕社会保障支出的理论曲线波动。

国家社会保障主管部门以及财政预算部门应该结合政府债务水平、财政赤字率、财政支出结构等内部要素，并根据经济发展水平、老龄人口比重、失业率以及通货膨胀等因素建立社会保障总体支出水平的预警机制。当社会保障总体支出水平运行超出适度范围或临界值则产生预警，实时提高或者降低社会保障水平。社会保障预警体系的调整应具备政策稳定性，具备自我调节的内部经济机理，政府政策只能在适度社会保障支出范围内做出调整，一般情况不能逾越社会保障适度水平，遇到社会保障预警红线应立即对社会保障政策做出调整。

重视社会保障的年度预测工作。精准预测社会保障中长期发展趋势，对各项社会保障支出、支出增长速度做出清晰的统计和精算，并结合经济增速、社保基金存量、财政负担能力以及社会保障目标来综合确定社会保障水平风险程度。风险程度低，可以相应增加各项社会保障支出，提高社会保障的质量；风险程度高，则应相应减少社会保障支出，保证社会保障水平运行在合理范围内。例如，瑞典的养老保险改革对养老金领取人的余命年数和养老保险金需求、工作人口能够缴纳养老金的金额做出精算。密切关注社会保障基金的收支结余变化，根据社会保障目标，逐年做出社会保障基金的中长期规划，同时强化社会保障基金的管理效率和投资收益，开源节流，避免社会保障基金赤字，降低社会保障支出风险。

社会保障资金的收支情况复杂，收入和支出都应该立足于代际均衡，同时确保收支过程中的账目明晰规范。社会保障资金的筹集应该以一国自身的社会保障债务和未来社会保障目标为基础，做好资金分配：设置专项资金分期偿还历史遗留债务，当前的支出水平应该考虑到未来的社会保障目标，避免支出过度而导致刚性增长，进而出现福利支出超出国家承受能力的情况。总之，社会保障的收支应该以实现社会保障的可持续、代际均衡为目标。从账目清晰的角度讲，社会保障资金应该实现收支两条线统一管理，收入和支出实行统一的会计核算，为社会保障资金的预测工作打下基础。

8.2.3 不断推进政府社会保障责任合理化

各国政府应继续走社会保障支出责任社会化道路，摒弃政府独立承担社会保障责任的思路。西方国家和中国社会保障制度的共同演变路径就是政府从过度承担社会保障责任到政府社会保障责任不断合理化的过程，形成多层次、多支柱，社会广泛参与的社会保障模式。首先，社会保障费用筹资渠道多元化、社会化有助于减轻政府财政负担，确保政府社会保障支出的可持续性，保障政府对基本养老保险、基本医疗保险的财政供给能力，保证社会保障的公平与统一，实现基本社会保障的普惠性，切实发挥社会保障的"兜底"作用。其次，社会广泛参与社会保障才能提高社会保障的效率，既可以满足不同收入群体多元化的社会保障需求，也能增加社会保障资金，增强国家社会保障抵御突发风险或系统性风险的能力，切实发挥政府基本社会保障责任和积极发挥社会保障责任才是实现社会保障总体支出水平适度的应有之势。

提高社会保障基金的投资收益率。政府、企业和个人都具有履行社会保障责任的义务，但社会保障基金统一由国家进行投资管理，因此国家有确保社会保障基金保值增值的义务，这也是应对国家、企业以及个人三者社会保障压力的有效补充。目前，由政府集中统一管理、引入私营化企业进行市场运行以及政府市场相结合的投资方式都有成功经验，主要是监管部门要张弛有度，既要严格监管，确保社会保障基金安全，又要逐步放宽社会保障基金投资领域，如国家重大基础设施，增加社会保障基金的投资收益率。

8.2.4 推行社会保障支出绩效评价机制

建立政府社会保障支出的绩效评价机制，提高社会保障支出效率。适度的社会保障水平需要依靠严格的社会保障支出绩效评价制度约束，否则社会保障总体支出水平适度也难以满足社会保障资金支出效益最大化，从而间接推高社会保障水平；同时社会保障总体支出注重效率，在一定程度上能减轻政府和社会的社会保障负担，缓解社会保障的负效应。首先，一方面，社会保障绩效评价应该重视社会保障的公平性与统一性，如缓解城乡之间、区域之间的社会保障差异，满足社会保障广覆盖、保基本的要求；另一方面，将财政社会保障支出的可持续性纳入评价体系，防止财政资金过度用于社会保障，造成社会保障水平不适度，对经济社会发展产生负效应。其次，社会保障除为维持人民基本生存需求提供保障的功能之外，还具有广泛的社会功能，如失业保险的目的是通过失业保险保障失业者的基本生活需求，从而促进失业者再就业，而不是刺激劳动者“自愿失业”。因此，在社会保障绩效中应充分重视社会保障支出的社会功能实现问题，这也是社会保障资金使用效率的重要体现。

8.2.5 提高基本社会保障层次与注重区域社会保障差异相结合

基本养老保险、基本医疗保险等基本社会保障服务应该实行全国统筹，确保基本社会保障公平统一供给，基本社会保障服务应该以广覆盖、待遇统一、稳定可持续为目标，各国应该根据经济社会发展实际情况，安排专项资金确保基本社会保障供给处于适度水平范围内。各地方政府可以根据经济社会发展水平推出具有地方特色的社会保障补充措施，形成对国家基本社会保障制度的补充。

中国农村地区是社会保障的薄弱环节，城乡之间社会保障水平差距过大，社会保障项目不一，社会保障的质量也存在巨大差别，我国建设高质量社会保障体系迫切需要解决的问题之一就是提高农村社会保障覆盖面和保障质量的问题，这也是我国城镇化不断扩大，农村土地保障功能逐渐缩减，农村青年人口不断向城镇转移过程中应该重点密切关注的问题。

8.2.6 以信息化推动社会保障统筹协调

社会保障信息化管理是现代社会的必然趋势，各国特别是中国目前应该对应自身社会保障体系，建立标准规范、稳定和统一的社会保障系统，将养老保险、医疗保险、失业保险等各项保险、补贴、救助都纳入统一的信息化管理，做到社会保障信息跟踪不受时空限制，适应社会保障统筹层次的相应变化。

社会保障信息化管理能够清晰了解到个人的社会保障收入与当前基本消费支出的情况。一般情况下，社会保障收入不能完全覆盖具有劳动能力的被保险人的基本消费需求，这样会降低社会的劳动供给，增加社会保障的道德风险。特别是在我国人口老龄化形势持续严峻、家庭人口环境发生变化、人口流动更为活跃的情况下，强化社会保障信息化建设，利用信息化、数字化技术提高我国社会保障政策的实施效果和管理效率，有助于实现我国社会保障事业的高质量发展。

8.3 研究局限与展望

8.3.1 研究局限

第一，由于经济社会环境的复杂性，影响社会保障水平适度区间的因素很多，本书由于数据可得性原因，仅从人均GDP、失业率、人口老龄化、物价指数等方面来构建社会保障供给模型可能存在一些不足，研究中还可以加入政府债务负担水平、恩格尔系数等指标来进一步完善社会保障适度水平的供给模型。然而，从当前可获得的数据来看，上述因素数据缺失较多，盲目将其纳入模型可能引发不适结论。为稳健起见，本书借鉴主流供给模型，未将上述因素纳入模型。

第二，科技创新极大地促进了生产力的发展，人工智能等现代技术大量替代了现有工作岗位，生产方式和生活方式的改变不仅会对社会保障水平的适度性产生重要影响，还会改变劳动者的社会保障需求偏好，由于样本国家货币不一致、换算成统一货币后，购买力也存在一定差别，因此对本书从基本消费需求的角度来讨论社会保障适度水平产生一定制约，未来可进一步基于数据可得性将科技因素纳入以完善研究。

8.3.2 研究展望

第一，社会保障支出总体水平与经济社会发展有一定的经济规律，但仅研究社会保障水平的适度性变化，难以为政府制定合理有效的社会保障政策提供有益参考。后续研究可以从如何在适度的社会保障总体支出范围内，思考如何根据经济社会发展，对社会保障支出结构调整和具体社会保障措施做相应研究。例如，西方国家应该采取何种失业保险措施来提高劳动者的劳动积极性，如何进一步削减社会保障总体水平，实现社会保障水平在适度范围内运行；我国应如何渐进实现养老保险全国统筹，如何进一步提高我国社会保障水平等都是社会保障领域值得进一步研究的话题。

第二，从政府社会保障供给能力与社会保障需求两个方面来研究社会保障适度水平，可以用联立方程组来构建实证模型，求出社会保障的供给和需求之间的历史均衡值，甚至提出确定社会保障水平的理论模型，但由于笔者自身数量功底和学历背景的原因未对这方面进行深入探讨，希望对社会保障水平适度性具有浓厚兴趣的研究人员从这方面做出尝试。

附　录

附表 1　　**样本国家首都到最近港口距离**　　单位：米

OBJECTID	国家	首都	纬度 Y	经度 X	port_name	NEAR_DIST (m)
1	澳大利亚	堪培拉	-35.17	149.08	BATEMANS BAY	118556.0988
2	奥地利	维也纳	48.20817	16.37382	BAKAR	311541.5229
3	比利时	布鲁塞尔	50.85035	4.351721	BRUXELLES	1335.279451
4	加拿大	渥太华	45.42153	-75.6972	OTTAWA	1097.960311
5	丹麦	哥本哈根	55.6761	12.56834	KOBENHAVN	7280.089191
6	芬兰	赫尔辛基	60.16986	24.93838	HELSINKI	2737.007833
7	法国	巴黎	48.85661	2.352222	SAINT-VALERY-SUR-SOMME	131522.1786
8	德国	柏林	52.52001	13.40495	WOLGAST	123228.2979
9	希腊	雅典	37.98381	23.72754	PIRAIEVS	9056.079572
10	意大利	罗马	41.90278	12.49637	FIUMICINO	28521.85482
11	卢森堡	卢森堡	49.81527	6.129583	BRUXELLES	192166.6128
12	荷兰	阿姆斯特丹	52.36798	4.903561	AMSTERDAM	5358.876612
13	挪威	奥斯陆	59.91387	10.75225	OSLO	1282.136319
14	西班牙	马德里	40.41678	-3.70379	PUERTO DE BILBAO	287245.6655
15	瑞典	斯德哥尔摩	59.32932	18.06858	STOCKHOLM	1812.057533
16	瑞士	伯尔尼	46.94797	7.447447	SAVONA	257221.2228
17	英国	伦敦	51.50735	-0.12776	LONDON	4326.616946
18	美国	华盛顿	38.90719	-77.0369	WASHINGTON D. C.	4059.939294

注：结果由笔者通过确定各国首都和海港经纬度数据及 ArcGIS 可视化，再通过 ArcGIS10.4 计算得出。

附表 2　　　　　　　　各类商品的边际需求

Country	食品饮料和烟草	服装和鞋类	租金、燃料和动力	家具、家用设备及运作	医疗保健费用	运输与通讯	娱乐、教育和文化服务	杂货和服务
丹麦	0.0732	0.0227	0.0673	0.0161	0.0263	0.1617	0.0761	0.0671
加拿大	0.0828	0.0264	0.0727	0.0288	0.0356	0.1605	0.1188	0.0797
卢森堡	0.0892	0.0277	0.017	0.0345	0.0469	0.091	0.081	0.0631
奥地利	0.1459	0.0694	0.0395	0.035	0.0546	0.1168	0.1112	0.1058
希腊	0.2872	0.0671	0.0434	0.0268	0.0622	0.0877	0.1062	0.0742
德国	0.0723	0.0308	0.0716	0.0323	0.0387	0.1645	0.1198	0.0809
意大利	0.128	0.0559	0.0703	0.0222	0.0546	0.1555	0.1084	0.0643
挪威	0.0588	0.0182	0.0462	0.0095	0.0225	0.0835	0.0696	0.0399
比利时	0.1454	0.0551	0.0444	0.0792	0.0799	0.1212	0.0918	0.1043
法国	0.1237	0.0417	0.0587	0.0354	0.0472	0.1473	0.1154	0.071
澳大利亚	0.0891	0.0234	0.1079	0.0425	0.0313	0.1588	0.0927	0.1071
爱尔兰	0.0834	0.0254	0.054	0.027	0.0309	0.1371	0.0951	0.0589
瑞典	0.0639	0.0194	0.0511	0.0151	0.0215	0.116	0.0709	0.0488
瑞士	0.0502	0.0182	0.0553	0.0993	0.0207	0.1545	0.0725	0.0771
美国	0.062	0.0246	0.0911	0.1706	0.0318	0.147	0.0944	0.1103
芬兰	0.1484	0.0329	0.0744	0.0222	0.0339	0.1402	0.1016	0.0515
英国	0.0783	0.0371	0.0848	0.0125	0.0339	0.1876	0.1135	0.0907
荷兰	0.0375	0.0147	0.0501	0.0094	0.0161	0.1024	0.0721	0.057
西班牙	0.1506	0.0556	0.0443	0.0254	0.0442	0.0865	0.0976	0.1482

注：表格数据由作者根据《联合国国民账户统计年鉴》家庭消费数据根据公式 6－7 计算得出。

附表 3　　　　　　　　各种商品的基本需求

Country	食品饮料和烟草	服装和鞋类	租金、燃料和动力	家具、家用设备及运作	医疗保健费用	运输与通讯	娱乐、教育和文化服务	杂货和服务
丹麦	2292.08	4776.97	1877.47	7899.4	5755.76	5464.87	6110.6	2728.01
加拿大	8485.22	4304.42	4832.96	8081.06	4887.93	3314.39	4276.22	2180.09
卢森堡	2881.46	9992.89	4959.39	1443.55	2532.71	8783.87	1217.22	4351.89
奥地利	2500.61	2662.92	4449.66	3700.8	1846.68	3758.75	6404.68	1792.66

续表

Country	食品饮料和烟草	服装和鞋类	租金、燃料和动力	家具、家用设备及运作	医疗保健费用	运输与通讯	娱乐、教育和文化服务	杂货和服务
希腊	5139.04	1553.05	4818.35	6303.24	2320.4	3759.02	7930.66	6162.28
德国	6572.33	1924.83	1830.52	8960.91	2275.91	4139.6	2957.73	2735.44
意大利	1240.92	2585.47	2097.87	1538.16	7033.85	8805.76	3123.93	4585.79
挪威	2156.76	7140.64	6343.97	7127.91	6098.76	8811.03	5101.44	3966.12
比利时	2397.12	5229.86	5306.29	2251.71	2503.33	1442.96	8531.96	1787.32
法国	2196.17	2045.03	1023.61	1371.77	6680.67	1440.61	1797.1	8626.3
澳大利亚	7924.28	2651.88	4066.5	7464.05	2793.61	3348.54	2684.32	1992.51
爱尔兰	1458.29	3293.2	5709.78	1239.45	2575.89	5902.05	1198.05	5456.4
瑞典	3685.81	1123.65	5542.46	6758.47	7650.2	2835.73	1501.27	2114.97
瑞士	1676.36	2536.41	8143.14	5305.69	2911.97	2847.79	1997.76	1547.11
美国	8186.31	5858.46	4590.89	1793.3	3334.78	2884.05	3177.92	8271.2
芬兰	4683.28	1322.6	1052.33	5312.12	3087.48	1501.41	5102.22	1073.46
英国	1786.07	2863.26	1404.24	8533.46	3463.19	1312.71	1995.04	1487.64
荷兰	1713.09	6109.06	1145.72	8523.75	6955.1	3265.96	4130.85	3227.16
西班牙	2905.92	5469.83	4121.89	3242.85	4547.12	9701.73	1013.64	1004.65

注：表格数据由作者根据《联合国国民账户统计年鉴》家庭消费数据根据公式 6－7 计算得出。

附表 4　　生存权、发展权和健康权的折价

Country	生存权	发展权	健康权
丹麦	16845.92	2728.01	5755.759
加拿大	25703.66	2180.091	4887.93
卢森堡	19277.29	4351.892	2532.714
奥地利	13313.99	1792.656	1846.684
希腊	17813.68	6162.284	2320.402
德国	19288.58	2735.445	2275.914
意大利	7462.426	4585.793	7033.851
挪威	22769.29	3966.122	6098.765
比利时	15184.98	1787.323	2503.33
法国	6636.575	8626.302	6680.666

续表

Country	生存权	发展权	健康权
澳大利亚	22106. 71	1992. 506	2793. 606
爱尔兰	11700. 72	5456. 4	2575. 887
瑞典	17110. 39	2114. 966	7650. 198
瑞士	17661. 6	1547. 114	2911. 975
美国	20428. 96	8271. 202	3334. 776
芬兰	12370. 33	1073. 463	3087. 479
英国	14587. 02	1487. 637	3463. 186
荷兰	17491. 62	3227. 159	6955. 101
西班牙	15740. 5	1004. 648	4547. 118

注：表格数据由作者根据《联合国国民账户统计年鉴》家庭消费数据根据公式 6 - 7 计算得出，再确定需求层次。

参考文献

[1] 阿瑟·塞西尔·庇古. 福利经济学 [M]. 北京：华夏出版社，2013.

[2] 安东尼·吉登斯，郑戈译. 第三条道路：社会民主主义复兴 [M]. 北京：北京大学出版社，2000.

[3] 安华. 民族地区社会风险、社会稳定与社会保障研究 [J]. 西南民族大学学报（人文社会科学版），2012，33（10）：37-42.

[4] 安启念. 共产主义理论是《共产党宣言》的核心 [J]. 马克思主义与现实，2008（3）：27-28.

[5] 曹春. 公共风险与政府社会保障责任 [J]. 财政研究，2013（3）：13-17.

[6] 陈良谨. 社会保障教程 [M]. 北京：知识出版社，1990.

[7] 陈晓律. 欧洲社会保障的历史与现状 [J]. 经济社会史评论，2015（1）：72-85.

[8] 成新轩，柳佳龙. 北欧国家社会保障制度改革的经济效应研究 [J]. 社会保障研究，2014（6）：69-79.

[9] 程欣，邓大松，叶丹. 更高的社保投入有利于企业创新吗——基于“中国企业—劳动力匹配调查”（CEES）的实证研究 [J]. 社会保障研究，2019（5）：101-111.

[10] 崔大海. 我国财政社会保障支出与经济增长的相关关系研究 [J]. 江淮论坛，2008（6）：69-78.

[11] 邓大松，张怡. 社会保障高质量发展：理论内涵、评价指标、困境分析与路径选择 [J]. 华中科技大学学报（社会科学版），2020，34（4）：38-47.

[12] 邓悦，王泽宇，宁璐. 企业社保投入提升了全要素生产率吗——来

自中国的新证据 [J]. 江西财经大学学报，2018 (6)：61－71.

[13] 丁纯，李君扬. 未雨绸缪的德国社会保障制度改革——金融危机中德国经济一枝独秀的主因 [J]. 当代世界与社会主义，2012 (5)：33－39.

[14] 丁建定，白洪刚. 重解《贝弗里奇报告》[J]. 中国社会保障，2008 (5)：29－31.

[15] 丁建定. 社保改革：施罗德在反对声中蹚水而行 [J]. 中国社会保障，2005 (5)：32－34.

[16] 丁建定. 瑞典社会保障制度的发展 [M]. 北京：中国劳动社会保障出版社，2004：162.

[17] 丁建定. 布莱尔政府的社会保障改革 [J]. 国际论坛，2004 (1)：59－62.

[18] 丁建定. 当代西方社会保障制度改革的背景与措施 [J]. 中国社会保障，2006 (4)：23－25.

[19] 丁建定. 德国就业保障与就业促进政策 [J]. 中国社会保障，2003 (5)：22－23.

[20] 丁建定. 郭林. 战后法国混合型社会保障制度特征的形成及其影响——兼论法国社会保障改革缓进及罢工频发的原因 [J]. 法国研究，2011 (4)：72－80.

[21] 丁建定. 西方国家社会保障制度史 [M]. 北京：高等教育出版社，2016.

[22] 丁建定. 西方社会保障制度的理论溯源 [J]. 社会科学辑刊，2020 (5)：136－142.

[23] 丁建定. 西方现代社会保障制度发展的政治基础 [J]. 新疆师范大学学报（哲学社会科学版），2017，38 (2)：77－83.

[24] 丁建定. 中国社会保障制度的公平正义理念及其实践取向 [J]. 社会政策研究，2020 (4)：13－25.

[25] 丁建定，王伟. 西方国家社会保障制度发展模式研究 [J]. 东岳论丛，2021，42 (3)：139－145.

[26] 丁少群，许志涛. 社会保障水平、收入分配与经济增长的互动关系

研究——基于 VAR 模型的实证分析 [J]. 中国经济问题，2013 (6)：3-12.

[27] 董拥军，邱长溶. 中国社会保障支出与经济增长的协整及因果分析 [J]. 生态经济，2007 (2)：23-35.

[28] 范琦，冯经纶. 社会保障支出能促进中国经济增长吗？——来自 1989-2015 年全口径社会保障支出数据的实证分析 [J]. 华东经济管理，2017 (3)：44-50.

[29] 方福前. 当代西方经济学流派（第二版）[M]. 北京：中国人民大学出版社，2014.

[30] 傅志华，陈龙. 深化财政治理改革需谨防民粹主义思潮 [J]. 地方财政研究，2016 (10)：25-28.

[31] 高夫. 福利国家的政治经济学 [M]. 台湾：巨流图书公司，1995：57-59.

[32] 葛寿昌. 社会保障经济学 [M]. 上海：复旦大学出版社，1999：2.

[33] 宫占奎. 石油危机与西方工业国的经济发展 [J]. 南开经济研究，1985 (5)：42-48.

[34] 何文炯. 数字化、非正规就业与社会保障制度改革 [J]. 社会保障评论，2020，4 (3)：15-27.

[35] 和春雷. 当代德国社会保障制度 [M]. 北京：法律出版社，2001：88.

[36] 华颖. 新时期社会保障与经济发展关系的再认识——第三届全国社会保障学术大会论要 [J]. 社会保障评论，2017 (2)：5-17.

[37] 黄津孚. 调动职工积极性的系统观点和方法 [J]. 经济与管理研究，1983 (5)：40-42.

[38] 贾俊雪，李紫霄，秦聪. 社会保障与经济增长：基于拟自然实验的分析 [J]. 中国工业经济，2018，368 (11)：44-62.

[39] 贾玉娇. 走向治理的中心：现代社会保障制度与西方国家治理——兼论对中国完善现代国家治理体系的启示 [J]. 江海学刊，2015 (5)：107-113.

[40] 江华，杨雪. 农村低保线评估——基于需求层次与扩展线性支出法测算 [J]. 人口与经济，2014 (1)：116-123.

[41] 李琮等. 海湾危机对世界经济的影响 [J]. 世界经济，1990 (11)：

1 -21.

[42] 李方舟，张皓，秦嘉，王蕾，韩克庆．社会保障的研究状况、理论热点与合作网络——基于《社会保障制度》2011 ~2019 年转载文章的 CiteSpace 分析 [J]. 社会保障研究，2020 (6): 96 -110.

[43] 李佳，赵建国．财政社会保障支出经济增长效应区域差异——来自中国省级面板数据的实证 [J]. 社会保障研究，2016 (3): 67 -81.

[44] 李旸，郑培江．社保支出增长与经济增长的周期性协调及长期适度均衡——基于 OECD 国家的经验研究 [J]. 四川大学学报 (哲学社会科学版)，2020 (6): 174 -184.

[45] 鲁全．中国特色社会保障模式初论——基于管理体制的视角 [J]. 社会保障评论，2021，5 (2): 47 -59.

[46] 李珍，王向红．减轻企业社会保险负担与提高企业竞争力 [J]. 经济评论，1999 (5): 56 -60.

[47] 李珍．社会保障概论 [M]. 北京：中国劳动社会保障出版社，2008: 23 -27.

[48] 梁鸿．改革中的社会风险与社会保障 [J]. 社会科学，2000 (5): 18 -21.

[49] 林闽钢．社会保障如何能成为国家治理之“重器”？——基于国家治理能力现代化视角的研究 [J]. 社会保障评论，2017 (1): 36 -44.

[50] 林义，陈加旭．福利制度对欧盟国家债务危机的影响及启示 [J]. 保险研究，2013 (2): 109 -119.

[51] 林义，刘斌，刘耘初．社会治理现代化视角下的多层次社会保障体系构建 [J]. 西北大学学报 (哲学社会科学版)，2020，50 (5): 103 -111.

[52] 林义，杨一帆．在困境中走向“弹性与保障并重”——欧盟就业和社会保障政策的调整改革与经验启示 [J]. 中国社会保障，2010 (5): 32 -33.

[53] 林义．中国多层次养老保险的制度创新与路径优化 [J]. 社会保障评论，2017，1 (3): 29 -42.

[54] 刘斌，林义．国家安全视角下构建多层次养老保险体系的制度创新——基于城镇职工养老保险缴费比例下调后基金缺口的测算 [J]. 财经科学，2020

(8): 39 – 51.

[55] 刘畅．社会保障促进社会和谐与经济增长的作用研究［J］．经济体制改革，2011 (3): 25 – 29.

[56] 刘国磊．新型农村社会养老保险适度保障水平研究［D］．武汉大学，2013.

[57] 刘华，肖厚雄，叶晓阳．社会保障与经济增长［J］．华中科技大学学报（社会科学版）．

[58] 刘俊霞．试论社会保障与经济发展［J］．中南财经政法大学学报，2001 (3): 47 – 50.

[59] 刘苓玲，徐雷．社会保障支出、经济增长与居民消费的区域差异研究［J］．人口与经济，2012 (3): 70 – 76.

[60] 刘涛，王滢淇．数字化时代的社会冲突——法国“黄背心运动”背后的税收与福利对决［J］．欧洲研究，2019，37 (4): 130 – 148.

[61] 刘小龙，邹安平．关于影响劳动积极性若干因素的探讨［J］．江西财经学院学报，1981 (2): 87 – 89.

[62] 柳清瑞，沈毅，陈曦．社会保障水平变动规律的跨国实证分析［J］．人口与发展，2014，20 (6): 51 – 62.

[63] 楼继伟．建立更加公平可持续的社会保障制度［N］．人民日报，2015 – 12 – 16.

[64] 罗静，沙治慧．社会保障治理社会风险的效用研究——基于治理满意度衡量［J］．经济体制改革，2014 (4): 29 – 33.

[65] 米尔，郑秉文．法国社会保障的经验教训与出路——与中国学者的交流［J］．国外社会科学，2001 (2): 22 – 27.

[66] 马斌，宋戌燕．广东省社会保障适度水平及其预测［C］．中国社会保障制度建设30年：回顾与前瞻学术研讨会论文集，2008.

[67] 马会．中国社会保障水平适度性的计量分析［J］．沈阳大学学报，2007 (3): 26 – 28.

[68] 马克思．马克思恩格斯全集［M］．北京：人民出版社，1975: 96.

[69] 马拴友．我国的拉弗最高税率和最优税率估计［J］．经济学家，

2002 (1): 73 -79.

[70] 马駇，秦光荣，何晔晖，王乃坤，李路，郑功成，于建伟，刘新华，朱恒顺，杜榕. 关于应对人口老龄化与发展养老服务的调研报告 [J]. 社会保障评论，2017，1 (1): 8 -23.

[71] 梅哲. 马克思恩格斯的社会保障思想研究 [J]. 马克思主义研究，2005 (6): 77 -82.

[72] 米尔丝，郑秉文译 [M]. 北京：法律出版社，2003: 197 -198.

[73] 米什拉. 资本主义社会的福利国家 [M]. 北京：法律出版社，2003: 98 -101.

[74] 穆怀中. 社会保障国际比较 [M]. 北京：中国劳动社会保障出版社，2007: 42 -47.

[75] 穆怀中. 社会保障适度水平研究 [J]. 经济研究，1997 (2): 56 -63.

[76] 穆怀中. 社会保障水平发展曲线研究 [J]. 人口研究，2003 (2): 22 -28.

[77] 穆怀中. 社会保障水平经济效应分析 [J]. 中国人口科学，2001 (3): 48 -53.

[78] 穆怀中. 社会保障水平研究 (一) ——社会保障水平的“度” [J]. 中国社会保险，1997 (2): 11 -13.

[79] 穆怀中. 中国社会保障水平研究 (二) ——中国社会保障现有水平分析 [J]. 中国社会保险，1997 (3): 10 -13.

[80] 穆怀中. 中国社会保障水平研究 (三) ——中国适度社会保障水平选择 [J]. 中国社会保险，1997 (4): 11 -14.

[81] 穆怀中. 中国社会保障水平研究 (四) ——中国适度保障水平发展策略 [J]. 中国社会保险，1997 (5): 9 -11.

[82] 穆怀中. 中国社会保障水平研究 [J]. 人口研究，1997 (1): 48 -57.

[83] 帕尔默，熊越等译. 政治经济学新原理 [M]. 北京：商务印书馆，1981: 103 -105.

[84] 潘莉. 社会保障与经济增长相关性的理论分析 [J]. 学术论坛，2005 (2): 88 -92.

[85] 戚昌厚，孙玉栋．社会保障支出影响因素的实证研究——基于跨国数据的分析［J］．社会保障研究，2020（4）：49－57.

[86] 齐红倩，杨燕．人口老龄化、养老保障水平与我国养老保险基金结余［J］．南京社会科学，2020（8）：11－21.

[87] 乔庆梅．从“五年规划”看中国社会保障发展30年［J］．社会保障研究，2008（2）：22－28.

[88] 秦愿．养老保险全国统筹政策设计研究——基于边际均衡的视角［J］．财会月刊，2020（16）：140－144.

[89] 任丽红，丁建定．英国和法国社会保障制度改革比较研究［J］．学习与实践，2007（6）：110－113.

[90] 沈琴琴．德国社会保障状况及其对劳动力市场的影响［J］．欧洲研究，1999（4）：89－93.

[91] 沈燕．社会保障对人力资本及其经济增长的影响——基于中国1989－2008年的数据［J］．社会保障研究，2012（4）：69－76.

[92] 石晶丹．弗朗索瓦·奥朗德五年任期评述［J］．法国研究，2018（1）：25－35.

[93] 坦茨，王宇等译．政府与市场—变革中的政府职能［M］．商务印书馆，2016：88.

[94] 汤兆云．马克思社会保障公平思想及其启示［J］．马克思主义研究，2017（3）：140－146.

[95] 汪连杰．马克思的社会保障思想及其中国化研究［J］．经济学家，2018（6）：21－28.

[96] 王金营，蔺丽莉．中国人口劳动参与率与未来劳动力供给分析［J］．人口学刊，2006（4）：19－24.

[97] 王立剑，代秀亮．社会保障模式：类型、路径与建议［J］．治理研究，2018，34（5）：43－52.

[98] 王立剑，代秀亮．新中国70年中国农村社会保障制度的演进逻辑与未来展望［J］．农业经济问题，2020（2）：65－76.

[99] 王文涛．“大同理想”中的社会保障思想［J］．社会保障评论，

2017, 1 (1): 114-124.

[100] 王玉帅等.《财政学》(第八版) [M]. 北京: 中国人民大学出版社, 2016: 14-17.

[101] 武川正吾等. 福利国家的社会学 [M]. 北京: 商务印书馆, 2011 (62): 82.

[102] 西斯蒙第, 何钦译. 政治经济学新原理 [M]. 北京: 商务印书馆, 1981: 94-98.

[103] 徐进. 中国社会保障70年: 制度演进、理念变迁、中国经验 [J]. 哈尔滨商业大学学报 (社会科学版), 2019 (6): 112-128.

[104] 徐清照. 建国60年来中国农村合作医疗发展的历程、成就及经验 [J]. 中国集体经济, 2009 (25): 11-12.

[105] 徐瑞仙, 童星. 马克思主义社会保障思想及其当代价值 [J]. 社会保障评论, 2019, 3 (4): 3-14.

[106] 杨斌, 丁建定. 发达国家养老保险制度中财政责任的基本经验及启示 [J]. 经济纵横, 2019 (10): 110-115.

[107] 杨翠迎, 何文炯. 社会保障水平与经济发展的适应性关系研究 [J]. 公共管理学报, 2004 (1): 79-85.

[108] 杨翠迎, 鲁於, 汪润泉. 社会保险费率的适度性、降费空间及统征统管——基于待遇与基金平衡视角 [J]. 税务研究, 2019 (6): 16-23.

[109] 杨翠迎, 汪润泉, 程煜. 费率水平、费率结构: 社会保险缴费的国际比较 [J]. 经济体制改革, 2018 (2): 152-158.

[110] 杨翠迎, 郑春荣, 汪伟, 张熠. 高质量发展阶段下的中国社会保障理论与政策——第二届中国社会保障理论与政策论坛综述 [J]. 经济研究, 2019, 54 (1): 204-208.

[111] 张车伟, 蔡翼飞. 中国"十三五"时期劳动供给和需求预测及缺口分析 [J]. 人口研究, 2016, 40 (1): 38-56.

[112] 张光明. 关于恩格斯的1895年《导言》——"马恩晚年转变"辨正之二 [J]. 科学社会主义, 2014 (3): 128-134.

[113] 张文红. 维持传统价值抑或改革——德国社民党内关于福利国家

改革计划的争论 [J]. 当代世界与社会主义，2003 (4)：57 - 60.

[114] 张现苓，翟振武，陶涛. 中国人口负增长：现状、未来与特征 [J]. 人口研究，2020，44 (3)：3 - 20.

[115] 赵建国，王瑞娟. 政府注意力分配与中国社会保障事业发展——基于1978—2019年国务院政府工作报告内容的分析 [J]. 财经问题研究，2020 (11)：3 - 12.

[116] 赵立人. 各国社会保险与福利 [M]. 四川人民出版社，1992：109 - 110.

[117] 郑秉文. "福利国家"为什么会有顽强的生命力？[J]. 博览群书，2003 (11)：64 - 66.

[118] 郑秉文. 从英法大罢工看欧美社保模式 [J]. 红旗文稿，2006 (12)：34 - 36.

[119] 郑秉文. 法国社会保障改革的新动向 [J]. 中国社会保障，2000 (12)：32 - 33.

[120] 郑秉文. 高福利是欧债危机的重要诱因 [J]. 紫光阁，2011 (12)：82 - 83.

[121] 郑秉文. 近年来欧洲主要国家福利改革新动向 [J]. 中国党政干部论坛，2001 (11)：39 - 40.

[122] 郑秉文. 拉美"增长性贫困"与社会保障的减困功能——国际比较的背景 [J]. 拉丁美洲研究，2009，31 (S1)：3 - 29.

[123] 郑秉文. 欧债危机下的养老金制度改革——从福利国家到高债国家的教训 [J]. 中国人口科学，2011 (5)：2 - 15 + 111.

[124] 郑秉文. 全球化对欧洲合作主义福利国家的挑战 [J]. 世界经济，2002 (6)：38 - 45.

[125] 郑秉文. 社会保险缴费与竞争中性偏离——对征收体制改革过渡期政策的思考 [J]. 中国人口科学，2019 (4)：2 - 16.

[126] 郑秉文. 社会保障制度改革的国际经验与教训 [J]. 求是，2015 (7)：57 - 59.

[127] 郑秉文. 社会权利：现代福利国家模式的起源与诠释 [J]. 山东

大学学报（哲学社会科学版），2005（2）：1－11.

［128］郑秉文．中国社会保障40年：经验总结与改革取向［J］．中国人口科学，2018（4）：2－17.

［129］郑秉文．中国社会保障制度60年：成就与教训［J］．中国人口科学，2009（5）：2－18.

［130］郑秉文．中国特色社会保障文化内涵与核心价值体系——从国际比较视角所作的观察与分析［J］．中国社会保障，2012（11）：39－41.

［131］郑功成，郭林．中国社会保障推进国家治理现代化的基本思路与主要方向［J］．社会保障评论，2017，1（3）：3－16.

［132］郑功成．《社会保险法》：我国社会保障法制建设的里程碑［J］．中国劳动，2011（1）：6－9.

［133］郑功成．从国家—单位保障制走向国家—社会保障制——30年来中国社会保障改革与制度变迁［J］．社会保障研究，2008（2）：1－21.

［134］郑功成．当代社会保障发展的历史观与全球视野［J］．经济学动态，2011（12）：71－74.

［135］郑功成．多层次社会保障体系建设：现状评估与政策思路［J］．社会保障评论，2019，3（1）：3－29.

［136］郑功成．坚持走中国特色的社会保障道路［J］．求是，2012（13）：27－29.

［137］郑功成．东亚地区社会保障模式论［J］．中国人民大学学报，2012，26（2）：2－9.

［138］郑功成．全面理解党的十九大报告与中国特色社会保障体系建设［J］．国家行政学院学报，2017（6）：8－17.

［139］郑功成．习近平民生重要论述中的两个关键概念——从“物质文化需要”到“美好生活需要”［J］．人民论坛·学术前沿，2018（18）：64－74.

［140］郑功成．中国社会保障40年变迁（1978—2018）——制度转型、路径选择、中国经验［J］．教学与研究，2018（11）：5－15.

［141］郑功成．中国社会保障改革与经济发展：回顾与展望［J］．中国人民大学学报，2018，32（1）：37－49.

[142] 郑功成．中国社会保障演进的历史逻辑 [J]. 中国人民大学学报，2014，28 (1)：2-12.

[143] 周力，贠冰洁．奥朗德任期中“失业治理”问题剖析 [J]. 法国研究，2018 (1)：36-47.

[144] Aaron H J. Economic Effects of Social Security [M]. Washington D. C.: The Brooking Institutions, 1982: 92.

[145] Abrahamson P. European Welfare States: Neoliberal Retrenchment, Developmental Reinforcement or Plural Evolutions [M]. Palgrave Macmillan UK, 2012.

[146] Abts K, Mulle E D, Kessel S V, et al. The Welfare Agenda of the Populist Radical Right in Western Europe: Combining Welfare Chauvinism, Producerism and Populism [J]. Swiss Political Science Review, 2021 (3).

[147] Amuelson P A. An Exact Consumption - Loan Model of Interest with or without the Social Contrivance of Money [J]. Journal of Political Economy, 1958, 66 (6): 467-482.

[148] Anthony J P. Social Security Financing and Retirement Behavior [J]. The American Economic Review, 1979 (2): 284-287.

[149] Atkinson A B. The Welfare State And Economic Performance [J]. National Tax Journal, 1995, 48 (2): 171-198.

[150] Autor D H, Kerr W R, Kugler A D. Does Employment Protection Reduce Productivity? Evidence From US States [J]. Economic Journal, 2010 (521): 189-217.

[151] Bai Y, Jia R. Social Mobility and Revolution: The Impact of the Abolition of China's Civil Service Exam [J]. Barcelona Gse Summer Forum Understanding Civil Conflict Barcelona, 2014.

[152] Barr N. Economic Theory and the Welfare State: a Survey and Interpretation [J]. Journal of Economic Literature, 1992, 30 (2): 741-803.

[153] Barro R J. Economic Growth in a Cross Section of Countries [J]. The Quarterly Journal of Economics, 1991, 106 (2): 407-443.

[154] Becker G S. Crime and Punishment: An Economic Approach [J].

Journal of Political Economy, 1968, 76 (2): 169 -217.

[155] Bellettini G, Ceroni C B. Social Security Expenditure and Economic Growth: An Empirical Assessment [J]. Research in Economics, 2000, 54 (3): 249 -275.

[156] Borsch - Supan A, Economics J O P, Boadway R, et al. Incentive Effects of Social Security on Labor Force Participation: Evidence in Germany and across Europe [J]. Journal of Public Economics.

[157] Caliendo M. Do Start - Up Subsidies for the Unemployed Affect Participants' Well - Being? A Rigorous Look at (Un -) Intended Consequences of Labor Market Policies [J]. Evaluation Review, 2020 (27): 19 -38.

[158] Chaffin L Y. How do Social Security Expenditures Vary by State? The Surprising Impact of Unemployment [J]. Journal of Public Policy, 2019, 12 (4): 95 -111.

[159] Cullen F T, Wright J P, Chamlin M B. Social Support and Social Reform: A Progressive Crime Control Agenda [J]. Crime & Deliquency, 1999, 45 (2): 188 -207.

[160] Diamond P A, Mirrlees J A. A Model of Social Insurance with Variable Retirement [J]. Journal of Public Economics, 1977, 10 (3): 295 -336.

[161] Dobrotić, Ivana. Crisis and Croatian Welfare State: a New Opportunity for Welfare State Retrenchment? [M]. Springer International Publishing, 2016.

[162] Donoghue M. British Welfare for British Citizens; Or, Brexit As an Opportunity for Neoliberal Welfare State Retrenchment? [J]. Research in Economics, 2014, 11 (2): 87 -94.

[163] Dou Y, Khan M, Zou Y. Labor Unemployment Insurance and Earnings Management [J]. Journal of Accounting & Economics, 2016, 61 (1): 166 -184.

[164] Dumbraveanu A. The More, the Better: Life Satisfaction in the Bitter Welfare State [J]. Procedia Economics & Finance, 2015, 32 (3): 1568 -1578.

[165] Ehrlich I, Lui F T. Social Security, the Family, and Economic Growth

[J]. Economic Inquiry, 2010, 36 (3): 390 -409.

[166] Ehrlich I, Zhong J G. Social Security and the Real Economy: An Inquiry into Some Neglected Issues [J]. American Economic Review, 2001, 88 (88): 151 - 157.

[167] Einbinder H. The International Encyclopedia of the Social Sciences [J]. Libr Journal, 1969 (7): 69 - 77.

[168] Eira, Viikari - Juntura, Taina, et al. Early Part - time Sick Leave Results in Considerable Savings in Social Security Costs at National Level: an Analysis Based on a Quasi - experiment in Finland [J]. Scandinavian Journal of Work Environment & Health, 2018 (11): 104 - 121.

[169] Fairhurst D J, Serfling M. Employment Protection, Investment, and Firm Growth [J]. Social Science Electronic Publishing, 2015 (4): 152 - 179.

[170] Feldstein M. Social Security, Induced Retirement, and Aggregate Capital Accumulation [J]. Journal of Political Economy, 1974, 82 (5): 905 -926.

[171] Geraedts M, Heller G V, Harrington C A. Germany's Long - Term - Care Insurance: Putting a Social Insurance Model into Practice [J]. Milbank Quarterly, 2000, 78 (3): 375 -401.

[172] Glomm G, Kaganovich M. Distributional Effects of Public Education in an Economy with Public Pensions [J]. International Economic Review, 2003, 44 (3): 917 -937.

[173] Grover, Chris, Stewart, et al. "Market Workfare": Social Security, Social Regulation and Competitiveness in the 1990s [J]. Journal of Social Policy, 1999 (2): 73 -88.

[174] Hemming R C L. The Effect of State and Private Pensions on Retirement Behaviour and Personal Capital Accumulation [J]. Review of Economic Studies, 1977, 44 (1): 169 - 172.

[175] Hu S C. On the Dynamic Behaviour of the Consumer and the Optimal Provision of Social Security [J]. The Review of Economic Studies, 1978, 45 (3): 437 -445.

[176] Hu Y, Wu Y, Zhou W. A Three – stage DEA – based Efficiency Evaluation of Social Security Expenditure in China [J]. PLOS ONE, 2020, 22 (8): 63 – 79.

[177] Isisal G. Reasons for and Possible Solutions to 21st Century Welfare State Crisis. 2016.

[178] Iversen T, Estevezabe M, Soskice D, et al. Social Protection and the Formation of Skills: A Reinterpretation of the Welfare State [J]. Varieties of Capitalism, 2001 (3): 145 – 184.

[179] Johnson R, Kantor S, Fishback P V. Striking at the Roots of Crime: The Impact of Social Welfare Spending on Crime During the Great Depression [J]. Social Science Electronic Publishing, 2012 (4): 55.

[180] Jakubow A, Maggino F. Subjective Well – Being and the Welfare State: Giving a Fish or Teaching to Fish? 2016.

[181] Kemnitz A, Wigger B U. Growth and Social Security: The Role of Human Capital [J]. European Journal of Political Economy, 2000, 16 (4): 673 – 683.

[182] Kotera T. Sustainability of Social Security in the Aging Economy from the Perspective of Improving Health [J]. IMES Discussion Paper Series, 2020, 6 (3): 25 – 34.

[183] Kruegera, Pischke J. The Effect of Social Security on Labor Supply: A Cohort Analysis of the Notch Generation [J]. Journal of Labor Economics, 1992 (4): 412 – 437.

[184] Kvist J. The Economic Crisis, the EU and National Welfare State Reforms in the 21st Century [C]. 2013.

[185] Lee C C, Chang C P. Social Security Expenditures and Economic Growth [J]. Journal of Economic Studies, 2006, 33 (5): 386 – 404.

[186] Lenz A R, Páez P L. Evolution of Health Social Security Expenditure in Chile: A Review of Financial Aggregates from 2000 to 2018 [J]. Medwave, 2021, 21 (1): 81 – 97.

[187] Michael B, Brauninger M. Generalised Social Security Finance in a Two - Country World [J]. Scottish Journal of Political Economy, 2010, 46 (3): 287 - 302.

[188] Morten I L, Panu P. Social Security Incentives, Human Capital Investment and Mobility of Labor [J]. Journal of Public Economics, 2006 (7): 1299 - 1325.

[189] Nickell S, Layard R. Labor Market Institutions and Economic Performance [J]. Handbook of Labor Economics, 1999 (3): 61.

[190] Nielsen I, Smyth R. Who Bears the Burden of Employer Compliance with Social Security Contributions? Evidence from Chinese Firm Level Data [J]. China Economic Review, 2008, 19 (2): 230 - 244.

[191] Ouweneel P. Social Security and Well - Being of the Unemployed in 42 Nations [J]. Journal of Happiness Studies, 2002, 3 (2): 167 - 192.

[192] Owino B. Public Expenditure in the Social Sector and Economic Growth in Kenya. 2017, 8 (4): 61 - 74.

[193] Palier B. "Defrosting" the French Welfare State [J]. West European Politics, 2000, 23 (2): 113 - 136.

[194] Perotti R. Growth, Income Distribution, and Democracy: What the Data Say [J]. Journal of Economic Growth, 1996, 1 (2): 149 - 187.

[195] Pierson P. Irresistible Forces, Immovable Objects: Post - industrial Welfare States Confront Permanent Austerity [J]. Journal of European Public Policy, 1998, 5 (4): 539 - 560.

[196] Quinn J F. Microeconomic Determinants of Early Retirement: A Cross - Sectional View of White Married Men [J]. The Journal of Human Resources, 1977, 12 (3): 329 - 346.

[197] Rosati F C. Social Security in a Non - altruistic Model with Uncertainty and Endogenous Fertility [J]. Journal of Public Economics, 1996, 60 (2): 283 - 294.

[198] Rogers M L, Pridemore W A. The Effect of Poverty and Social Protec-

tion on National Homicide Rates: Direct and Moderating Effects [J]. Social Science Research, 2013, 42 (3): 584 - 595.

[199] Samuelson P A. An Exact Consumption - Loan Model of Interest with or without the Social Contrivance of Money [J]. Journal of Political Economy, 1958, 66 (6): 467 - 482.

[200] Samuelson P A. Optimum Social Security in a Life - Cycle Growth Model [J]. International Economic Review, 1975, 16 (3): 539 - 544.

[201] Savage J, Bennett R R, Danner M. Economic Assistance and Crime: A Cross - National Investigation [J]. European Journal of Criminology, 2008, 5 (2): 217 - 238.

[202] Shantanu B. Is the Social Security Crisis Really as Bad as We Think? [J]. Macroeconomic Dynamics, 2016 (7): 69 - 77.

[203] Simintzi E, Vig V, Volpin P. Labor Protection and Leverage [J]. Review of Financial Studies, 2012, 28 (2): 561 - 591.

[204] Taydas, Zeynep, Dursun P. "Can States Buy Peace? Social Welfare Spending and Civil Conflicts." [J]. Journal of Peace Research, 2012, 49 (2): 273 - 287.

[205] Wang L. Fertility and Unemployment in a Social Security System [J]. Economics Letters, 2015, 133 (8): 19 - 23.

[206] Worrall J L. Reconsidering the Relationship between Welfare Spending and Serious Crime: A Panel Data Analysis with Implications for Social Support Theory [J]. Justice Quarterly, 2005, 22 (3): 364 - 391.

[207] Yerkes M, Veen R. Crisis and Welfare State Change in the Netherlands [J]. Social Policy & Administration, 2011, 45 (4): 430 - 444.

[208] Zartaloudis S. The Impact of the Fiscal Crisis on Greek and Portuguese Welfare States: Retrenchment before the Catch - up? [J]. Social Policy & Administration, 2014, 48 (4): 430 - 449.

[209] Zervou F. Social Insurance System of Greece a Comparison with British, American and Spanish Social Security Systems [J]. Econometric Model, 1997, 10

(4): 102 - 119.

[210] Zhao Y Y, Kou Y F. Grey Relational Analysis of Social Security and Economic Growth [J]. Taxation and Economy, 2015, 12 (3): 274 - 286.

[211] Zhang J. How does Social Security Affect Economic Growth? Evidence from Cross - country Data [J]. Journal of Population Economics, 2004, 17 (3): 473 - 500.

[212] Zhang J. The Effect of Welfare Programs on Criminal Behavior: A Theoretical and Empirical Analysis [J]. Economic Inquiry, 1997, 35 (1): 120.